T0111014

Printed in the United States
By Bookmasters

العــــولمــــة
وتأثيراتها في المجتمع العربي

العـــــولمــــة
وتأثيراتها في المجتمع العربي

أ.د مجد الدين خمش

أستاذ علم الاجتماع
رئيس قسم علم الاجتماع (سابقا)
الجامعة الأردنية-عمان

تم إنجاز هذا الكتاب خلال إجازة تفرغ علمي حصل عليها المؤلف
من الجامعة الأردنية في العام الجامعي 2002-2003.

الطبعة الأولى

2010 - 2011م

المملكة الأردنية الهاشمية رقم الإيداع لدى دائرة المكتبة الوطنية (2010/2/542)

382

خمش، مجد الدين

العولمة وتأثيراتها في المجتمع العربي/ مجد الدين خمش.-عمان: دار مجدلاوي للنشر والتوزيع، 2010

(   ) ص.

ر.إ.: (2010/2/542).

الواصفات: العولمة // التجارة الدولية // الاقتصاد الدولي

* يتحمل المؤلف كامل المسؤولية القانونية عن محتوى مصنفه ولا يعبر هذا المصنف عن رأي دائرة المكتبة الوطنية أو أي جهة حكومية أخرى.

ISBN 978-9957-02-378-2 (ردمك)

دار مجدلاوي للنشر والتوزيع

تليفاكس : ٥٣٤٩٤٩٧ - ٥٣٤٩٤٩٩

ص . ب ١٧٥٨ الرمز ١١٩٤١

عمان - الاردن

Dar Majdalawi Pub.& Dis.

Telefax: 5349497 - 5349499

P.O.Box: 1758 Code 11941

Amman- Jordan

www.majdalawibooks.com

E -mail: customer@majdalawibooks.com

الآراء الواردة في هذا الكتاب لا تعبر بالضرورة عن وجهة نظر الدار الناشرة.

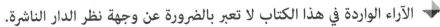

تحمل العولمة من التحديات، بقدر ما تحمل من الفرص. وهـي تتطلـب تضـافر جهود السلطات الحاكمة، ورجال الأعمال، والمفكرين لاستنباط الوسائل الكفيلة لتحقيق هذه الفرص.

الناشر

فهـــرس المحتويــات

كشف بالجداول الإحصائية

جدول رقم(1)	الدول العربية الأعضاء في منظمة التجارة العالمية وتاريخ انضمام كل منها إلى المنظمة حتى تاريخ 2010/6/1م.
جدول رقم(2)	مؤشرات إحصائية حول كوريا الجنوبية
جدول رقم (3)	الناتج القومي الإجمالي، الصادرات والواردات الكورية 1935-1972م.
جدول رقم(4)	تطور المنشآت الصناعية 1955-1983م في كوريا الجنوبية.
جدول رقم(5)	الانفاق الحكومي على شبكات الأمان الإجتماعي في كوريا الجنوبية.
جدول رقم(6)	نسبة السكان كبار السن (65 سنه فما فوق) في كوريا الجنوبية وعدد من البلدان الصناعية (IMF)
جدول رقم(7)	تنوع الهويات الثقافية في المجتمع العربي، والموقف من الآخر والموقف من العولمة.
جدول رقم(8)	تاريخ انضمام دول الخليج العربي إلى منظمة التجارة العالمية.
جدول رقم(9)	الدخل المالي للدولة وللفرد في دول الخليج العربي 2002 (دولارات أمريكية).
جدول رقم(10)	الدخل المالي للدولة وللفرد في بعض الدول العربية شبه النفطية، وغير النفطية، 2008م.
جدول رقم(11)	إجمالي عدد السكان والعمر المتوقع عند الولادة، 2006م.
جدول رقم(12)	نصيب الفرد من الناتج المحلي الإجمالي في عدد من البلدان الصناعية 2008م.
جدول رقم(13)	الدخل المالي للدولة والفرد في بعض الدول العربية شبة النفطية، وغير النفطية، 2002م (دولارات أمريكية).
جدول رقم(14)	الدخل المالي للدولة وللفرد في بعض الدول العربية شبة النفطية، وغير النفطية، 2008م (دولارات أمريكية).

جدول رقم(15)	الفجوة بين قيم العمل كما هي معطاة في الثقافة المجتمعية العامـة والسلوك الفعلي الملاحظ لدى عدد كبـير مـن الأفراد والجماعـات في الحياة اليومية.
جدول رقم(16)	بعض قيم العمل المتضمنه في العولمة وعملياتها.
جدول رقم(17)	مؤشرات العولمة وموقع الإقتصادات العربية حسب مقاييس هذه المؤشرات.

بسم الـلـه الرحمن الرحيم

مقدمـة الكتـاب

ترسخ مفهوم العولمة حاليا ليعني تحريرا للتجارة ، وتوحيدا لأسواق الدول بحيث يصبح العالم كله سوقا واحدة ضمن منظومة من الاتفاقيات الدولية التي تؤكد على الشفافية والمنافسة الحرة في إطار دولي. ومن أهم هذه الاتفاقيات الدولية التي تنظم حرية التجارة على مستوى العالم اتفاقيات الجات (GATT) التي تم التوصل إلى صيغتها النهائية في جولة الأوروغواي متعددة الأطراف 1993-1994م.

وكلمة الجات اختصارٌ لما يعرف بـ "الاتفاق العام حول التجارة والتعرفة" (General Agreement on Tariffs and Trade) . وتمثل هذه الاتفاقية العمود الفقري للعولمة، والبداية الحقيقية لها، بما تضمنته من مبادئ عامة شكلت دستور النظام التجاري الدولي الحديث. وقد تم التوصل إلى هذه المبادئ العامة بعد جولات من المفاوضات متعددة الأطراف بدأت منذ عام 1948م في جنيف بعيد انتهاء الحرب العالمية الثانية. ولكن الاتفاق النهائي على مبادئ حرية التجارة لم يتم التوصل إليه إلا عام 1993 قي مفاوضات جولة الأوروغواي متعددة الأطراف التي شاركت فيها (100) دولة من دول العالم، ومن ضمنها بعض الدول العربية. وبعدها مباشرة- أي في عام 1994م - انعقد مؤتمر وزاري في مراكش لاعتماد هذه المبادئ وتكريسها دستورا لمنظمة التجارة العالمية World Trade) (Organization) (WTO) التي أنشأت عام 1995م، لتصبح الإطار المؤسسي العام للعولمة وعملياتها.

وتقوم اتفاقية الجات على افتراض أساسي بأن التجارة الخارجية هي محرك

النمو الاقتصادي محليا وعالميا، وتنتعش هذه التجارة في وجود درجة مناسبة من المنافسة والنفاذ إلى الأسواق دون عوائق جمركية أو حمائية. أما المنافسة على الصعيدين المحلي والدولي فتؤدي - كما يفترض - إلى وصول المجتمعات إلى مستوى أعلى من الكفاءة والفاعلية في استثمار الموارد مما يؤدي إلى تحسن الإنتاج وتزايد دخل المجتمع، وتحسن مستوى المعيشة للمجتمع وللفرد.

يقوم هذا الكتاب بتحليل بنود ومبادىء إتفاقية الجات للوصول إلى فهم متعمق للعولمة نظرا لدور هذه الاتفاقية المحوري في نشوء وتدعيم العولمة، وعملياتها، ومؤسساتها. مع الاهتمام بتحليل تلك البنود التي توفر استثناءات للدول النامية - ومن ضمنها الدول العربية - لتمكين هذه الدول من إعادة ترتيب أوضاعها بما يضمن لها درجة مناسبة من الخصوصية الاقتصادية والثقافية. إضافة إلى أن الكتاب ينتقل بعد ذلك إلى تحليل آثار العولمة على المجتمع العربي اقتصاديا واجتماعيا. ساعيا إلى تحليل تداعيات العولمة على الدولة في المجتمع العربي، وبخاصة فيما يتعلق بالتعديلات على أدوارها، بتقبلها للمشاركة في السيادة الثقافية على مواطنيها، بعد تزايد انتشار الفضائيات، وخدمات الإنترنت. لاسيما أن دور الدولة أصبح من جديد محط الاهتمام وذلك بعد تداعيات الأزمة المالية العالمية التي بدأت في نهاية عام 2008، حيث دعت بعض القوى والتيارات الفكرية والسياسية إلى اعتماد الحمائية، أو تدخل الدولة في الاقتصاد رقابيا وتشريعيا لتجاوز الأزمة المالية وتداعياتها، وتفادي وقوع أزمات مستقبلية.

ويوثق هذا الكتاب نشوء وتطور العولمة من خلال تحليل مستفيض لبنود اتفاقية الجات (GATT) (جولة الأوروغواي 1993م) ودورها في ذلك. كما يوثق

الدور الذي تؤديه منظمة التجارة العالمية (WTO) في تدعيم تطور العولمة حاليا. وتوضح البيانات المقدمة في الكتاب أن 11 دولة عربية انضمت إلى منظمة التجارة العالمية حتى تاريخ 2010/6/1م . وقد حصلت هذه الدول على عضوية كاملة في صرح العولمة هذا. ومنظمة التجارة العالمية هي المسؤولة حاليا عن حركة العولمة ومساراتها المستقبلية. ويوفر الكتاب احصائيات وتحليلات نوعية حول آثار العولمة على الدول العربية في الجوانب الاقتصادية، والاجتماعية، والسياسية، والثقافية. وتوثق هذه الآثار من خلال تحليل مكثف للجوانب، والعمليات التالية- وهي عمليات لا تزال في طور التشكل، والتكون، والنمو:

- ظهور مهن جديدة يمكن تسميتها بـ "مهن العولمة" في غالبية البلدان العربية، ونشوء فئات اجتماعية جديدة تعمل في هذه المهن، وترتبط بها.

- نشوء اقتصاد المعرفة والمعلوماتية الذي أصبح يسهم في قيمة الناتج المحلي الإجمالي إلى جانب القطاعات الاقتصادية الأخرى المعروفة.

- تطوير مؤسسات العمل العربية لتصل إلى مواصفات شهادات الآيزو العالمية.

- تدعيم منظمات المجتمع المدني العربية إيديولوجيا ومؤسسيا.

- تعديل وظائف الدولة اقتصاديا واجتماعيا، وازدياد عمليات الخصخصة.

أما آثار العولمة على الثقافة العربية فقد تم توثيقها في هذا الكتاب من خلال تحليل العمليتين التاليتين وهما:

1- تحديث الثقافة العربية وإحياء التراث العربي الإسلامي، وبخاصة في دول الخليج العربي.

2- تحديث قيم وأخلاقيات العمل العربية في غالبية البلدان العربية.

13

ويتضح في الجزء الأول من الكتاب حول العولمة وتداعيات الأزمة المالية العالمية التي عصفت بالنظام المالي الأمريكي في نهاية عام 2008م الماضي أن هذه الازمة أعادت إلى الواجهة الاهتمام بإعادة تقييم دور الدولة في الاقتصاد، وبخاصة ما يتعلق بحرية الأسواق ، وسياسات الدولة الرقابية والتشريعية. كما برزت في بعض المؤتمرات دعوات مضادة للعولمة وحرية الأسواق، ومبادئ النظام الرأسمالي بشكل عام مطالبة باعتماد الحمائية التجارية، وتدخل الدولة في الاقتصاد تشريعيا ورقابيا لتجاوز الأزمة المالية، وتفادي الوقوع في أزمات أخرى مستقبلية.

لكن منتديات العولمة ، وبخاصة منتدى دافوس عملت على تقديم خطة عمل لاحتواء الأزمة المالية العالمية وتداعياتها، وإعادة التأكيد على أن العولمة يمكن أن تقوم بدور فعال في مواجهة هذه الازمة. فقد تم التوصل إلى اتفاقات بين المشاركين في منتدى دافوس في بداية عام 2009م بين الدول والزعامات الاقتصادية لتدعيم مبادئ اتفاقية الجات (جولة الأوروغواي 1993- 1994 م) لأن العالم سوقا تجارية واحدة، والتأكيد على عدم الأخذ بالحمائية التجارية التي يمكن أن تعرقل النمو الاقتصادي.

ويوضح هذا الجزء أن الأزمة المالية العالمية - رغم شدتها - لم تؤدِ كما بشر بعض المتشائمين إلى تداعي الرأسمالية أو إلى إضعاف العولمة، فقد استطاع النظام الرأسمالي أن يعالج نفسه بأدواته الخاصة، وينهض من جديد مستفيدا من مؤسسات العولمة، وداعما لها في الوقت ذاته بوصفها القوى الحقيقية لتطوير الاقتصاد العالمي، والاقتصاديات الوطنية للدولة.

ويتضح في الجزء الثاني من الكتاب الذي يحلل ببعض التفصيل مبادئ وبنود اتفاقية الجات (جولة الأوروغواي 1993-1994م) أن هذه المبادئ تركز على

تحرير التجارة وفتح الأسواق بحيث يصبح العالم كله سوقا تجارية واحدة تنظم من خلال بنود ومبادئ اتفاقية الجات، ومنظمة التجارة العالمية. إذ تركز هذه المبادئ والبنود على الشفافية، وعدم التمييز، والتخلي عن الحمائية التجارية، والمنافسة على المستوى العالمي. كما يتضح أيضا أن بعض بنود هذه الاتفاقية تجيز للدولة النامية الحصول على معاملة متميزة وأكثر تفضيلا من الدول الصناعية على سبيل الاستثناء من البند الرابع الذي يقضي بتعميم معاملة الدولة الأكثر رعاية . فيمكن للدول النامية فرض بعض القيود على التجارة حماية لصناعتها الناشئة وتدعيما لها في الوقت ذاته. كما تجيز المادة 21 من اتفاقية الجات لأي طرف متعاقد اتخاذ اجراءات ضرورية لحماية الاخلاق العامة، أو لحماية صحة، أو حياة الإنسان والحيوان والنبات، أو لحماية التراث الوطني، أو الآثار التاريخية.

ويمكن للدول النامية - بما في ذلك الدول العربية - الاستفادة من هذه الاستثناءات للحصول على مزايا تاريخية من الدول المتقدمة لا يجري تعميمها على بقية الاطراف المتعاقدة.

وتقوم منظمة التجارة العالمية التي أنشأت عام 1995م، وشارك في انشائها أكثر من (125) دولة بعضها من الدول العربية بالسهر على تنفيذ بنود اتفاقية الجات، وضمان الالتزام بها من الدول المتقاعدة. وقد انضم نصف الدول العربية حتى عام 2010م الحالي إلى عضوية هذه المنظمة، وهناك؛ دول عربية أخرى على قائمة الانتظار للانضمام إلى هذه المنظمة. أما من بين دول العالم فيبلغ عدد الدول الاعضاء في منظمة التجارة العالمية 152 دولة؛ أي ما يقارب 78% من مجموع دول العالم.

وفي الجزء الخاص بالحركات المناهضة للعولمة يتضح أن هذه الحركات تتركز في الدول الصناعية، وبخاصة الولايات المتحدة الأميريكية التي شهدت إحدى مدنها وهي سياتل، أول احتجاجات صاخبة ضد اجتماعات منظمة التجارة العالمية عام 1999م. ويرى العمال الغربيون ونقاباتهم إن العولمة بعد أن فتحت الأسواق الغربية للمنتجات المصنعة من الهند، وتايوان، ومصر وبخاصة الألبسة والمحيكات، إضافة إلى السيارات اليابانية والكورية قد أدت إلى فقدان الاقتصاد الغربي لمئات الألوف من فرص العمل التي انتقلت إلى البلدان النامية، كما أن قدرة الإدارة في المؤسسات الصناعية الغربية على نقل وحدة الإنتاج، أو المصنع إلى بلدان مثل الهند، وتايوان في حالة تكرار الاضرابات العمالية حرم النقابات العمالية الغربية من القدرة على الإضراب للحصول على مطالبها.

ويتضح أن من أبرز هذه الحركات المناهضة للعولمة حزب الخضر وأنصار البيئة، الذين يرفعون شعار الاقتصاد القومي، ويناودون بالمحلية الإقتصادية كسياسة مناسبة للبلدان النامية للوقوف في وجه توسع الشركات متعددة الجنسيات التي تمثل أحد المقومات الأساسية للعولمة. وهناك أيضا حركة القوميين الاقتصاديين الذين ينادون بضرورة انسحاب الولايات المتحدة الأمريكية من التجارة العالمية وإغلاق حدودها أمام الإستيراد من هذه البلدان بحجة أن هذه البلدان لا تلتزم بحقوق الإنسان، وحقوق العمال، وحماية البيئة، وهي المعايير الأمريكية الأساسية في العلاقات الخارجية.

كما تبرز أيضا الحركة الطلابية المضادة لمعامل التعرق التي ظهرت في عدد من الجامعات الامريكية وبخاصة جامعة ديوك، وجامعة نوتردام بعد عام

1995م إثر شيوع معلومات عن شدة معاناة العمال في مصانع النسيج والألبسة في المكسيك، وبعض بلدان أميريكا اللاتينية. وتطالب هذه الحركة التي شاركت في مظاهرات سياتل عام 1999م بتحسين ظروف العمل السيئة في هذه المصانع، وتدخل المنظمات الأهلية غير الحكومية لضمان ذلك.

ويتضح في هذا الجزء من الكتاب أن المجتمع العربي يخلو من وجود حركة منظمة لمناهضة العولمة، ولم يشهد المجتمع العربي احتجاجات جماعية، أو مظاهرات منددة بالعولمة، مثل تلك التي شهدتها سياتل، وبعض المدن الاوروبية والآسيوية. وما نلحظه في المجتمع العربي وجود بعض الكتاب والصحفيين الذين يركزون في كتاباتهم على سلبيات العولمة ويتغافلون عن ذكر ايجابياتها، أو عن تقديم تحليل متوازن للعولمة وحركتها، ومنظماتها. وهذه السلبيات التي يركز عليها هؤلاء تنقل عادة عن الأدبيات الغربية المناهضة للعولمة دون تدقيق بتغيير الحاجات، والظروف، والمتطلبات بين المجتمعات الغربية والمجتمعات العربية.

وعند تقييم تأثير العولمة على الاقتصاد العربي بشكل خاص يتضح أن مصر انضمت إلى العولمة عام 1995م، ولكن بسبب صغر حجم الاقتصاد المصري، وقلة مساهمته في التجارة العالمية فإن ذلك لم يمكن مصر من الاستفادة المناسبة من بروتوكول (النفاذ إلى الأسواق) لتطوير قدراتها الانتاجية في ظل المنافسة الشديدة في الأسواق. لكن بالنسبة لقطاع الملابس والمنسوجات بشكل خاص، فإن تطبيق أحكام الجات على هذا القطاع، وإلغاء الحصص الكمية أديا إلى إتاحة فرصة أوسع لمصر للتوسع في حجم الصناعات والصادرات من المنسوجات وفقا للطاقة الاستيعابية للأسواق الخارجية وعلى أساس معيار القدرة التنافسية للمنتج، مما يمكن مصر من

الحصول على حصة مناسبة في السوق العالمي. وعلى صعيد حقوق المؤلف وحماية حقوق الملكية الفكرية فإن مصر تحقق عوائد كبيرة، بخاصة في مجال المصنفات الأدبية والفنية بصفتها من الدول المصدرة لهذه المنتجات الثقافية. وتمتاز مصر بغزارة انتاجها الثقافي وتنوعه، وبخاصة في مجال السينما، والكتب، والمسلسلات الدرامية.

وفي معرض تحليل التجربة الكورية الجنوبية التنموية ، ومدى استفادة البلدان العربية منها يتضح من تحليلات الكتاب أن كوريا الجنوبية وحتى بداية الستينيات من القرن الماضي كانت أقل تقدما من مصر في الجوانب الاقتصادية والاجتماعية. فقد كانت كوريا في هذه الفترة لا تزال دولة زراعية فقيرة، تتميز بمستوى معيشي متواضع حيث لم يزد الناتج القومي الإجمالي في ذلك الوقت عن 2 مليار دولار أمريكي، ولم يزد نصيب الفرد من الناتج المحلي الإجمالي سنويا عن (100) دولار أمريكي فقط، بينما وصل الناتج القومي الإجمالي لكوريا الجنوبية في عام 2008م إلى 929 مليار دولار أمريكي، ووصل متوسط دخل الفرد السنوي من هذا الناتج إلى 28 ألف دولار أمريكي. ويتضح من الكتاب إن العوامل التي ساعدت كوريا على تحقيق هذا النمو الاقتصادي المذهل تشمل ما يلي: الدعم الأمريكي في الخمسينيات والستينيات من القرن الماضي، وجهود الحكومة الوطنية بمشاركة القطاع الخاص، والسياسات الاقتصادية والتجارية الفعالة. بالإضافة إلى قيم العمل الإيجابية التي تسود الثقافة المجتمعية الكورية.

ففيما يتعلق بالعامل الأول وهو الدعم الأمريكي في الخمسينيات والستينيات، يتضح أن المساعدات الأمريكية لكوريا الجنوبية ازدادت بعد انتهاء الحرب الكورية

(1950-1953م) وبشكل سريع في مجالين رئيسيين، أحدهما من خلال القانون العام رقم 48 الذي كان يقضي بتزويد كوريا الجنوبية بفائض المنتجات الزراعية الامريكية، وبخاصة الحبوب والقطن الخام. أما المجال الثاني فكان من خلال المساعدات عن طريق وكالة الإنماء الامريكية (AID). وشكلت هذه المساعدات الامريكية في هذه الفترة ما يزيد على 78% من مجموع المستوردات، وما يصل إلى 60% من مجموع الاستثمارات. وبين عام 1945-1970م تسلمت كوريا الجنوبية مساعدات خارجية على شكل منح ومساعدات وصلت في مجموعها إلى 4.4 بليون دولار، منها 3.4 بليون دولار، أو 96% من حجم هذه المساعدات من الولايات المتحدة الأمريكية، أما البقية فجاءت من الأمم المتحدة.

وفيما يتعلق بالعامل الثاني، وهو جهود الحكومة الوطنية بمشاركة القطاع الخاص والسياسات الاقتصادية والصناعية، فيتضح من الكتاب أن الحكومة الكورية أدت دورا بالغ الأهمية في تحقيق النمو الاقتصادي المذهل في كوريا الجنوبية حيث قامت بصياغة أهداف واضحة تتماشى مع حاجات ورغبات رجال الأعمال، مما أعطى للتنمية الاقتصادية الأولوية القصوى. ومن خلال اعتماد التخطيط العلمي مهدت الحكومة لقطاعات الأعمال الخاصة؛ لتنهض من جديد من ركام حروب الخمسينيات، كما أنشأت الحكومة عام 1961م مجلس التخطيط القومي الذي صمم الخطط الخمسية التي اتبعت، وكان يراقب تنفيذ هذه الخطط، ويقر الميزانيات، ويشرف على الانفاق العام، ويراقب مشاريع الاستيراد الرأسمالية، وينسق بين الأهداف الاقتصادية للوزارات بكفاية وفعالية.

أما ما يتعلق بالسياسات الصناعية والاقتصادية المتبعة في كوريا الجنوبية

فيتضح من الكتاب أن الحكومة عملت خلال العقود الثلاثة التي أعقبت انتهاء الحرب الكورية على توجيه سياساتها المالية، وخططتها التنموية لتدعيم الصناعات الثقيلة والكيماوية محققة نجاحا كبيرا في ذلك. وقد تحقق هذا النجاح من خلال جهود الحكومة الكورية، وبخاصة في مجالات فرض قيود على الواردات، ورعاية صناعات محددة موجهة نحو التصدير، وتوفير قوى عاملة ماهرة. كما شجعت الحكومة الادخار والاستثمار على حساب الاستهلاك، وروجت لاستيراد المواد الخام والتكنولوجيا على حساب السلع الاستهلاكية مما أدى إلى المحافظة على معدل نمو اقتصادي سنوي مرتفع استمر طيلة عقود.

وفيما يتعلق بالسياسات التعليمية اهتمت حكومة كوريا الجنوبية بربط التعليم بالتنمية، والتركيز على خلق قوى بشرية مدربة لمواجهة حاجات النمو الاقتصادي بالتعاون بين وزارة التعليم ومجلس التخطيط الاقتصادي لإقامة مزيد من العلاقات بين التعليم الفني والمهني من ناحية والتنمية الشاملة من ناحية أخرى. بالإضافة إلى التأكيد على إقامة مزيد من العلاقات بين التعليم والمؤسسات الإنتاجية والاهتمام بالتعليم التكنولوجي وغرس القيم المحفزة على العمل المستمدة من الثقافة المجتمعية والطابع القومي الكوري، مثل: حب العمل والتفاني فيه، والتعاون، وتفضيل الصالح العام على المصلحة الفردية، والطاعة، والانضباط.

وقد انضمت كوريا الجنوبية إلى قطار العولمة في عام 1995م، حيث وقعت على بنود اتفاقية الجات، وحصلت على عضوية منظمة التجارة العالمية التي تنظم العلاقات الدولية في مجالات التجارة، وتضمن فتح أسواق الدول الموقعة على هذه الاتفاقية أمام السلع والبضائع لجميع الدول الأعضاء في منظمة التجارة العالمية.

وتساهم كوريا الجنوبية حاليا مساهمة قوية في حركة التجارة العالمية، وتصل سلعها المصنعة إلى جميع أسواق العالم، بما في ذلك الأسواق العربية. وتأثرت كوريا الجنوبية بالازمة الاقتصادية الآسيوية عام 1997م، فتراجع معدل النمو فيها بتراجع قدرتها التصديرية، لكنها عادت بجهود الحكومة، والقطاع الخاص، وبالتعاون مع البنك الدولي إلى حيويتها، وقدراتها التصديرية السابقة بعد أن تجاوزت الأزمة بنجاح. كما تأثرت قليلا بالأزمة المالية العالمية في نهاية عام 2008م، لكنها بفضل السياسات الحكومية الفعالة، وانضباط القطاع الخاص استطاعت أن تتحكم بتأثيرات هذه الأزمة.

أما مقومات العولمة كما تتضح في هذا الكتاب فتشمل مجموعة من العوامل التي تدعم العولمة، وتشمل عوامل سياسية، واقتصادية، واجتماعية وثقافية، وعلمية. فقد أدى تفكك الاتحاد السوفياتي سابقا عام 1989م، إلى ظهور القطبية الأحادية، وسقوط النظم الشمولية، وبدأت موجة من التحول الديمقراطي في عدد من الدول الاشتراكية سابقا، وعديد من بلدان العالم النامي. مما أدى أيضا إلى إعادة هيكلة مؤسسة الدولة ووظائفها في هذه البلدان بما يتناسب وهذه المتغيرات السياسية الدولية، مما دعم التحول إلى الإقتصاد الرأسمالي الحر. أما بالنسبة للمقوم الاقتصادي، فإن المذهب الليبرالي في شقه الرأسمالي وقيامة على الدعوة إلى تعزيز حرية السوق، والملكية الفردية، أدى أيضا إلى التأثير على وظائف الدولة، وبخاصة تدخلها في الاقتصاد فعليا ورقابيا.

وبالنسبة للثورة العلمية فقد أدت إلى تعظيم القدرات الإنتاجية للشركات بحيث أصبحت الأسواق الوطنية غير قادرة على استيعاب منتجاتها فاتجهت إلى الأسواق

العالمية لتصريف هذه المنتجات، فظهرت الشركات متعددة الجنسيات وهي الشركات التي تملك فروعا لها في دولتين على الأقل؛ لتسوق منتجاتها في العالم بأسره، فأصبح العالم سوقا واحدة للاستهلاك، وللإنتاج تطبيقا لمبادئ اتفاقية الجات، وعضوية منظمة التجارة العالمية. كما تدعم العولمة أيضا من العديد من المنتديات العالمية، ومنظمات المجتمع المدني، وبخاصة منتدى دافوس، الذي يجمع سنويا أعدادا كبيرة من رجال الأعمال، والسياسيين والمفكرين الداعمين للعولمة ومساراتها. إضافة إلى المؤسسات المالية الدولية مثل صندوق النقد الدولي، والبنك الدولي للإنشاء والتعمير، وقد عملا طويلا على وضع التشريعات المنظمة لحركة الاقتصاد العالمي لتجنيب العالم الأزمات الاقتصادية المفاجئة.

يتضح من الكتاب أيضا أن تحديات العولمة بالنسبة للمجتمع العربي تشمل بشكل أساسي: أهمية زيادة الإنتاجية وتدعيم القدرة التنافسية للسلع والمنتجات العربية: وبخاصة ارتقاء هذه المنتجات إلى مستوى شهادات الآيزو العالمية. وتشمل أيضا المعلوماتية واكتساب المهارات التقنية الحديثة، وأهمها مهارات استخدام الكمبيوتر، والإنترنت، وإنتاج البرمجيات، التي بدأت غالبية البلدان العربية بنشرها وتدعيمها، بعد ربط أنظمتها التعليمية بتكنولوجيا المعلومات. وتشمل هذه التحديات أيضا – كما يتضح في الكتاب – التحدي الثقافي، حيث تؤدي الفضائيات الإعلامية، والإنترنت دورا أساسيا في التأثير على الثقافات المحلية في العالم، ومنها الثقافة العربية؛ لأن الفضائيات الإعلامية تجعل الصورة البصرية جوهر النظام الإعلامي الحديث مما يؤدي إلى انتقال الثقافة من شفوية وكتابية إلى سمعية – بصرية.

وبالرغم من التأثيرات الثقافية المتعددة للعولمة، أو ما يشار إليه أحيانا بـ

"العولمة الثقافية"، وبخاصة ازدياد الاعتماد على الصورة، وازدياد انتشار اللغة الانجليزية في العالم، وازدياد انتشار مهارات تكنولوجيا المعلومات. كما تشمل هذه التأثيرات تدعيم التيارات النسوية العربية والإسلامية ، وبخاصة في بلاد المهجر ، وازدياد انتشار قيم العولمة. وبالرغم من ذلك كله ، فإن العولمة لا تلغي الثقافات المحلية، أو تضعفها، وإنما تواجهها بعدد من التحديات المتعلقة بسيطرة الدولة على فضائها المعلوماتي، وهو ما يسمى في أدبيات العولمة بـ "السيادة الثقافية للدولة". ذلك إن الدولة لم تعد قادرة عل احتكار المعلومات التي تبث لمواطنيها؛ فهؤلاء المواطنون يستطيعون الحصول على المعلومات بسهولة من الفضائيات المختلفة سواء أكانت هذه المعلومات متفقة مع وجهة نظر الدولة أم مختلفة عنها.

أما بالنسبة لتأثيرات العولمة على المجتمع العربي اقتصاديا واجتماعيا فتتلخص - كما يتضح في الكتاب - في ظهور مهن جديدة يمكن تسميتها بـ"مهن العولمة"، وظهور فئات اجتماعية جديدة ذات خصائص معينة تعمل في هذه المهن، مما يدعم الطبقة الوسطى العربية. ونشوء قطاع اقتصادي جديد إلى جانب القطاعات الإنتاجية التقليدية، وهو اقتصاد المعرفة والمعلوماتية. وتطوير مؤسسات العمل والإنتاج العربية لتصل إلى مستوى شهادات الأيزو. وفي مجالات المجتمع المدني تمتد هذه التأثيرات لتشمل الاهتمام بقضايا دولية مثل الحفاظ على البيئة، والمساواة الجندرية، والسلم العالمي، ومناهضة الحروب، وحقوق الإنسان، والتغير المناخي. وتؤدي تكنولوجيا المعلومات دورا كبيرا في زيادة التفاعل بين منظمات المجتمع المدني في العالم ككل، من خلال الإعلام، وورشات العمل والمؤتمرات الدولية حيث تقوم هيئة الامم المتحدة من خلال وكالاتها، وبرامجها بتنظيم ندوات ومؤتمرات دولية

تجمع منظمات المجتمع المدني من بلدان مختلفة للمشاركة في مناقشة قضايا عالمية، والتوصل إلى حلول مناسبة لبعض هذه المشكلات ذات الطابع العالمي.

وفيما يتعلق بالتحول إلى اقتصاد المعرفة والمعلوماتية تبرز المناقشات الواردة في الكتاب ضرورة تحقيق نقلة نوعية في البلدان العربية، وبخاصة في الاقتصاد ونظم التعليم، ونظريات التحليل الاقتصادي، بما يؤدي إلى توضيح مفاهيم هذه النظريات في ضوء اقتصاد المعرفة والمعلوماتية. ذلك إن تكنولوجيا المعلومات والاتصالات صنعت مجتمعا مغايرا تماما لسابقه ألا وهو مجتمع المعرفة الذي يقوم على خلق علاقات تبادلية فعالة بين المعرفة والتكنولوجيا. بالإضافة إلى ذلك فإن مورد المعرفة مورد لا ينضب على عكس الموارد المادية، وهو يزداد مع زيادة استخدامه مما يؤدي إلى تنامي قدرة المجتمع على إنتاج معارف جديدة ومنتجات ثقافية جديدة باستمرار. ومن الأمثلة على ذلك الإنترنت الذي بدأ كجهاز عسكري من أسلحة الحرب الباردة، لكنه كنظام معرفي اتصالي يؤدي باستمرار إلى ظهور خدمات جديدة لاستخداماته تترجم إلى نشاطات اقتصادية وفرص عمل تشمل قواعد البيانات، والحكومة الإلكترونية، والإيميل، والصحافة الإلكترونية، والألعاب الإلكترونية، والتجارة الإلكترونية، والمواقع الإجتماعية المختلفة.

وفيما يتعلق بشهادات الآيزو، وتطوير مؤسسات العمل والإنتاج العربية للحصول على شهادات الآيزو، فقد دعم ذلك كله ثقافة التميز وتحسين جودة السلع والخدمات التي تقدم للمستهلكين. وتُمنح شهادات الآيزو من قبل المنظمة الدولية للمقاييس للشركات والدوائر الحكومية، والمصانع والشركات التي تتوفر لديها مجموعة من المميزات التي تصل إلى مستوى جودة تعتمدها المنظمة. وييسر ذلك

لهذه المؤسسات تسويق منتجاتها وخدماتها في أسواق أخرى تتمتع بنفس مستوى الجودة دون فحص هذا المنتج. وقد بذلت آلاف الشركات، والمصانع والبنوك العربية جهودا ملحوظة لتطوير قدراتها المؤسسية، وأنظمتها الإدارية، وإجراءات التعامل مع الجمهور، ومع المواد الغذائية، وإجراءات حماية البيئة وحصلت على شهادات الآيزو المختلفة مما يسر عليها تصدير منتجاتها، وخدماتها إلى أسواق العالم المختلفة.

ويتضح من تحليلات الكتاب أن هناك عدة أنواع من شهادات الآيزو يتعلق كل منها بمستوى جودة محدد، أهمها: الآيزو 9000، وهي شهادات تتعلق بجودة المنتج، ومستوى الجودة الإدارية في المؤسسة، أو الشركة. والآيزو 9001، وهي شهادة تتعلق بمستوى نظام الجودة الإدارية في الشركات التي تعمل في مرحلة التصميم الهندسي للمنتج وتجديد وتحسين المنتج، والخدمة بعد البيع، والآيزو 14001، وهي تتعلق بمدى تبني الشركات والمؤسسات لنظم حماية البيئة.

وحيث إن العولمة شأنها شأن أي نظام إنساني آخر لا تخلو من بعض السلبيات فقد طورت البلدان العربية - كما يتضح في الكتاب - مجموعة من السياسات والبرامج لمواجهة هذه السلبيات والتقليل من مخاطرها. وتشمل هذه السياسات والبرامج تشجيع الاستثمارات الخارجية من خلال التشريعات الجديدة، والجهود السياسية والدبلوماسية لجذب الاستثمارات، وتوجيه هذه الإستثمارات نحو مشاريع إنتاجية جديدة منافسة عالميا موجهة للتصدير. بالإضافة إلى تدعيم شبكات الأمان الإجتماعي لحماية الطبقات الفقيرة والوسطى، وتشمل هذه الشبكات الضمان الإجتماعي، والتأمين الصحي المجاني أو شبه المجاني، وصناديق المعونة الاجتماعية بما يقلل من تأثيرات تقليص دور الدولة في دعم المحروقات والسلع الأساسية. كما

تشمل هذه السياسات والبرامج الاهتمام بالجوانب الاجتماعية لبرامج الخصخصة، ويتبدى ذلك في قيام الحكومة بالتفاوض مباشرة مع المستثمرين الخارجيين، أو القطاع الخاص المحلي نيابة عن الموظفين والعمال عند بيع أسهم بعض المؤسسات العامة إلى القطاع الخاص المحلي، أو المستثمرين الأجانب. مما يضمن لهؤلاء الموظفين والعمال حقوقهم، والإبقاء على وظائفهم بعد إعادة تدريبهم وهم في وظائفهم.

وفيما يتعلق بالعولمة الثقافية، وبخاصة تأثيرات العولمة في الثقافة العربية يعتمد الكتاب على تحليلات جيمس روزناو التي توضح وجود ثلاث عمليات متداخلة للعولمة في المجال الثقافي، وهي: إضعاف الحدود بين الدول مما يسهل انتقال الناس، ورؤوس الأموال والسلع، والمنتجات الثقافية مثل الكتب، والأفلام السينمائية، والمسلسلات التلفزيونية، وألعاب الفيدو...إلخ. وانتشار المعلومات والأفكار، والتحليلات الإخبارية، ومنظومات القيم بين الشعوب والأفراد. بالإضافة إلى ازدياد التشابه بين الشعوب والأفراد في مختلف أرجاء العالم، وبخاصة فيما يتعلق بالمعلومات، وأنماط الاستهلاك، والقيم، وأنماط السلوك اليومي بشكل عام.

ويتضح من تحليلات الكتاب إن آليات وطرق العولمة الثقافية سلمية الطابع، وطوعية الجوهر، تتمثل في الحوار الثقافي متعدد الاتجاهات باستثمار تقنية الاتصال والمعلوماتية، والمحاكاه والتقليد بين الشعوب. بالإضافة إلى المنافسة التجارية والرياضية والعلمية، التي تؤدي إلى استخدام طرق وتقنيات متشابه بين المؤسسات في مختلف بلدان العالم.كما تقوم منظمات المجتمع المدني العربية والاسلامية ، ووسائل الاعلام الجماهيرية بدور كبير في مناقشة قضايا ثقافية جديدة مثل التيارات

النسوية العربية والإسلامية ،ونظريات التحديث والتنمية في ضوء خبرة المجتمع العربي . وفيما يتعلق بالعلاقة بين العولمة الثقافية والهوية يتضح من تحليلات الكتاب إن هناك تنوعا واسعا للهويات في المجتمع العربي يرتبط كل منها بنمط خاص للانتماء أو العصبية، كما يرتبط كل منها بموقف متميز من العولمة يتأرجح بين الرفض والمعاداة، إلى التقبل والتأييد.

ويركز الكتاب على التطورات الثقافية المرتبطة بالعولمة في المجتمع العربي التي تتلخص في تحديث الثقافة العربية وإحياء التراث العربي الإسلامي، وتحديث قيم العمل العربية. فقد أصبحت الثقافة العربية بفضل تقنيات العولمة تقوم على جماهيرية الإعلام، وانفتاحة، وشفافيته، وتعتمد الصورة لبث الرسالة الإعلامية، وتنميط الإدراك من خلال وحدة الصورة، والخبر، والمعلومة. ذلك إن المعلومة نفسها تبث مرات عدة مدعمة بالصورة إلى فئات الجمهور لتحدث توحيدا وتنميطا في مشاعره، ومواقفه تجاه الحدث. كما يلاحظ ازدياد اعتياد الجمهور العربي على الحوار والنقاش، والاختلاف في الرأي في تناول القضية الواحدة. وبالرغم من هذه التحولات، يتضح من تحليلات الكتاب استمرار الانشطار الثقافي في المجتمع العربي بين ثقافة النخب وثقافة الجماهير، وتكريس التعارض بين هوية النخب وانتماءاتها الوطنية والقومية والعالمية، وهوية الجماهير وانتماءاتها التقليدية الضيقة، مما يستدعي مزيدا من الجهود الثقافية لجسر الهوة بين ثقافة النخب وثقافة الجماهير.

وفي معرض تقييم آثار العولمة في بلدان الخليج العربي، وبعض البلدان العربية الأخرى يتضح من البيانات الإحصائية الحديثة التي يقدمها الكتاب إن بلدان الخليج العربي شهدت نموا كبيرا في قيمة الناتج المحلي الإجمالي، وقيمة متوسط

دخل الفرد من هذا الناتج في الفترة بين 2002م إلى 2009م. ويتأتى ذلك بشكل أساسي نتيجة لصغر حجم السكان، كما يتأتى أيضا نتيجة لتزايد فرص تصدير النفط إلى أسواق العالم بعد أن انعشت العولمة هذه الأسواق، وزادت حاجتها للنفط الخليجي. كما يعود أيضا لسياسات الدولة المرنة والعادلة في هذه البلدان التي تحقق التحسن في مستوى المعيشة لجميع المواطنين. فقد عملت الدولة في جميع المجتمعات الخليجية على تطوير مجتمع الرفاه الذي يقدم للإنسان الخليجي ما يحتاج إليه للتمتع برغد العيش وطيباته وبخاصة خدمات التعليم الجيد، والرعاية الصحية المتقدمة، وخدمات الاتصال الحديثة، وبيئة المدن المشجرة النابضة بالحياة التي تدخل السعادة إلى النفوس، وتدعم شعور الفرد الخليجي بالكرامة والانتماء والامتنان للدولة.

وبالرغم من امتلاك الإنسان الخليجي لتقنيات العولمة، وبخاصة مهارات الإنترنت والإتصالات الإلكترونية المتقدمة، واكتسابه لقيم العولمة الإستثمارية والعملية، فإنه – كما يتضح من الكتاب – محافظ، متدين. وهو يسعى للحداثة من خلال الاستثمار، والانفتاح على الحضارات المتقدمة، والتمتع بمباهج الاستهلاك الوفير، مع المحافظة على تراث الأجداد والآباء. لكن قوى العولمة، وبخاصة الفضائيات، والإنترنت، والانفتاح الاستثماري تعمل جميعها على تدعيم مرحلة جديدة من الريادة، والمبادرة الفردية، والتنافس الإقليمي والعالمي. وكلها تطورات في بنية المجتمع الخليجي، وفي مكونات هوية الإنسان الخليجي تتجاوز المكونات التقليدية المألوفة، وتبني عليها.

وبالنسبة للبلدان العربية شبه النفطية، وغير النفطية، يتضح من تحليلات الكتاب أنها شهدت أيضا نموا ملحوظا في قيمة الناتج القومي الإجمالي، وقيمة

متوسط دخل الفرد السنوي من هذا الناتج في الفترة بين 2002-2009م. كما استفاد المواطن العربي في هذه البلدان من الإنفاق الحكومي السخي على التعليم، والرعاية الصحية، وترسيخ اقتصاد المعرفة والمعلوماتية لتدعيم دخله المالي، وتحسين مستواه المعيشي.

وشهدت الثقافة العربية في جميع البلدان العربية تقريبا دخول مفاهيم جديدة أصبحت واسعة الانتشار لما لها من دور في تدعيم النمو الاقتصادي، والعدالة الاجتماعية، وقيم العمل الإيجابية. وتشمل هذه المفاهيم مؤشرات العولمة المختلفة، وبخاصة مؤشر العولمة، ومؤشر الحرية الاقتصادية، ومؤشر الشفافية، ومؤشر الحكم الرشيد أو الحاكمية الرشيدة، والحكومة الإلكترونية، ومؤشر التنافسية، ومؤشرات التنمية البشرية: بالإضافة إلى مقاييس هذه المؤشرات، وتصنيفات هذه الدول حسب أدائها على هذه المؤشرات. وأصبحت هذه المفاهيم والمؤشرات والمقاييس جزءا من المداولات الصحفية اليومية، والمؤلفات الأكاديمية العربية، ووجدت طريقها أيضا إلى الخطاب السياسي للنخب في الإدارة، وفي عملية اتخاذ القرار في مؤسسات ومنظمات البلدان العربية بما يخدم تجويد المنتجات، وزيادة الانتاج، وزيادة معدلات التصدير، وزيادة النمو الاقتصادي، والمحافظة على مستويات مستدامة من التنمية البشرية

العولمـة وتداعيـات الأزمـة الماليـة العالميـة

عصفت أزمة القروض العقارية في الولايات المتحدة الأمريكية في نهاية عام2008 م بالنظام المالي الأميركي، وسرع انهيار بنك ليمان برازرز (Leeman Brothers Bank) الأميركي العملاق في نفس الفترة في نشوء الأزمة المالية العالمية. وهي الأزمة التي ما تزال تداعياتها ملموسة على الاقتصاد الأميركي، وكل اقتصاديات العالم الصناعي والنامي بشكل عام. وتتبدى الأزمة في هذه البلدان على شكل تراجع في الاستثمار وفي الإنتاج والتصدير، وارتفاع في معدلات الفقر والبطالة.

وتعاني البلدان الصناعية من التأثيرات السلبية للأزمة أكثر من البلدان النامية، ومن ضمنها البلدان العربية، ففي بلدان العالم الصناعي تراجع الإنتاج والتصدير، وانكمش الاقتصاد، وفقد مئات الألوف وظائفهم ، وبخاصة في الولايات المتحدة ، واليونان بعد أن أفلست عشرات البنوك، والشركات الصناعية في هذه البلدان مما أدى إلى بذل جهود كبيرة من جانب الحكومات لاحتواء الأزمة ودعم المؤسسات المتعثرة ماليا. الأمر الذي أعاد إلى الواجهة دور الدولة في الاقتصاد، وحفز تنظيم المؤتمرات لإعادة تقييم مبادئ النظام الرأسمالي الذي ارتبط بالعولمة، وخاصة ما يتعلق بحرية الأسواق، وسياسات الدولة ودورها في الاقتصاد. وبرزت في هذه المؤتمرات دعوات مضادة للعولمة ومبادئ النظام الرأسمالي، مطالبة باعتماد الحمائية التجارية، وتدخل الدولة في الاقتصاد رقابيا وتشريعيا، لتجاوز الأزمة المالية، وتفادي الوقوع في أزمات مستقبلية.

أما تداعيات الأزمة المالية العالمية على البلدان العربية، وبخاصة غير النفطية منها فكانت مؤقتة، ومتواضعة، مما مكن من السيطرة عليها بسهولة دون تأثير يذكر على الاقتصاد، أو معدلات البطالة. ويعود ذلك لصغر حجم هذه الاقتصاديات ووجود دور تقليدي للدولة في رسم السياسات الاقتصادية وتنظيم الاقتصاد وقطاعاته، وبخاصة قطاع البنوك الذي يخضع في أغلب البلدان العربية لرقابة حقيقية من قبل الحكومات. وما حدث في دبي في نهاية عام 2008م وعرف بأزمة ديون دبي سُيطر عليه بعد تدخل الحكومة الاتحادية، في دولة الإمارات العربية. وحكومة إمارة دبي. كما تعرضت اليونان وإسبانيا والبرتغال لأزمات إقتصادية متفاوتة الحدة في منتصف عام 2010م ، وحصلت اليونان على قروض مالية بمليارات الدولارات الأمريكية من البنك الدولي، والإتحاد الأوروبي لإعادة إصلاح إقتصادها .

وفي محاولة لاحتواء تداعيات الأزمة المالية العالمية، دعى كلاوس شواب، رئيس المنتدى الاقتصادي العالمي في دافوس ، وهو من مؤسسات العولمة النشطة، وبمبادرة منه لعقد مؤتمر عالمي في 2009/1/28م حضره 2500 اقتصادي وزعيم دولة تحت شعار (تشكيل عالم ما بعد الأزمة) لمناقشة انهيار أسواق رؤوس الأموال، والانكماش الاقتصادي العالمي، وإعادة الهيكلة العالمية الهادفة لحل المشكلات التجارية بين الدول. وإيمانا من المشاركين بأن العولمة يمكن أن تقوم بدور فعال في مواجهة الأزمة المالية العالمية تم ربط أهداف هذا المؤتمر بالأهداف العامة للعولمة، وحددت هذه الأهداف بما يلي:

- استمرار النظرة إلى العالم كوحدة واحدة بعد أن دمجت العولمة الأسواق

وجعلتها سوقا واحدة.

- دعم الحكومات ولا سيما مجموعة العشرين في جهودها لمعالجة الأزمة المالية.

- دعم سياسات الحكومات في العالم للتغلب على الأزمة، وبخاصة ضخ الأموال في الاقتصاد، ودعم المؤسسات المتعثرة وزيادة الرقابة الحكومية على المؤسسات المالية.

- البحث في قاعدة القيم الأخلاقية للعمل والأعمال، والمنظمات، وتدعيم هذه القيم الأخلاقية .

وتم التوصل إلى اتفاقات بين المشاركين من الدول والزعامات الاقتصادية لتنفيذ هذه الأهداف ولكن مع عدم الأخذ بالحمائية التجارية؛ لأن العالم سوق واحدة مترابطة. فعلى الرغم من بروز تيار اقتصادي وفكري قوي في هذا المؤتمر للأخذ بالحمائية، والمطالبة بمزيد من الضوابط الحكومية، إلا أن المنتدى توافق على عدم اعتماد الحمائية التجارية، وعلى ضرورة رفعها سريعا بعد تعافي الاقتصاديات العالمية. وهذا ما أكد عليه أيضا باراك أوباما، رئيس الولايات المتحدة الأميركية مؤخرا في خطابه في منتصف أيلول / 2009م، وقبل عشرة أيام فقط من انعقاد قمة مجموعة العشرين حيث تطرق إلى التدابير الحازمة التي اتخذتها الحكومة الفيدرالية لدعم الاقتصاد الأميركي، ومساعدته على النهوض من جديد. ولكنه شدد على الالتزام الذي اتخذ لتقليص دور الحكومة بعد تدخلها الحاسم والناجح في القطاع المالي، معيدا الثقة إلى المبادىء الأساسية التي يقوم عليها النظام الرأسمالي.

كما توافقت دول مجموعة العشرين في اجتماعها في بيتسبيرغ الأميركية في 25 / أيلول/ 2009م، على أسس إدارة مالية واقتصادية جديدة لتجنب حدوث أزمة

مالية عالمية جديدة. وقررت في بيانها الختامي تعزيز التعاون فيما بينها، واعتماد صندوق النقد الدولي لمراقبة اختلالات التوازن، وتقديم التوصيات للدول المعرضة للأزمات لاتخاذ تدابير تصحيحية مناسبة لظروفها، ومتلائمة مع ظروف الاقتصاد العالمي.

ويمكن القول بالتالي إن الأزمة المالية العالمية لم تؤدِ - كما بشر بعض المتشائمين – إلى تداعي الرأسمالية أو ضعف تيار العولمة، فقد استطاع النظام الرأسمالي بأدواته الخاصة أن يعالج نفسه ، وينهض من جديد مستفيدا من مؤسسات العولمة وداعما لها في الوقت نفسه بوصفها القوة الحقيقية لتطوير الاقتصاد العالمي، والاقتصاديات الوطنية في العالم ككل. وتوثق التحليلات الموضوعية وجاهة هذا التيار المتفائل بدور العولمة في تدعيم التجارة العالمية، وإنعاش الاقتصاد العالمي والوطني، وبخاصه فيما يتعلق بالعالم العربي حيث توضح الإحصائيات استفادة الدول العربية النفطية وغير النفطية من اندماجها بالعولمة. ومن خلال تحليل آثار العولمة منذ نشوئها وعلى الدول العربية، نجد أنه يشير إلى نشوء وتطور مؤسسات وعمليات تصب كلها في تدعيم تحديث وتطوير الاقتصاد والمجتمع في هذه الدول.

مبادئ وبنود اتفاقية الجات

مبادئ وبنود اتفاقية الجات معروضة في عدد من الوثائق، والأبحاث، ومواقع الإنترنت[1]، ويمكن إجمال هذه المبادىء، والبنود كما يلي:

1- الالتزام بأن التعرفة الجمركية هي الوسيلة الوحيدة للحماية، حيث يتم إدراج مبدأ الشفافية (transparency) للتعريفات الجمركية في جدول التزامات كل دولة، ومن ثم تكون معروفة لكل الدول.

2- مبدأ عدم التمييز (non-discrimination) في استخدام التعرفة الجمركية، بمعنى أن المنتج المستورد من أي دولة متعاقدة يعامل بالطريقة نفسها التي يعامل بها المنتج المستورد من أية دولة متعاقدة أخرى.

3- التخلي عن الحماية، وتحرير التجارة الدولية على المدى الطويل، ويتم ذلك بصفة أساسية من خلال الدخول في مفاوضات جماعية للخفض المتبادل للتعريفات الجمركية، وتثبيت هذه التعريفات.

4- الالتزام بتعميم المعاملة الممنوحة للدولة الأكثر رعاية (most favored nation).

وينص هذا البند على أن الرسوم الجمركية، أو القواعد والإجراءات المتصلة بالتجارة والتي تمنح لمنتج دولة ما، سوف تمنح بشكل أوتوماتيكي لمنتجات جميع الدول المتعاقدة.

---

[1] مجد الدين خمش، "العولمة والمجتمع العربي"، مجلة العلوم الاجتماعية، المجلد، 37، العدد 4، الكويت ، جامعة الكويت، 2009؛ وأيضا: مجد الدين خمش ، الدولة والتنمية في إطار العولمة، عمان، دار مجدلاوي، 2005 ؛ وأيضا: إبراهيم العيسوي، الجات وأخواتها: النظام الجديد للتجارة العالمية ومستقبل التنمية العربية، بيروت، مركز دراسات الوحدة العربية، 1995. وموقع الإنترنت www.wto.org.english/tratop.e/gatt:wto.1995 / بتاريخ 2009/3/10.

5- مبدأ المعاملة القومية (National Treatment)، وينص هذا المبدأ على معاملة المنتج المستورد كما يعامل المنتج المحلي.

6- التعهد بتجنب سياسة الإغراق Dumping، والمقصود بذلك عدم تصدير المنتجات بأسعار أقل من السعر الطبيعي لهذه المنتجات في بلاد منشئها.

7- التعهد بتجنب دعم الصادرات وبخاصة من السلع غير الأولية (أي المصنوعات).

8- إمكانية اللجوء إلى إجراءات وقائية (Safeguards) في حالات الطوارئ. فطبقا للمادة (19) من اتفاقيات الجات، يجوز للدولة المنضمة إلى هذه الاتفاقية عندما تواجه تدفقا مفاجئا وضخما من الواردات من سلع معينة، على نحو يلحق ضررا جسيما بالمنتجين المحليين لهذه السلع، أو يهدد بوقوع مثل هذا الضرر، أن تفرض قيودا تجارية على هذه السلع من خلال وقف ما سبق أن تعهدت به من التزامات.

9- إمكانية التقييد الكمي للتجارة في حالة وقوع أزمة في ميزان المدفوعات.

10- المعاملة المتميزة والأكثر تفضيلا للدول النامية. فوفقا للمادة (18) من اتفاقية الجات المتعلقة بمسألة الدعم الحكومي للتنمية الاقتصادية، يمكن للدول النامية حماية الصناعات الناشئة لديها من خلال تمتعها بإجراءات إضافية تتيح لها ما يلي:

- مرونة كافية في تعديل هيكل التعرفة الجمركية بما يوفر لها الحماية اللازمة لقيام صناعة ما.

- تطبيق قيود كمية لاحتواء الخلل في ميزان المدفوعات الناتج عن الزيادة الكبيرة والمستمرة في الطلب على الواردات المترتبة على برامج التنمية الاقتصادية.

اتفاقيـة الجـات والـدول النامية

تجيز المادة (18) - وكذلك الجزء الرابع من اتفاقيات الجات - للدول النامية الحصول على معاملة متميزة وأكثر تفضيلا من الدول الصناعية على سبيل الاستثناء من المادة (4) التي تقضي بتعميم معاملة الدولة الأكثر رعاية. كما أنهما يخولانها الحق في فرض بعض القيود على التجارة حماية لصناعتها الناشئة وتدعيما لها.

كما تجيز المادة (21) من اتفاقيات الجات لأي طرف متعاقد اتخاذ إجراءات ضرورية لحماية الأخلاق العامة، أو لحماية صحة أو حياة الإنسان والحيوان والنبات، أو لحماية التراث الوطني، أو الآثار التاريخية.

كما أقرت جولة طوكيو للمفاوضات التجارية متعددة الأطراف (1973 – 1979) ما يعرف بـ (قاعدة التمكين)، ومعناها أن الأطراف المتعاقدة في الجات مجتمعة قد تمكن الدول النامية من استخدام إجراءات خاصة لتشجيع تجارتها، وتنميتها، وحمايتها جمركيا، لتتمكن من المشاركة على نطاق أوسع في التجارة العالمية، وذلك تأكيدا لما ورد في المادة (36) من الاتفاقيات العامة.

ويمكن للدول النامية - بما في ذلك البلدان العربية - الاستفادة من هذه القاعدة في الحصول على مزايا تجارية من الدول المتقدمة لا يجري تعميمها على بقية الأطراف المتعاقدة. كما يمكن للدول النامية المتعاقدة الاستفادة أيضا من قاعدة (التمكين) في تبادل المزايا فيما بينها دون تعميمها على بقية الأطراف المتعاقدة.

منظمة التجارة العالمية

تتولى هذه المنظمة كما تنص على ذلك بنود اتفاقية الجات (جولة الاوروغواي، 1993) المهام التالية على مستوى الدول الأعضاء، وعلى مستوى العالم كله[1] القيام بالمهمات العالمية التالية :

1- الإشراف على تنفيذ الاتفاقيات المنظمة للعلاقات التجارية بين الدول الأعضاء بما في ذلك الاتفاقيات الجمعية.

2- تنظيم المفاوضات التي ستجري بين الدول الأعضاء مستقبلا حول بعض المسائل المعلقة، وبعض الأمور الأخرى المتفق عليها في اتفاقية الجات.

3- الفصل في المنازعات التي قد تنشأ بين الدول الأعضاء حول تنفيذ الاتفاقيات التجارية الدولية، طبقا للتفاهم الذي تم التوصل إليه في هذا الشأن في جولة الأوروغواي.

4- متابعة ومراقبة السياسيات التجارية للدول الأعضاء وفق الآلية المتفق عليها في هذا الصدد، بما يضمن إنسجام هذه السياسات مع القواعد والضوابط والالتزامات المتفق عليها في إطار المنظمة.

5- التعاون مع صندوق النقد الدولي والبنك الدولي للإنشاء والتعمير، والوكالات الملحقة به من أجل تأمين مزيد من الاتساق في عملية صنع السياسات الاقتصادية على المستوى العالمي.

وقد أنشأت منظمة التجارة العالمية في 1995/1/1 وشارك في إنشائها أكثر

(1) راجع الموقع : 10/9/2010 www.wto/english/tratop.e/gatt

من (125) دولة من دول العالم بعضها من الدول العربية، وتم بعد ذلك فتح باب الانضمام لعضوية هذه المنظمة أمام الدول حيث أصبح عدد الدول الأعضاء فيها حتى تاريخ 2010/7/1 (153) دولة من دول العالم.

أما بالنسبة للدول العربية فقد انضمت نصفها إلى منظمة التجارة العالمية حيث تمارس حقوق العضوية كاملة في هذه المنظمة، وتشمل هذه الحقوق المشاركة في اجتماعات المنظمة، والمشاركة في الجات، والمشاركة في مناقشة القضايا المعروضة للتحكيم، إضافة إلى حق التصويت حيث يكون لكل دولة صوت واحد. ولا تتمتع أي دولة من الدول بحق الفيتو، أو النقض. ويوضح الجدول رقم (1) الدول العربية الأعضاء في المنظمة، وتاريخ انضمام كل دولة من هذه الدول إلى المنظمة حتى تاريخ 1/7/ 2010م .

الدول العربية الأعضاء في منظمة التجارة العالمية

جدول رقم (1)

الدول العربية الأعضاء في منظمة التجارة العالمية وتاريخ انضمام كل منها إلى المنظمة حتى تاريخ 2010/7/1

الدولـــــة	تاريخ الانضمام
الكويت	1/ كانون ثاني/ 1995م
البحرين	1/ كانون ثاني/ 1995م
مراكش	1/ كانون ثاني/ 1995م
قطر	13/ كانون ثاني/ 1995م
تونس	29 / آذار / 1995م
جيبوتي	31 / آيار / 1995م
مصر	30 / حزيران / 1995م
الإمارات العربية المتحدة	10 / نيسان / 1996م
عُمان	9 / تشرين ثاني / 2000م
الأردن	11 / نيسان / 2000م
السعودية	11 / كانون أول / 2005م

وقد بدأت فلسطين إجراءات انضمامها لمنظمة التجارة العالمية مع مطلع عام 2006م، الأمر الذي سيوفر لها فك ارتباط الاقتصاد الفلسطيني بالاقتصاد الإسرائيلي، وربطه بدلا عن ذلك باقتصاديات العالم ككل. وهناك دول عربية أخرى تتمتع بصفة مراقب فقط وهي: ليبيا، واليمن، والعراق، والجزائر، ولبنان، والسودان حيث تشارك هذه الدول في اجتماعات منظمة التجارة العالمية لكنها لا تشارك في مناقشة القضايا المعروضة، ولا تشارك في التصويت؛ لأن ذلك مقصور على الدول الأعضاء فقط. ووفقا للوائح المنظمة العالمية فإن على هذه الدول أن تبدأ مفاوضات انضمامها رسميا للمنظمة خلال 5 سنوات من تاريخ مشاركتها في المنظمة بصفة مراقب.

وتتضمن اتفاقية الجات عددا من الاتفاقيات المنفصلة في مجالات مثل الزراعة والمنسوجات والإعانات ومكافحة الإغراق وتدابير الوقاية وغيرها. كما تمخضت جولة الأوروغواي 1993م عن اعتماد مجموعة جديدة من القواعد التي تحكم تجارة الخدمات والجوانب المتصلة بالتجارة في حقوق الملكية الفكرية. إلا أن انجاز الجولة الأهم تمثل في إنشاء منظمة التجارة العالمية، وهي من أهم مؤسسات العولمة بشكلها المعاصر، حيث اندمجت الجات في منظمة التجارة العالمية. ويتكون نظام المنظمة الذي وضع في جولة الأوروغواي من اتفاقيات دولية رئيسية وهي:

الاتفاقيات المتعددة الأطراف بشأن تجارة السلع بما في ذلك الاتفاق العام بشأن التعريفات والتجارة (Gatt 1993)، والاتفاقات المرتبطة به، وكذلك الاتفاق العام بشأن التجارة في الخدمات (Gatts)، وأخيرا الاتفاق بشأن الجوانب المتصلة بالتجارة وحقوق الملكية الفكرية (Tripps)[1].

والعولمة كمفهوم اقتصادي بالدرجة الأولى نشأ إثر العمل على تفعيل اتفاقية (الجات) التي تمت في السنوات التي أعقبت الحرب العالمية الثانية مباشرة بهدف اعتماد مجموعة من القواعد التي تحكم العلاقات التجارية الدولية. وهناك مجموعة من الآليات والمؤسسات الساعية لتدعيم العولمة من أهمها منظمة التجارة العالمية، والشركات متعددة الجنسيات، وصندوق النقد الدولي والبنك الدولي وغيرها من الأجهزة ذات الصلة، إضافة إلى منتدى دافوس العالمي.

([1]) سمير اللقماني، منظمة التجارة العالمية: آثارها السلبية والايجابية على أعمالنا الحالية والمستقبلية في الدول الخليجية والعربية، ط1، الرياض، 2003.

ويتسم نظام العولمة بعدة سمات أساسية، منها:

- تحويل الاقتصاديات الحديثة إلى منظومات مندمجة متفاعلة مع بعضها البعض بما يدفع إلى مبادلة السلع والتكنولوجيا والخدمات ورؤوس الأموال وأدوات التواصل عبر شبكات مرتبطة ببعضها البعض.

- تحويل الأنشطة الاقتصادية المتواجدة داخل مختلف الأقطار بكل أشكالها إلى نماذج للإنتاج، يتم تبادلها عالميا عبر مختلف قنوات الاتصال التجارية والإلكترونية.

- تجانس الطلب العالمي وخضوع المنتوجات إلى تنميطات موحدة ذات بعد كوني.

وتدعم اتفاقيات الجات مفهوم السوق الدولية الواحدة حيث، يتكون العالم المعاصر من تركيبة من الدول المستقلة، وتنظم كل دولة الحقوق والواجبات التي تحكم العلاقات الإنسانية داخل حدودها وتستمد شرعيتها في ذلك من مبدأ السيادة التي هي فكرة سياسية تنطبق على العلاقات الداخلية، والواقع الاقتصادي الاجتماعي ويفترض أيضا وجود علاقات خارجية (اقتصادية وثقافية وسياسية) تتجاوز النطاق الداخلي، وتربط فيما بين الدول بعضها والبعض الآخر، وتكون شبكة من العلاقات الخارجية الدولية وحالة من الاعتماد المتبادل بين هذه الدول.

وحيث إن النظام الداخلي ينظم قوى السوق الداخلية وآلياتها والمبادلات و الإنتاج والتوزيع في المجتمع فإنه في إطار العلاقات الدولية، هنالك أيضا نظام دولي يفترض توافر سوق دوليه وجهاز دولي يحكم المبادلات بين الدول أو العناصر المقيمة بها من تجارة وخدمات واستثمار وما يتعلق بهما من تخصيص وتوزيع

الموارد وتحديد قيمتها التبادلية الدولية. ولا تستطيع أي دولة في العالم المعاصر أن تفصل بصفة مطلقة بين علاقاتها الاقتصادية الداخلية والقوى الخارجية والتي تتحقق من خلال قوى السوق (العرض والطلب). وقد أدى ذلك إلى التخصص وتقسيم العمل على مستوى عالمي ، وقيام الحاجة إلى التبادل الدولي للسلع والخدمات ورؤوس الأموال وارتباط كل دولة بالدول الأخرى. ويؤكد مصطفى شيحة على ذلك بقوله: "لتعويض النقص في الاحتياجات الإنتاجية والإشباعية، تحتاج الدولة إلى الارتباط بالدول الأخرى. ولن يتحقق هذا الارتباط إلا من خلال السوق الدولية؛ لأن هذه السوق تحقق الكفاءة في تخصيص الموارد وتحدد الأثمان الحقيقية أو الاقتصادية لكل ما تحتاجه الدولة أو تصدره ، وتؤدي إلى التوازن بين فرص التصدير (العرض) وفرص الاستيراد (الطلب). فالدولة تستطيع أن تحصل على الثمن الأمثل من خلال السوق كما تستطيع أن تعرض ما لديها بهذا الثمن الأمثل[1]".

وتوفر السوق الموارد بأقل التكاليف من خلال المنافسة، ومن خلال المنافسة أيضا تتحقق الكفاءة، ويزداد الإنتاج والتصدير ويرتفع مستوى الإنتاجية وتنتقل المهارات والمعارف التكنولوجية، ويعوض النقص في رؤوس الأموال. ويتوقف مدى إرتباط الدولة بالعلاقات الاقتصادية على حجم تصنيعها ومهارتها ومعارفها التكنولوجية، وقدراتها المادية والبشرية، وتوافر المنتجات الزراعية والغذائية. حيث تكون كل دولة متميزة في ناحية من هذه النواحي، ومتى توافر الكم والجودة في أغلب هذه النواحي لإشباع احتياجاتها، تحددت علاقاتها بالسوق الدولية.

(1) مصطفى شيحة، الأسواق الدولية، المفاهيم والنظريات والسياسات، القاهرة، 2003 .

تعرضت العولمة ومؤسساتها، وبخاصة منظمة التجارة العالمية لحركات احتجاج ومناهضة تركزت في الدول الغربية الصناعية كما سيتضح في الجزء الثاني من هذا الكتاب.

مناهضو العولمة بين العشوائية وطرح البديل

يتركز مناهضو العولمة في الدول الصناعية المتقدمة، وبخاصة في الولايات المتحدة الأمريكية وبعض العواصم الأوروبية والآسيوية. وقد شهدت هونغ كونغ بعض المظاهرات المعارضة للعولمة أثناء انعقاد جولة هونغ كونغ 2005م. وهي جولة مباحثات للدول الأعضاء في منظمة التجارة العالمية شاركت فيها 149 دولة. كما شهدت إحدى المدن الأمريكية وهي سياتل مظاهرات صاخبة عام 1999م ضد اجتماعات منظمة التجارة العالمية ورموزها في ذلك العام وكان المحرك الأساسي لهذه المظاهرات شعور العمال الأمريكيين والنقابات التي تمثلهم أن الانفتاح التجاري مع البلدان الفقيرة - الذي تنص عليه بنود اتفاقية الجات - يفضي إلى ضغوط داخلية وخارجية تؤثر سلبا على الأجور وعلى التوظيف في بعض الصناعات الأمريكية والأوروبية، وبخاصة صناعة المنسوجات والملابس والتي أصبحت تستورد من البلدان النامية بجودة عالية وبأسعار رخيصة نسبيا. وتزايدت هذه الضغوط الداخلية بشكل خاص إثر قيام عدد من الشركات الأمريكية بالتلميح أو التصريح لعمالها بخططها لنقل إنتاجها إلى أماكن أخرى في العالم حيث العمالة الرخيصة وظروف العمل قليلة التكاليف مما يشكل عبئا إضافيا على عاتق العمال الأمريكيين ونقاباتهم، وبخاصة أن بعض هذه الشركات نفذ فعلا مثل هذه الخطط.

وقد أدت عولمة صناعة الأنسجة والملبوسات كما يتضح من كتاب حديث صدر عام 2004 بعنوان (العولمة والفقراء) إلى فقدان هذا القطاع لـ850 ألف فرصة عمل في البلدان المتقدمة. وفي مقابل ذلك شهد هذا القطاع نموا كبيرا في التوظيف في آسيا وصل إلى 500 ألف فرصة عمل توزعت على بنغلادش، وتايلاند، وأندونيسيا، والفلبين[1]. كما ازدادت صادرات هذه البلدان من الألبسة إلى الأسواق الأمريكية والأوروبية. وفي الأردن أدت عولمة صناعة الألبسة إلى إيجاد آلاف فرص العمل الجديدة، كما وصلت صادرات الأردن من الألبسة إلى الأسواق الخارجية ومنها أسواق الولايات المتحدة وأوروبا عام 2003 إلى 700 مليون دولار، ووصلت في نهاية عام 2008 إلى مليار دولار، ويتوقع لهذه الصادرات مزيدا من النمو والتعاظم خلال السنوات القادمة.

إن مثل هذه المنافسة مع عمال العالم الثالث الذين يقبلون بأجور قليلة، وظروف عمل متواضعة تضع العمال في البلدان المتقدمة وبخاصة في قطاع صناعة الأنسجة والملبوسات في وضع وظيفي، ومزاج نفسي قابل للمناهضة، والتكتل والتظاهر ضد الانفتاح التجاري مع البلدان النامية، وضد حركة رأس المال خارج الحدود المتضمنة في العولمة واتفاقياتها. إلى جانب العمال الذين ينخرطون أحيانا في المظاهرات المناوئة للعولمة فإن المناهضة الأبرز للعولمة تأتي من منظمات أهلية وحركات طلابية تمتلك درجة ملحوظة من التنظيم والانتشار، وهي تشمل حزب

---

(1) جي آر ماندل ، العولمة والفقراء (مترجم) ، بيروت ، شركة الحوار الثقافي، 2004، ص ص172-173.

الخضر وأنصار البيئة في الولايات المتحدة وأوروبا الغربية الـذين يركزون عـلى انتقاد الشركات متعددة الجنسيات والدعوة إلى المحلية في الإنتـاج والتوزيـع. كـما تشـمل الحركة القومية الليبرالية، وهي حركة تتكـون مـن بعـض السياسـيين والاقتصاديين الـذين يطالبون بإغلاق أمريكا لحدودها أمام التجارة الخارجية. كما تشمل أيضا الحركة الطلابية المناهضة لمعامل التعرق وهي تهدف إلى تحسـين ظروف العمال في البلدان النامية، وبخاصة في المكسيك. وقد حلل ماندل في كتابه الذي سبق ذكره طروحات ومواقف هـذه الحركات كما ساهم في مثل هذه التحليلات أيضا بعض المستشارين القانونيين للحركات الطلابية ومنهم ريتشارد أبليوم ، وبيتر دراير [1].

وسيتم فيما يلي عرض مـوجز لمواقـف كـل حركـة مـن هـذه الحركـات بالاعتماد بشكل أساسي على كتابات هؤلاء العلماء.

حزب الخضر وأنصار البيئة (المحلية الاقتصادية)

يرى أصحاب هذا الاتجاه أن المحلية في الإنتاج والتوزيـع هـي السياسـة المناسـبة للحد من انتشار وتوسع الشركات متعددة الجنسيات. فتركيز الاقتصاديات الوطنية عـلى الإنتاج المحدود والتوزيع المحدود على المستوى الوطني أو الإقليمي أكثر مناسبة للبلدان النامية مـن الانـدماج في السـوق العـالمي ويسـتخدم أتبـاع هـذه الحركـة وقياديوهـا في الولايات المتحدة الأمريكية والبلدان الأوروبية المختلفة لغة

---

(1) Applelbaum,Richard, and Peter Drier, The Campus Anti-Sweat shop Movement, The American Prospect, No. 46,1999.

تعبوية شديدة التأثير، مليئة بالنقد والتجريح ضد الشركات متعددة الجنسيات مما يؤجج المشاعر ويهيئ الظروف للمناهضة والمشاركة في المظاهرات.

ويرى ماندل في معرض تحليله لطروحات هذه الحركة إن المحلية الاقتصادية تحرم الاقتصاد الوطني في بلدان العالم النامي من الاستفادة من التكنولوجيا المتقدمة في الاتصالات، والتحكم، والمراقبة، والنقل وهي جميعها عوامل تحسن الإنتاجية، وتقلل تكلفة الإنتاج. كما أن الاقتصاد الصغير، أو المتوسط لا يستطيع تقديم استثمارات كافية على المستوى الوطني لتأمين فرص العمل لآلاف الخريجين الجدد سنويا، مما يؤدي إلى تزايد معدلات البطالة، وازدياد عدد الفقراء، وتراجع مستويات المعيشة[1].

القوميون الاقتصاديون

يتبنى أصحاب هذا التيار طروحات تدافع عن انسحاب أمريكا من التجارة العالمية، وإغلاق حدودها أمام الاستيراد من البلدان النامية بحجة أن هذه البلدان لا تلتزم بحقوق الإنسان، وحقوق العمال، وحماية البيئة، وهي المعايير الأمريكية الأساسية في العلاقات الخارجية. ومن جهة أخرى يرى أتباع هذا التيار أن إغلاق الحدود الأمريكية أمام التجارة مع البلدان النامية يقلل الضغوط على العمال الأمريكيين من قبل أصحاب العمل، مما يضمن بالتالي مزيدا من الحقوق لهؤلاء العمال، وهي الحقوق التي يناضل من أجلها العمال والنقابات العمالية في أمريكا.

---

(1) جي آر ماندل، العولمة والفقراء، ص86.

وهي حقوق لا يمكن حمايتها- كما يرى أصحاب هذا التيار- إذا ما أزيلت الحدود والحواجز والتعريفات عبر الحدود وهو ما يؤدي إليه الانخراط في اتفاقيات العولمة.

الحركة الطلابية المضادة لمعامل التعرق

ظهرت هذه الحركة بين طلبة عدد من الجامعات الأمريكية بعد عام 1995، بعد أن هالهم ما وصل إليهم من معلومات عن معاناة العمال في مصانع النسيج والألبسة في المكسيك، وبعض بلدان أمريكا الوسطى. وتطالب هذه الحركة التي شاركت في مظاهرات سياتل 1999 بتحسين ظروف العمل السيئة في هذه المصانع، وتدخل المنظمات الأهلية غير الحكومية لضمان ذلك. كما شكلت الحركة رابطة أسمتها (الاتحاد من أجل حقوق العمال) بلغ عدد أنصارها عام 2008 عشرات الجامعات والكليات الأمريكية من أبرزها جامعة ديوك، وجامعة نوتردام التي تبنت جميعها مدونة، أو دستور السلوك داخل المصانع الذي اعتمدته الحركة.

وفي معرض انتقاده لطروحات هذه الحركة ومثيلاتها يرى ماندل أنها أغفلت ضرورة النمو الاقتصادي في بلدان العالم الثالث، وما يؤدي إليه من معالجات للبطالة والفقر في هذه البلدان. ومثل هذا النمو الاقتصادي لا يمكن أن يحدث دون تدعيم ونمو الصناعات التصديرية التي تفتح لها الحدود في ظل العولمة. لكنه يرى أيضا إن العولمة يجب أن تتوجه لمزيد من الاهتمام والتركيز على العدل وبخاصة فيما بتعلق بقضايا العمال وحقوقهم، وظروف عملهم. ويؤكد ماندل على ذلك بقوله:

"ولكن، كما رأينا، كانت المواقف القوية المنادية بالأحادية ومعاداة الحداثة والتحديث هي المهيمنة على هذه الحركة. لقد رأى هؤلاء النشطاء خطأ أن مواقفهم

هذه هي في صالح المحرومين في العالم، لكن هذه المواقف على أرض الواقع تتعارض مع مصالح الفقراء. فالفقراء يريدون قبل أي شيء آخر التنمية مع سياسات محلية ودولية تهدف إلى تخفيف أعبائهم وتحسين مستوى معيشتهم بما في ذلك الاعتراف العالمي بالحقوق النقابية. لكن معظم هؤلاء النشطاء لم يدركوا العنصرين الأساسيين في هذه الرزمة من السياسات وهما النمو الاقتصادي والعدل"[1].

مناهضو العولمة في المجتمع العربي

يخلو المجتمع العربي من حركة منظمة لمناهضة العولمة سواء أكان ذلك بين العمال أم بين طلبة الجامعات، أم في أوساط منظمات المجتمع المدني. ولم يشهد المجتمع العربي بالتالي احتجاجات جماعية، أو مظاهرات منددة بالعولمة، مثل تلك التي شهدتها سياتل وبعض المدن الأوروبية والآسيوية. وما نلحظه في المجتمع العربي وجود مجموعات متناثرة من الكتاب والصحفيين الذين يركزون في كتاباتهم على سلبيات العولمة ويتغافلون عن ذكر إيجابياتها، أو تقديم تحليل متوازن للعولمة ومنظماتها. وهذه السلبيات التي يركز عليها هؤلاء الكتاب تنقل في عديد من الأحيان عن الأدبيات الغربية المناهضة للعولمة دون تدقيق بتغير الحاجات، والظروف بين المجتمعات الغربية والمجتمعات العربية. ففي حين نجد أن النمو الاقتصادي ليس هو القضية الملحة في الأدبيات الغربية، نجد أن هذا النمو وشروط تحقيقه هو القضية ذات الأولوية في الأدبيات الاقتصادية والسياسية العربية لدوره في تحسين مستوى المعيشة ومعالجة مشكلتي الفقر والبطالة. أما الكتاب السلفيون فإنهم يناهضون

---

(1) جي آر ماندل، العولمة والفقراء، ص210.

العولمة ويناصبونها العداء ظنا منهم أنها مؤامرة غربية، وهم اعتادوا على مثل هذا الطرح لكثير من التطورات والتغيرات التكنولوجية والاجتماعية. وبعضهم يستخدم نظرية المؤامرة بإسهاب مفرط بحيث يصبح كل شيء جديد مؤامرة. ويعكس ذلك عدم التعمق الكافي بفهم طبيعة العولمة، ودور اتفاقية الجات في نشوئها وتطورها، وهي اتفاقية تجارية عالمية متعددة الأطراف ساهم في التوصل إلى بنودها ومبادئها مائة دولة من دول العالم، بينها سبع دول عربية.

وقد يكون لإدراك الحكومات، ورجال الأعمال، والنخب الاجتماعية، وغالبية منظمات المجتمع المدني في العالم العربي بضرورة استثمار العولمة لحفز النمو الاقتصادي الداخلي في البلدان العربية العامل الأساسي في عدم مناهضة العولمة، بالرغم من البلبلة الموجودة فيما يتعلق بفهم الجمهور العربي للعولمة، واستيعابه لحقيقتها، وجوانبها المتداخلة. وهي بلبلة فكرية تسببت عن الكتابات التعبوية الناقدة التي تنشر ـ ضد العولمة في عديد من البلدان العربية.

وتظهر التقارير الحكومية الدورية ضرورة وأهمية زيادة معدلات النمو الاقتصادي باعتماد سياسات نشطة للاستثمار داخليا، وجذب الاستثمارات الخارجية، وزيادة الصادرات السلعية. كما توضح التقارير الدولية ضرورة النجاح في مثل هذه السياسات لمواجهة مشكلات الانفجار السكاني، والبطالة والفقر. فدراسات البنك الدولي تشير على الدوام إلى أن البلدان التي تصنف كبلدان ذات توجه داخلي قوي في مجال سياساتها التنموية تشهد معدلات نمو اقتصادي أقل من مثيلاتها من البلدان التي تشارك بفاعلية في الأسواق العالمية.كما تظهر تحليلات اللجنة الاقتصادية والاجتماعية لغرب آسيا (ألإسكوا) أن المنطقة العربية ومنذ الثمانينات من القرن

الماضي تشهد أداء ضعيفا في النمو الاقتصادي مما يؤدي إلى تفاقم مشكلتي البطالة والفقر في ظل التزايد المستمر لعدد السكان بوتيرة يصعب ضبطها. ولمواجهة المشكلات في هذه المنطقة من المهم تعزيز التكامل الإقليمي العربي، وتدعيم منطقة التجارة الحرة العربية التي يمكن أن تحفز النمو الاقتصادي في الدول الأعضاء، وتزيد من قدراتها التنافسية في الأسواق العالمية، إضافة إلى ضرورة زيادة الاستثمار العام والخاص داخليا لتوفير فرص عمل للداخلين الجدد إلى سوق العمل وما يرتبط بذلك من تقليل عدد الفقراء، وتحسين مستويات المعيشة.

اتفاقية الجات والاقتصاد العربي والمصري

تقوم اتفاقية الجات - كما اتضح سابقا - بمراعاة عدد من القواعد والضوابط في العلاقات المتبادلة بين الأطراف المتعاقدة، تشمل آليات للتفاوض والمساومة بين الدول الأعضاء لتوفير مزايا متقابلة فيما بينها أساسها احترام عدد من القواعد العامة ومن أهمها مبدأ الدولة الأكثر رعاية، الذي يعني أن هناك دولة تحصل على المنتجات بأقل الأسعار، وبمعاملة تفضيلية عن غيرها. وقد اقتصرت القضايا التي تركز عليها على السلع الصناعية وبذلك لم تتناول جميع المعاملات الدولية، حيث اندمجت هذه الاتفاقية في منظمة التجارة العالمية عام 1995م. وتعد هذه المنظمة إحدى المنظمات الدولية التي تم إنشاؤها عبر اتفاقية ومعاهدة تأسيسية تلزم الدول المنضمة إليها بمجموعة من قواعد العمل في مجال التجارة الدولية والاستثمار والملكية الفكرية. وتمتد هذه القواعد لتشمل السياسات الداخلية المؤثرة في التجارة العالمية مثل إجراءات دعم السلع والخدمات التي تدخل في مجال التجارة أو القيود

والرقابة على الجودة، ورفع القيود الجمركية، والحماية التي تقدمها الدول لصناعاتها وتطبيق قوانين الملكية الفكرية، وتعتبر هذه المنظمة هي الوريث القانوني لاتفاقية الجات[1].

وتُقدم هذه الاتفاقيات للدول حزمة واحدة، فإما أن تقبل الدولة الانضمام إليها كلها أو لا ترغب في ذلك فتكون خارج منظمة التجارة العالمية. حيث تم التفاوض في اتفاقية التقييم الجمركي التي تم التوصل إليها في جولة طوكيو حول فتح باب إعادة التفاوض إليها خلال جولة أوروجواي إلى أن أصبحت إحدى الاتفاقيات الإلزامية في حزمة الاتفاقيات التي تم التوصل إليها. وتهدف الاتفاقية إلى توحيد القواعد المطبقة في الدول الأعضاء كأساس لاحتساب القيمة التي تفرض عليها الرسوم الجمركية عند الدخول إلى المنافذ الجمركية في الدول الأعضاء. وبالنسبة لمهام منظمة التجارة العالمية فهي تشمل بالإضافة إلى الفصل في المنازعات التي قد تنشأ بين الدول الأعضاء حول تنفيذ الاتفاقات التجارية الدولية، طبقا للتفاهم الذي تم التوصل إليه في هذا الشأن في جولة أوروغواي، الإشراف على تنفيذ الاتفاقيات المنظمة للعلاقات التجارية بين الدول الأعضاء بما في ذلك الاتفاقات الجمعية، وكذلك تنظيم المفاوضات التي ستجري بين الدول الأعضاء مستقبلا حول بعض المسائل المعلقة، وبعض الأمور الأخرى المتفق عليها في جولة أوروغواي. فضلا عن المفاوضات الرامية إلى تحقيق مزيد من تحرير التجارة بوجه عام، ومراقبة

---

(1) سمير اللقماني، منظمة التجارة العالمية،آثارها السلبية والإيجابية على أعمالنا الحالية والمستقبلية في الدول الخليجية والعربية من ص 73-74.

السياسات التجارية للدول الأعضاء وفق الآلية المتفق عليها في هذا الصدد، بما يضمن إنسجام هذه السياسات مع القواعد والضوابط والالتزامات المتفق عليها في إطار المنظمة.

وأخيرا، التعاون مع صندوق النقد الدولي والبنك الدولي والوكالات الملحقة به من أجل تأمين المزيد من الاتساق في عملية صنع السياسات الاقتصادية على الصعيد الدولي كما أشير من قبل. وقد تدعم ذلك عندما أُسست منظمة التجارة العالمية في عام 1995م بعد نهاية جولة المفاوضات التي جرت في أوروجواي، والتي دارت حول شؤون التجارة العالمية، نظرا لما تضمنته هذه المنظمة من نظام جديد ومطور لتسوية النزاعات التجارية بفاعلية. ففي النظام التجاري العالمي السابق المعروف باسم اتفاقية التعرفة والتجارة، كان سريان القرارات المتعلقة بتسوية النزاعات مشروطا بالقبول الطوعي للبلدان المعنية بالنزاع بالسلطة القضائية لهيئة التحكيم، وكذلك بالأحكام النهائية التي ستصدر عنها. وكان الحصول على مثل تلك الأحكام يستغرق أعواما طويلة في كثير من الأحيان، فضلا عن أن الطرف المدعى عليه كان بإمكانه أن يعيق عملية إصدار الحكم.

أما في النظام المعتمد في منظمة التجارة العالمية فلم يعد بمقدور أي من أطراف النزاع أن يعيق عملية التسوية عند أي مرحلة. كذلك يتعين على هيئة أعضاء المحلفين أن يصدروا قراراتهم ضمن إطارات زمنية محددة. إضافة إلى ذلك فقد شكلت هيئة استئنافية لمراجعة القرارات المبدئية التي تصدرها هيئة التحكيم وتكون الأحكام العليا نهائية وملزمة بصورة تلقائية لكافة الأطراف المعنية. وبالنسبة لاتفاقية (تريبس) بشكل خاص، فقد أخذت الحماية الدولية لحق المؤلف تاريخيا شكل

نصوص يتم تضمينها في القوانين الوطنية تلزم الدول بوجوب المعاملة بالمثل. وكانت أول اتفاقية دولية متعددة الأطراف في مجال حماية حق المؤلف اتفاقية برن عام 1886م وأصبحت فيما بعد إحدى الاتفاقيات التي تشرف عليها المنظمة العالمية للملكية الفكرية WIPO. ثم أبرمت الاتفاقية العالمية لحقوق المؤلف تحت إشراف اليونسكو. وترتبط حقوق المؤلف عادة بالجهود الإبداعية للأفراد والدول، مما أدى إلى توسيع نطاق المصنفات التي تحميها حقوق المؤلفين، لتشمل الإبداعات الفنية والأدبية، والأفلام السينمائية، والمسلسلات التلفزيونية، والعلامات التجارية وبرامج الكمبيوتر، وألعاب الفيديو. وبذلك ازدادت القيمة التجارية لهذه الحقوق وبخاصة ما يتعلق ببرامج الكمبيوتر، والمنتجات السينمائية. وركزت اتفاقية TRIPS - وهي اتفاقية الجوانب التجارية لحقوق الملكية الفكرية - على حقوق المؤلف، وعلى كافة مجالات حقوق الملكية الفكرية. وقد أصبحت هذه الاتفاقية إحدى الاتفاقيات المتضمنة في اتفاقية الجات، وجزءا أساسيا في بنية منظمة التجارة العالمية.

أما حقوق الملكية الصناعية فتشمل كلا من براءات الاختراع والتصميمات الصناعية والتخطيط، والعلاقات التجارية المسجلة، والإشارات الجغرافية، وذلك لعلاقتها بنشاط الإنتاج التجاري. ويوضح أسامة المجدوب في كتابه (الجات ومصر والبلدان العربية؛ من هافانا إلى مراكش) أنه منذ أواخر القرن التاسع عشر وبزوغ الثورة الصناعية الأولى لم يتوقف الجهد الدولي للوصول إلى اتفاقيات جماعية لتنظيم الملكية الصناعية واستثماراتها التجارية. وبذلت الجهود للوصول إلى إنشاء نظام مالي متكامل لحماية حقوق الملكية الصناعية التي تعد ضرورية لتشجيع الاستثمار، والابتكار، والإبداع، وتدعيم التقدم التكنولوجي الذي ينعكس حتما على تطور

الصناعة وجودة منتجاتها، وتنوع هذه المنتجات، ومدى ما تحققه من خدمات ورفاهية للإنسان. وقد تحقق كل ذلك في اتفاقية تريبس حيث تم إرساء قواعد ملزمة وفعالة لحماية حقوق الملكية الصناعية بحيث جمعت كل الوثائق السابقة، والقوانين ودمجت معا لتشكل نظاما متكاملا للحماية بينها. ويؤكد محمد المجدوب[1] بأن ذلك لا يرجع إلى طرق أحكام هذه الاتفاقية الجديدة وطبيعتها الملزمة الشاملة فقط، وإنما يرجع أيضا إلى كون هذه الاتفاقية جزءا من صفقة متكاملة تحقق الدمج الكامل بين حقوق الملكية الفكرية وبين النظام التجاري الدولي. وتلزم الدول بشكل واضح بتعديل تشريعاتها الوطنية لتتواءم مع أحكام هذه الاتفاقية. إضافة إلى الربط بين مصالح الدول في مجال الملكية الفكرية ومصالحها التجارية الأخرى، وهو ما كان يتم قبل ذلك بصورة منفردة، وفقا لسياسة كل دولة على حدة.

وبالنسبة لتأثيرات الانضمام للجات على الاقتصاد المصري يوضح المجدوب أن مصر انضمت إلى الاتفاقية العامة للتجارة والتعريفات الجمركية (جات) عام 1970، وكانت الاتفاقية قد بدأت السريان منذ عام 1947، بعد الحرب العالمية الأولى في سعي جاد لإعادة ترميم الاقتصاد العالمي. وبناء على ذلك تقدمت مصر بجدول بالالتزامات والتنازلات التعريفية على الواردات من السلع المصنعة والزراعية، بما يكفل لها إجراءات الانضمام والتمتع بالمعاملة التفضيلية الممنوحة من سائر الأعضاء. ثم انضمت إلى اتفاقية جولة الأوروغواي عام 1993-1994،

_____

(1) أسامة المجدوب ، الجات ومصر ـ والبلدان العربية مـن هافانا إلى مـراكش، ط ، 3، القـاهرة، الـدار المصرية ـ اللبنانيـة للنشر، 2002 من ص158-159.

وإلى منظمة التجارة العالمية عام 1995.

وبالنسبة لآثار اتفاقيات الجات على الاقتصاد المصري فإن صغر حجم الاقتصاد المصري، وقلة مساهمته في التجارة العالمية لا يمكن مصر من الاستفادة من بروتوكول (النفاذ إلى الأسواق) لتطوير قدراتها الإنتاجية في ظل المنافسة الشديدة في الأسواق. مما يشير إلى عدم حصول آثار إيجابية فورية على الصادرات السلعية المصرية باستثناء قطاع الملابس والمنسوجات. وبالنسبة لقطاع المنسوجات بالذات يوضح المجدوب أن اتفاقية المنسوجات للجات أسفرت عن نتائج معينة تتلخص في الإلغاء التدريجي على مدى عشر سنوات لأحكام اتفاقية الألياف المتعددة التي كانت تنظم تحديد وتوزيع الحصص الكمية لصادرات المنسوجات. ويبرز المجدوب أثرين رئيسيين يؤدي إليهما إلغاء اتفاقية الألياف، وبالتالي إلغاء الحصص الأولى، ويمكن اعتباره سلبيا حيث يسهم إلغاء الحصص في احتدام المنافسة بين مصر التي تعد من صغار المصدرين والهند و باكستان و اندونيسيا، بشكل خاص في الفترة من عام 2000-2005م. لكن مصر تجنبت الآثار السلبية لحق المنافسة في الدخول في اتفاقيات ثنائية مع الولايات المتحدة الأمريكية أدت إلى إنشائها مناطق صناعية مؤهلة تحظى بامتيازات متعددة، وهي موجهة للتصدير للأسواق الأمريكية والأوروبية بمزايا تفضيلية.

أما الأثر الثاني الذي يمكن اعتباره أثرا إيجابيا، لأن تطبيق أحكام الجات على هذا القطاع، وإلغاء الحصص الكمية يؤدي إلى إتاحة فرصة أكبر لمصر للتوسع في حجم الصناعات والصادرات من المنسوجات وفقا للطاقة الاستيعابية للأسواق المختلفة، وعلى أساس معيار القدرة التنافسية للمنتج وإمكانية الحصول على حصة

مناسبة في السوق العالمي [1].

أما بالنسبة لآثار اتفاقيات الجات وهي في مجال السلع الزراعية. التي تحتل أهمية نسبية في هيكل الاقتصاد المصري باعتبار مصر مصدرة للمحاصيل الزراعية، فضلا عن كونها مستوردة للقمح، إلا أنه يلاحظ تراجع الأهمية النسبية لصادرات القطن لصالح الصادرات المصرية من الموالح والخضار والبطاطس. وبالنسبة للتوزيع الجغرافي للصادرات الزراعية المصرية، تعد الدول العربية السوق الرئيسية للصادرات الزراعية المصرية، يليها في ذلك دول الاتحاد الأوروبي، ومن ثم الدول الافريقية والآسيوية، ثم دول أوروبا الشرقية. وبذلك فإن تحرير التجارة في هذا المجال سيؤدي إلى تزايد فتح أسواق دول متعددة للمنتوجات الزراعية المصرية بالرغم من تزايد المنافسة في هذا القطاع.

أما في مجال آثار اتفاقيات الجات على قطاع الخدمات فإن مصر تعد دولة مستوردة ومصدرة للخدمات في آن واحد. وهي تعتمد بشكل رئيسي على خدمات الأيدي العاملة، وعوائد السياحة. ويحقق قطاع الخدمات في مصر فائضا ماليا يعود أساسا إلى صادرات مصر من العمالة والتي تزيد عوائدها عن 6 بليون دولار سنويا، إزدادت بشكل كبير بعد عام 2002م. لكن هذا القطاع لم يدخل ضمن المجالات التي شملها التحرير بموجب اتفاقية التجارة في الخدمات، حيث اقتصر الاتفاق على تحرير انتقال الأيدي العاملة رفيعة المستوى من الخبراء والمتخصصين. وبشكل عام فقد قطعت العديد من الدول تعهدات قوية في مجالات مختلفة

---

(1) أسامة المجدوب، الجات ومصر والبلدان العربية، ص ص 292-293.

للخدمات يمكن لمصر الاستفادة منها ومن مزاياها، وتصدير الخدمات لهذه الدول، وبخاصة الافريقية⁽¹⁾ التي تتشابة في البيئة والمناخ مع مصر. وقد أسهمت مصر بدور نشط في تقديم الخدمات الاستشارية للدول الافريقية من خلال الصندوق العربي للتعاون الفني مع أفريقيا. وتتمتع مصر بإمكانيات جيدة في مجال المقاولات والتشييد، ومشاريع البنية التحية التي يتوقع أن تحقق درجة جيدة من الانتشار في الأسواق الافريقية، دون أن تلقى منافسة كبيرة في هذه الأسواق، وبخاصة من الدول المتقدمة التي لا ترغب في العمل في هذه الأسواق.

وفي مجال آثار الاتفاقيات على الملكية الفكرية، يلاحظ المجذوب أن أحكام اتفاقية الجات تتماشى في حجمها مع التوجه العالمي الجديد الذي ينبذ نقل التكنولوجيا، ويفضل بدلا عن ذلك حيازة التكنولوجيا على أساس تجاري من خلال شراء المعدات التكنولوجية من معدات وآلات، أو الحصول على الحق في إنتاجها واستيرادها وبيعها، أو فتح المجال للاستثمارات الأجنبية التي تجلب معها التكنولوجيا المتطورة.

وعلى صعيد حقوق المؤلف نجد أن الاتفاقية تحقق لمصر عوائد كبيرة وبخاصة في مجال المصنفات الأدبية والفنية بصفتها من الدول المصدرة لهذه المصنفات. وتمتاز مصر بتنوع انتاجها الفني والثقافي والفكري المطبوع والمرئي والمسموع. وقد عانت مصر خسائر كبيرة في هذه المجالات بسبب النسخ غير المشروع والتزييف لمنتجاتها الثقافية من كتب وأفلام. ومسلسلات تلفزيونية أثرت

---

(1) أسامة المجذوب، الجات ومصر ....ص300.

بشكل مباشر على النشاط الابداعي فيها. ومن هنا تأتي أهمية اتفاقية الجات واتفاقية تريبس التي تضبط مثل هذه المخالفات. ويستنتج المجذوب: إن اتفاقيات الجات ستفيد مصر في مجالات عديدة من مجالات الملكية الفكرية حيث يورد: "وإجمالا للقول يصبح في إمكان مصر تحقيق استفادة بالغة من أحكام اتفاق الملكية الفكرية فيما يتعلق بحماية منتجاتها الثقافية. أما على صعيد صناعات الدواء والكيماويات الزراعية، فيظل تهيئة مناخ أفضل لجذب الاستثمارات الأجنبية في هذا المجال، أفضل الحلول أمام الصناعة المصرية لتحقيق ومواكبة التطور الملائم[1]". وفيما يتعلق بتدعيم الاتفاقية للقطاع الخاص ولعمليات الخصخصة، فإن ذلك لا يعني في تحليلات المجذوب إلغاء دور الدولة أو إعفاءها من مسئولية المشاركة في إدارة العملية الاقتصادية، بل على العكس من ذلك تماما، فإن ذلك يمكن الدولة من أن تقوم بدورها الأساسي بفاعلية، وبخاصة ما يتعلق بوضع الاستراتيجية الشاملة للتنمية، ووضع القوانين والتشريعات التي تدعم النشاط الاقتصادي الوطني، وزيادة التنسيق مع القطاع الخاص والتشارك معه لتحقيق التنمية المنشودة. ويوضح المجذوب ذلك بقوله:

"....إن مفهوم تحرير التجارة أداة من أدوات النظام الرأسمالي الداعي إلى اقتصاديات السوق وتقليص دور الدولة في النشاط الاقتصادي، وهو الفكر الذي لاقى رواجا ظاهرا في مختلف أرجاء العالم في الآونة الأخيرة، إلا أن تطبيقه يختلف من دولة إلى أخرى باختلاف مستوى التنمية فيها ووضعها الاقتصادي

(1) أسامة المجذوب، الجات ومصر ...ص311.

وتركيبتها الاجتماعية السياسية والجغرافية بوجه عام. وبالتالي ينعكس هذا الاختلاف أيضا على قدرة اقتصاديات كل دولة على الاستجابة للمتغيرات الدولية الاقتصادية المعاصرة التي يُمثل تحرير التجارة أحد عناصرها الرئيسية، خاصة بعد إدراج مجالات جديدة كالتجارة في الخدمات ضمن عملية التحرير، وما لذلك من أثر على مستقبل تقسيم العمل الدولي فيما بين البلدان المتقدمة والنامية"[1].

البلدان العربية والاستفادة من التجربة الكورية في التنمية

حتى منتصف الستينيات كانت كوريا الجنوبية لا تزال دولة زراعية فقيرة تتميز بمستوى معيشي- متواضع حيث لم يزد الناتج القومي الإجمالي منها عـن (2) مليار دولارأمريكي، ولم يزد نصيب الفرد من الناتج القومي الإجمالي عـن (100) دولار أمريكي فقط. لكن مع بداية الثمانينيات وصل هذا الناتج القومي الإجمالي إلى ما يزيد عـن (61) مليار دولار, كما ارتفع نصيب الفرد مـن الناتج القومي الإجمالي إلى (1605) دولارا في السنة. وفي نهاية التسعينيات مـن القرن الماضي وصل الناتج القومي الإجمالي لكوريا الجنوبية إلى (397.9) مليار دولار، ووصل نصيب الفرد من هذا الناتج إلى (8.490) دولارا في السنة. وفي نهاية 2009 م وصل الناتج القومي الإجمالي إلى 929 مليار دولار أمريكي، ووصل معدل دخل الفرد إلى 28 ألف دولار أمريكي. وكان معدل النمو الاقتصادي في الفترة 1980 – 2000م يصل إلى (6.8%)، سنويا حيث أدى النمو المستمر في رأس المال وفي العمالة المتطورة دورا رئيسيا في إحداث هذا النمو. وعملت كوريا الجنوبية طيلة هذه الفترة على

([1]) أسامة المجذوب، الجات ومصر والبلدان العربية ...ص320.

توفير الموارد لدعم البحث العلمي والتطوير التجاري ، واستيراد مزيد من المعرفة الأجنبية من خلال التجارة العالمية والاستثمار الأجنبي المباشر[1].

ومنذ بداية القرن الحالي تصنف كوريا الجنوبية ضمن الدول الأكثر تصنيعا، ونموا وتقدما، فبحسب دليل التنمية البشرية العالمي تصنف كوريا الجنوبية في المرتبة (28) بين دول العالم حسب دليل التنمية البشرية. وتشكل الصادرات المصنعة ما يزيد على (92%) من مجموع صادراتها. كما تشكل السلع التكنولوجية المتقدمة ما يزيد على (32%) من مجموع الصادرات المصنعة. وفي المجالات الاجتماعية تبرز المؤشرات الإحصائية مدى التقدم الحاصل. حيث يبلغ الإنفاق على التعليم كنسبة من(GDP) (36%)، وتشكل ما نسبته (16.7%) من مجموع الإنفاق الحكومي. ويصل معدل معرفة القراءة والكتابة أكثر من (95.9%) من مجموع السكان.

وتنفق كوريا الجنوبية على البحث العلمي والتطوير (3%) من (GDP) سنويا, ويصل عدد الباحثين في مجالات البحث والتطوير في الفترة 1990-2001 إلى (2.880) باحثا وباحثة لكل مليون من السكان. ووصلت براءات الاختراع الممنوحة للمواطنين لكل مليون شخص (490) براءة اختراع. وأدى التقدم في مستوى المعيشة إلى تحسين الأوضاع الصحية للمواطنين بشكل ملحوظ انعكس في الارتفاع الكبير الحاصل في العمر المتوقع عند الولادة، حيث ارتفع هذا العمر من (62.8) سنة في الفترة 1970-1975 إلى (75.5) سنة في الفترة 2000-2002م.

---

(1) International Monetary Fund, Republic of Korea: Selected Issues. IMF Country Report No.30/80, March 2003.Washigton D.C. 2003 .P.44.

وهـو للـذكور (71.7) سـنة، وللإنـاث (79.2) سـنة - كـما توضـح بيانـات تقريـر التنمية البشرية العالمي المنشور عام 2005م. كما ارتفعت مكانة المرأة بعد حصـولها عـلى التعليم والتدريب وفرص العمل المناسبة. وتشكـل النساء العاملات بأجـر خـارج المنــزل (49.1%) من مجموع النساء، وتشكل النساء أيضا (34%) مـن العـاملين في المهـن العليـا والفنية, كـما تشـكل (6.5%) مـن الـوزراء و(5.9%) مـن النـواب، و(5%) مـن المشرعين والمدراء العامين - كما يوضح الجدول رقم (2).

جدول رقم (2)

مؤشرات إحصائية حول كوريا الجنوبية

جمهورية كوريا الجنوبية

عدد السكان2008 م	معدل النمو السكاني	السكان تحت سن 15 سنة	السكان تحت سن 15سنة 2015م	السكان فوق سن 65 سنة(المسنون)
47.4 مليون	%1.1	%20.4	%15.5	%7.8

الأداء الاقتصادي (2002م)- (2008م)

الناتج المحلي الإجمالي 2008م (بالدولار الأمريكي) 929 مليار دولار.

نصيب الفرد من الناتج المحلي الإجمالي 2008م (بالدولار الأمريكي) 28 ألف دولار أمريكي

	1990	2002
الواردات من السلع والخدمات كنسبة من الناتج المحلي الإجمالي	**%30**	**%39**
الصادرات من السلع والخدمات كنسبة من الناتج المحلي الإجمالي	%29	%40
الصادرات المصنعة كنسبة من الصادرات السلعية	%49	%92
الصادرات التكنولوجية المتقدمة كنسبة من الصادرات المصنعة	%18	%32
معدل البطالة (كنسبة من القوى العاملة)	-	**%3.1**

الأداء الاجتماعي

2000 – 2005م	1970- 1975	
75.5 سنة	62.8 سنة	العمر المتوقع عند الولادة

2002

إناث	ذكور
79.2 سنة	**71.7سنة**

1999 - 2001	1990	الإنفاق على التعليم كنسبة من
3.6%	3.5%	الناتج المحلي الإجمالي GDP
16.7%	22.4%	كنسبة من الإنفاق الحكومي العام

معدل معرفة القراءة والكتابة بين السكان   1990

% من هم أعمارهم 15 سنة فما فوق   95.9%

<u>الابتكار التكنولوجي وانتشار التكنولوجيا بين السكان</u>

2002	1990	
489	**306**	خطوط الهاتف الأساسية لكل ألف من السكان
679	2	الاشتراك في الموبايل لكل ألف من السكان
551.9	0.2	مستخدموا الإنترنت لكل ألف من السكان
1996 – 2002م		الانفاق على البحث والتطوير كنسبة من الناتج
3.0%		المحلي الإجمالي
1990 – 2001م		عدد الباحثين في البحث والتطوير لكل مليون
2.880 شخص		من السكان
2002م		براءات الاختراع الممنوحة للمواطنين
490 براءة		(لكل مليون شخص)

63

تمكين المرأة

النساء في المهن العليا	النساء من المشرعين والمدراء العامون	النساء النواب في البرلمان	النساء الوزيرات	النساء العاملات باجر من مجموع النساء
%34	%5	%5.9	%6.5	%49.1

عوامل النمو الاقتصادي - الاجتماعي في كوريا الجنوبية

في تحليل العوامل التي أدت إلى هذا النمو الاقتصادي الاجتماعي السريع خلال أقل من نصف قرن تبرز الأدبيات الاقتصادية والاجتماعية حول كوريا الجنوبية دور العوامل التالية وهي:

1- الدعم الأمريكي في الخمسينات والستينات من القرن الماضي
2- جهود الحكومة الوطنية بمشاركة القطاع الخاص والسياسات الاقتصادية والتجارية.
3- الجماعات الاجتماعية والقيم الثقافية

وسيتم توضيح الدور الذي أسهم به كل عامل من هذه العوامل في النمو الاقتصادي والاجتماعي لكوريا الجنوبية في الصفحات القادمة بالاستعانة بالأدبيات المنشورة باللغتين العربية والإنجليزية وبالاستعانة بالأدلة الإحصائية المنشورة.

1- الدعم الأمريكي في الخمسينيات والستينيات من القرن الماضي

مع انتهاء الحرب الكورية (1950-1953) ازدادت المساعدات الأمريكية بشكل سريع في مجالين رئيسيين أحدهما من خلال القانون العام رقم (480) والذي

كان يقضي بتزويد كوريا الجنوبية بفائض المنتجات الزراعية الأمريكية، وبخاصة الحبوب والقطن الخام. أما المجال الثاني فكان من خلال المساعدات عن طريق وكالة الانماء الأمريكية (AID). وقد وصل إجمالي المساعدات من خلال هذين المجالين عام 1957 إلى (370) مليون دولار، لكن بعد ذلك تضاءلت قيمة هذه المساعدات بشكل مستمر بعد تحول سياسة الإنماء الأمريكية من المساعدات إلى القروض.

وشكلت هذه المساعدات الأمريكية من عام 1953- 1954 ما يزيد على (78%) من مجموع المستوردات وما يصل إلى (60%) من مجموع الاستثمارات في هذه الفترة .وبين عام 1945 - 1970 تسلمت كوريا الجنوبية مساعدات خارجية على شكل منح ومساعدات وصلت في مجموعها إلى (4.4) بليون دولار منها (3.4) بليون دولار أو (86%) من حجم هذه المساعدات من الولايات المتحدة الأمريكية، أما البقية فجاءت من الأمم المتحدة[1].

جهود الحكومة الوطنية بمشاركة القطاع الخاص والسياسات الاقتصادية والصناعية

أدت الحكومة الكورية دورا بالغ الأهمية في تحقيق النمو الاقتصادي المذهل لجمهورية كوريا الجنوبية. فقد أظهرت القيادة السياسية الحكيمة لكوريا الجنوبيةحنكتها في صياغة أهداف وطنية واضحة تم الاتفاق عليها أعطت للتنمية

(1) Lawrence J. Lau (ed), Models of Development: A Comparative Study of Economic Growth in South Korea and Taiwan, San Francisco, ICS Press, 1990.

الاقتصادية الأولوية القصوى. ومن خلال اعتماد التخطيط العلمي مهدت الحكومة لقطاعات الأعمال الخاصة لتنهض من جديد من ركام حروب الخمسينات، وأبقت الحكومة ضبطا ملموسا على النظام المالي[1]. وقد أنشأت الحكومة عام 1961 مجلس التخطيط الاقتصادي (EPB) الذي صمم الخطط الخمسية التي اتبعت، وكان يراقب تنفيذ هذه الخطط، ويخطط الميزانيات، ويشرف على الإنفاق العام، ويراقب مشاريع الاستيراد الرأسمالية، وينسق بين الأهداف الاقتصادية للوزارات كل ذلك بكفاءة كبيرة.

وقد جعل هذا المجلس السياسات الحكومية تتماشى ورغبات وحاجات رجال الأعمال مما أدى إلى حدوث تنسيق فعال بين القطاعين العام والخاص، وأصبحت شركات القطاع الخاص تقوم بدور كبير في الاستثمار الداخلي بحيث أنها أصبحت مسئولة عن (70%) من الاستثمارات المحلية في المجالات الصناعية والزراعية المختلفة. كما جعل هذا المجلس السياسات الحكومية تتماشى مع الأهداف الوطنية العامة للدولة التي تركز على التنمية الاقتصادية والتقدم التكنولوجي. فعلى سبيل المثال جاء ضمن أهداف الخطة الخمسية للأعوام 1970-1976 ما يلي[2]:

1-   التركيز على الوصول إلى الاكتفاء الذاتي في مجال الغذاء، وزراعة الغابات، وتنمية الموارد البحرية.

---

[1] Tony Michell, From A Developing to a Newly Industrial Country : The Republic of Korea 1961- 82, Geneva, International, Labour Office.1988.

[2] Charles R. Frank Jr, and Kwang Suk Kim, and Larry E, West, Foreign Trade Regimes and Economic Development: South Korea, New York, Columbia Univ. Press. 1975,P20.

2- تسريع التنوع في الصناعات من خلال توجيه الاستثمارات نحو الصناعات الكيميائية، وصناعة الآلات، وصناعة الحديد والصلب.

3- تحسين وضع ميزان المدفوعات يمكن أن يتحقق من خلال الوصول إلى مستوى تصدير يصل إلى (700) مليون دولار بما في ذلك (550) مليون دولار من تصدير السلع في عام 1971م. كما يمكن أن يتم ذلك من خلال تدعيم سياسة الإحلال محل الواردات.

4- الزيادة في عدد السكان يجب أن تضبط قدر الإمكان من خلال برامج تنظيم الأسرة وفي الوقت ذاته تدعيم الجهود لزيادة التوظيف.

5- التركيز بشكل جاد على زيادة الإنتاجية الزراعية ودخل الزراعة من خلال تنويع الزراعة.

6- وكذلك فإن مستوى التكنولوجيا والإنتاجية يجب أن تزداد من خلال تدعيم المهارات العلمية والإدارية، وتحسين نوعية القوى البشرية.

وكان الأداء الاقتصادي الحقيقي بين عامي 1971-1976 - كما لاحظ تشارلز فرانك وزملاؤه يفوق ما خطط له في جميع القطاعات. ونما الناتج المحلي الإجمالي بما يزيد على (10%) سنويا فتجاوز الرقم المخطط له بهامش واسع. كما أن تصدير السلع نما بشكل كبير ليصل في عام 1971 إلى 1.132 مليون دولار أمريكي، أو ما يزيد على (16%) من الناتج القومي الإجمالي. وقد حققت الخطط الخمسية النجاح منذ منتصف الستينات ففي الخطة الخمسية للأعوام 1967-1971م تم تبني هدف تحقيق معدل نمو سنوي يصل إلى (7%). كما تم تبني هدف تحديث البنية الصناعية،

وبناء أسس اقتصاد وطني قابل للنمو ذاتيا. وتم أيضا النجاح في تحقيق هذه الأهداف بحيث نما الناتج القومي الإجمالي بشكل مذهل، كما نمت الصادرات بشكل سريع - كما يوضح الجدول رقم (3) أدناه.

جدول رقم (3)

الناتج القومي الإجمالي، الصادرات والواردات الكورية 1953-1972

(بلايين الوونات بسعر 1970)[1]

السنة	الناتج القومي الإجمالي	الصادرات	الواردات	الصادرات كنسبة من الناتج القومي الإجمالي
1953	844	17.0	109.4	%2.0
1985	1.067	19.7	125.4	%1.9
1963	1.328	46.2	133.3	%3.5
1968	2.087	235.0	468.0	%11.3
1972	3.024	643.3	801.2	%21.3

- السياسات الصناعية والاقتصادية المتبعة

عملت الحكومة خلال العقود الثلاثة التي تلت انتهاء الحرب الكورية عام 1953م، على توجيه سياساتها المالية وخططها التنموية لتدعيم الصناعات الثقيلة والكيماوية محققة نجاحا كبيرا في ذلك. وتحقق هذا النجاح من خلال جهود الحكومة وبخاصة في مجالات فرض قيود على الواردات، ورعاية صناعات محددة، وتوفير قوى عاملة ماهرة. كما شجعت الحكومة الادخار والاستثمار على حساب الاستهلاك، وروجت لاستيراد المواد الخام والتكنولوجيا على حساب السلع الاستهلاكية. وأدى ذلك كله إلى المحافظة على معدل نمو اقتصادي سنوي مرتفع، وصل في

(1) بتصرف عن: Charles R. Frank et al, Foreign Trade Regimes and Economic Development: South Korea, Table 2-7. P15.

متوسطه إلى (7.1%) سنويا، وهو أكبر بكثير من متوسط النمو في بلدان (OECD) والذي يبلغ (3%) سنويا.

وركزت الحكومه الكوريه على التخطيط والتوجيه للاقتصاد، وساهمت أيضا في إحداث النمو السريع حيث وفرت البنية التحتية اللازمة للقطاع الخاص، كما عملت على بناء مشاريع نموذجية سلمتها في ما بعد للقطاع الخاص. ومنذ بداية جهود التنمية الحكومية في جمهورية كوريا عملت الحكومة على إنشاء المصانع والشركات، كما عملت على تشجيع القطاع الخاص على انشاء المصانع والشركات وتوجية انتاجها نحو التصدير. ونتيجة لذلك فقد ازداد عدد المنشآت الصناعية في الفترة 1955-1983 من 8628 منشاة 39242 منشاة كما ازداد عدد العاملين في هذه المنشات من 631000 عام 1960 الى 275000 3 عام 1983 كما يوضح الجدول رقم 4.

جدول رقم (4)

تطور المنشات الصناعية 1955 – 1983 في كوريا الجنوبية [1]

المجموع الكلي للعاملين في المنشاة	متوسط حجم المنشاة	عدد العاملين 5عمال فاكثر	عدد المنشات	السنة
00	25.6	221200	8628	1955
631000	21.9	275254	15204	1960
833000	25	566665	22718	1966
1.336000	37	846194	23412	1971
2678000	69	1717308	24957	1976
2872000	61	2044269	33431	1981
3275000	56	2215233	39243	1983

---

[1] Charles Frank et al , Foreign Trade Regimes and Economic Development; South korea , table 14, p.80.

وقد قاد قطاع الصناعات السلعية النمو الاقتصادي في الفترة 1965- 1981 مسجلا معدل نمو سنوي حقيقي قدره 16,9 بالمئة وكان قطاع راس المال الفوقي، وقطاع الصناعات الخفيفة والتي تشمل الألبسة، والمنسوجات والأحذية، والخشبيات التي بدأ تصديرها في نهاية الستينيات تلا ذلك إنشاء مصانع الآلات، والأدوات مع نهاية السبعينيات من أكثر القطاعات الاقتصادية نموا في هذه الفترة. وكانت الصناعات الثقيلة تسجل معدلات نمو أكبر بكثير من معدل نمو الصناعات الخفيفة، وارتفعت معدلاتها في التقدير من 15,3% عام 1965 الى 47,6 % عام 1980.

وركزت السياسات الاقتصادية المتبعة على دعم التصدير، إلى جانب الاهتمام بسياسة الإحلال محل الواردات. وقد تم اعتماد عدد من حوافز التصدير، كما تم تعديل سعر الصرف وتبادل العملات بشكل متكرر. واعتُمدت هذه السياسة (دعم الصادرات) في خطط التنمية التي نفذتها الحكومة خلال العقود الأربعة الأخيرة بحيث يمكن القول إن النمو الاقتصادي في كوريا الجنوبية نمو يقوده التصدير. وفي الأعوام 97-199م تأثرت كوريا الجنوبية سلبيا بالأزمة الآسيوية، فانخفض معدل النمو الاقتصادي إلى (6.9%) سنويا في العام 1998 لكن بمساعدة صندوق النقد الدولي، ومن خلال إقامة إصلاحات مالية كبرى استطاعت كوريا أن توفر الاستقرار لأسواقها. فارتفع معدل النمو الاقتصادي إلى (10.0%) في العام 99 واستقر عند (9.0%) في العام 2000م.

وفي عام2001 انخفض معدل النمو الاقتصادي في كوريا الجنوبية ليصل إلى (3.3%) سنويا بسبب تباطؤ الاقتصاد العالمي وتدني الصادرات. أما في العام 2000م فارتفع المعدل ليصل إلى (7.0%)، ثم انخفض من جديد في العام

2004م ليصل إلى 4.6% سنويا. وتسعى الحكومة منذ العام 2005 إلى المزيد من الإنفاق على البنية التحتية، وإلى التخفيض من نسبة البطالة.

السياسات الاجتماعية وأثرها في النمو الاقتصادي

السياسة التعليمية

تهتم السياسة التعليمية الكورية بالربط بين التعليم والتنمية؛ وبخاصة الموازاة في الفرص التعليمية الاقتصادية وتطور مراحل نموه، والتركيز على خلق قوى بشرية مدربة لمواجهة حاجات النمو الاقتصادي في كوريا بالتعاون بين وزارة التعليم ومجلس التخطيط الاقتصادي (الذي يعد من المؤسسات الفاعلة في مسيرة التنمية الكورية) في إعداد خطط إصلاح التعليم والربط بين التعليم الفني والمهني من ناحية والتنمية الشاملة من ناحية أخرى . بالإضافة إلى التأكيد على إقامة مزيد من العلاقات بين التعليم والمؤسسات الإنتاجية والاهتمام بالتعليم التكنولوجي وغرس القيم الحافزة على العمل المستمدة من الثقافة المجتمعية والطابع القومي الكوري، مثل: حب العمل والتفاني فيه، التعاون، الصالح العام في مقابل المصلحة الفردية، والطاعة والانضباط.

الرعاية الإجتماعية

كان نظام الرعاية الاجتماعية السائد في كوريا الجنوبية يستند إلى الأسرة الممتدة، لكن تفكك الأسرة الممتدة ونظام الرعاية الاجتماعية الذي تتضمنه، نقل مسئولية هذه الرعاية إلى الدولة, كما إن تحول الاقتصاد من الزراعة إلى التصنيع الموجه للتصدير وضع في يد الدولة فائضا ماليا سهل عليها القيام بهده المسئوليات.

فأنشأت شبكات للأمان الاجتماعي مثل التأمين ضد البطالة والتأمين ضد حوادث العمل، إضافة إلى التأمين الصحي الوطني، ونظام التقاعد الوطني، كما يوضح الجدول رقم(5). ويشار إلى كوريا الجنوبية حاليا بدولة الرفاه الاجتماعي(Welfare State).

جدول رقم (5)
الإنفاق الحكومي على شبكات الأمان الاجتماعي في كوريا الجنوبية[1]

	1997	1998	1999	2000	2001	2002
المجموع الكلي (بلايين الونات)	10.148	14.921	20.526	19.509	22.993	23.980
% من GDP	2.20%	3.4%	4.3%	3.4%	4.2%	4.0%
شبكات الأمان الاجتماعي			% مـــن المجمـــوع الكلـــي			
تأمين ضد البطالة	1.7%	8.0%	8.3%	6.5%	7.5%	8.8%
دعم تكلفة الحد الأدنى من المعيشة	9.4%	7.6%	8.7%	13.7%	14.5%	14.5%
تأمين ضد حوادث العمل	1.5%	9.7%	6.2%	8.3%	7.8%	7.9%
التأمين الصحي الوطني	57.3%	46.1%	38.6%	51.6%	57.6%	55.6%
التقاعد الوطني	14.8%	16.3%	19.0%	9.1%	6.8%	9.4%

وحيث ان الإنفاق على شبكات الأمان الاجتماعي هذه مرتبط بازدياد أعداد كبار السن في المجتمع فيتوقع أن يزداد الإنفاق الحكومي على هـذه الشـبكات خـلال العقـد الحالي والعقد القادم. ويتوقع أن يصل عـدد سـكان كوريـا الجنوبيـة في العـام 2020 إلى (52) مليون نسمة. أما نسبة السكان كبار السن (65 سنة فما فوق) فيتوقع

---

(1) International Monetary Fund, Republic of Korea: Selected Issues, Report No. 03180, Washington D.C, 2003. Table No. 3, p 25.

أن تصل إلى(14%) في العام 2020م. وتتشابه كوريا الجنوبية في ذلك مع عدد من البلدان الصناعية المتقدمة – كما يوضح الجدول رقم (6).

جدول رقم (6)

نسبة السكان كبار السن (65 سنة فما فوق) في كوريا الجنوبية

وعدد من البلدان الصناعية (IMF)

	7% من السكان / السنة	14% من السكان/السنة
كوريا الجنوبية	2000م	2020م
اليابان	1970م	1994م
ألمانيا	1932م	1972م
كندا	1925م	2010م
الولايات المتحدة	1944م	2013م
فرنسا	1964م	1979م
الأردن	4%عام 2005م	

الاتفاقيات التجارية والانضمام إلى العولمة

في أواخر عام 2004 عقدت كوريا الجنوبية اتفاقية مع منظمة التجارة العالمية (WTO) من أجل زيادة وارداتها من الأرز بشكل تدريجي حتى عام 2014 وبعد ذلك فإن سوق الأرز في كوريا الجنوبية سيكون مفتوحا بشكل كامل. وبالرغم من وجود بعض الجماعات المتفرقة المناهضة للعولمة في كوريا وبخاصة بين مزارعي وتجار الأرز، فقد انضمت كوريا الجنوبية إلى ركاب العولمة وتوجت ذلك بالانضمام لمنظمة التجارة العالمية في 1995/1/1 ، وانعقاد قمة سيول فيها، كما وقعت اتفاقات تجارية (APEC) آسيا باسفيك للتعاون الاقتصادي، ومع (OECO) منظمة التعاون الاقتصادي والتنمية.

التحالفات السياسية

بينما تبنت كوريا الشمالية الأيديولوجية الشيوعية في مواجهة التحالف الغربي الرأسمالي، اختارت كوريا الجنوبية التحالف مع الولايات المتحدة والغرب مما حق لها قفزة اقتصادية وحضارية كبرى تتيح لسكانها ومواطنيها ظروفا معيشية أفضل في وضع أقرب ما يكون للوضع الذي يعيشه سكان الدول المتقدمة. إذ بتحالفها مع الولايات المتحدة تمتعت بحماية عسكرية أمريكية مكنتها من التفرغ لعملية البناء الاقتصادي والتنمية. وحصلت على مساعدات كبرى من الولايات المتحدة، فحققت تقدما اقتصاديا سريعا خلال فترة زمنية قصيرة.

ويرى أنصار التحالف الكوري الأمريكي أن علاقة كوريا الجنوبية بالولايات المتحدة ما تزال تحقق ثمارها الإيجابية بالنسبة للكوريين. فما تزال أمريكا تحميهم من التهديدات القادمة من الشمال، ومن أطماع القوى الإقليمية الكبرى في شرق آسيا مثل الصين واليابان. كما أن ارتباطها بالعولمة يتيح لها القدرة على الاستمرار في النمو والحفاظ على المكتسبات التي حققتها طوال الفترة الماضية.

وربما يكون مجال التفوق الوحيد الذي حققه الشماليون هو القوة العسكرية، بينما يتفرغ الكوريون الجنوبيون إلى تحقيق المزيد من التطور الاقتصادي والتنمية الحضارية. كما أعلن الرئيس الكوري الجنوبي روه موهيون إن بلاده شريك للولايات المتحدة في حربها ضد الإرهاب، فقد أرسلت حوالي (3700) من جنودها للإنضمام للقوات الأمريكية في إطار قوات التحالف التي تخضع للقيادة الأمريكية. والجدير بالذكر إن النظام السياسي في كوريا الجنوبية جمهوري رئاسي ديمقراطي، يأتي على رأسه رئيس الجمهورية الذي ينتخب لمدة (5) سنوات (غير قابلة للتجديد)

عن طريق الاقتراع السري المباشر. ويمنح الدستور الكوري سـلطات واسـعة للـرئيس، وقـد بدأت ولاية الرئيس الحالي روه موهيون في 2003/2/25 [1].

الجماعات الاجتماعية والقيم الثقافية

اللغة الرسمية الكورية وهي Hangul تعتبر أحد فروع اللغة الصـينية ويتكلمهـا جميع السكان على اختلاف خلفيتهم العرقية. ويتكـون المجتمـع الكـوري مـن الجماعـات الرئيسية التالية، وهي: البوذيون وهم الأغلبية، والبروتستانت، والكاثوليك والكونفوشـيون ويشكلون الأقليـة في جمهوريـة كوريـا. وعملـت الـروح الرياديـة التـي ميـزت المـدراء في القطاع الخاص على تـدعيم نمـو الصـناعة، وبخاصـة أن الوسـائل الأخـرى لتحقيـق الـثروة كانت قد دمرت خلال الحرب الكورية، إذ جـرى تـدمير أغلب أشـكال الملكيـة الموروثـة، إضافة إلى أن سياسات إصلاح الأراضي ألغى الإيجـار الريعـي. وسـاهم التضـخم أيضـا في اختفاء وفورات الأسر والأفراد. فلم يبق من طريق لتحقيق الثروة سوى الصناعة والتجـارة التي وفرت فرصا مناسبة لضباط الجيش المتقاعدين، والشباب النشط من أصحاب الـروح الريادية الذين أصبحوا رؤساء ومدراء للمصانع والشركات.

وينقسم الرواد حسب تصنيفات شومبيتر إلى جماعتين وهما:

أ‌-‌ الـرواد المبتكرون: وهم الـذين يبتكـرون أسـلوبا جديـدا في الإنتـاج، أو أي ابتكار آخر.

(1)   WWW.Cia.gov - 2005/3/20

    WWW.abram.org.eg- 2005/3/20-

ب- الرواد المقلدون: ويتبعون الفئة الاولى، وهم عادة موظفين إداريين، أو موظفين يعملون مع رجل أعمال من الفئة (أ).

وكان الرواد من الفئة (ب) منتشرين في جمهورية كوريا الجنوبية وتمتعوا بمميزات خاصة للبدء بمشروع خاص مدعم من خلال عاملين وهما:

1- عدم ملائمة السوق الاستثمارية، ووجود معدلات تضخم مرتفعة وبخاصة في الخمسينيات والستينيات مما كان يهدد رأس المال المدخر الخامل بالزوال، وبخاصة مع عدم وجود فائدة تذكر على رأس المال هذا.

2- وجود عدد أكبر من المدراء الذين فقدوا وظائفهم إما بسبب التقاعد المبكر بدون تعويض (في سن 55) وإما بسبب إعادة هيكلة الشركات والمصانع.

وقد أوضح مسح اجتماعي أجري في ذلك الوقت قيم ودوافع الرواد، وهي تتشابه إلى حد كبير مع قيم ودوافع متخذي القرار الحكوميين وهي تشمل ما يلي:-

أ- المسئولية نحو المجتمع المحلي.

ب- الرغبة في تطوير جمهورية كوريا الجنوبية.

ج- الرغبة في اللحاق باليابان اقتصاديا.

وجاءت هذه القيم والدوافع المجتمعية العامة سابقة على الدوافع الأخرى مثل: المسئوليات الأسرية بالمعنى الكونفوشي، وجمع الثروة والشهرة الاجتماعية، والحصول على السلطة. ومثل هذا التشابه في القيم بين رواد القطاع الخاص ومتخذي القرار الحكوميين يفسر درجة التجانس والاتفاق بين هاتين المجموعتين.

أما الثقافة المجتمعية العامة فتسودها القيم الكونفوشية، والى حد ما القيم البروتستانتية, التي تؤكد على الطموح والنجاح والابتعاد عن السلبية، والرغبة الكبيرة في التعليم، والإنجاز الفردي. أضف إلى ذلك فإن تجانس السكان واحترام سلطة الموظفين الحكوميين رفع من شأن الأهداف المجتمعية العامة وهذا ما يجعل علاقات العمل تقوم على احترام السلطة وعلى إطاعة الأنظمة والتعليمات. وكان لإغلاق باب الوظائف الحكومية أمام الخريجين الجدد منذ منتصف الخمسينيات من القرن الماضي، وإغلاق باب الهجرة إلى خارج البلاد أن اندفع الشباب الكوري نحو التجارة والصناعة بتشجيع من الحكومة. ورفع الرئيس بارك شونج هي منذ بداية استلامه للسلطة في البلاد عام 1963 شعارا ثقافيا مهما تم تبنيه من غالبية الشباب في البلاد، ويقول هذا الشعار ما يلي:

"إذا أردتم الثراء، فلا بد أن تبذلوا الجهد مهما كانت التضحيات. وينبغي أن تعلموا أنه إذا كانت مواردنا محدودة، فإن الإبداع والابتكار لا حدود لهما".

ومع ذلك استطاع عدد من الكوريين الهجرة إلى الولايات المتحدة منذ بداية منتصف القرن الماضي وشكلوا مجتمعات محلية متماسكة لكنها مندمجة مع الحياة الاقتصادية والسياسية والاجتماعية الأمريكية. ويوضح كتاب حديث أن المهاجرين الكوريين في أمريكا يتميزون بالمشاركة الفاعلة في الحياة الأمريكية وبخاصة في المجالات الاقتصادية والسياسية[1].

ويساهم النظام التعليمي في تدعيم هذه الثقافة المجتمعية ذلك أن فلسفة التعليم

[1] Ilpyong J. Kim (ed.), Korean Americans: Past, Present, and Future, New York, Hollyn International Corp., 2005.

الكوري في أساسها نابعة من عدة روافد أهمها: الفلسفة الكنفوشية والفلسفة البوذية والحضارتين الصينية واليابانية. ومن ثم فهي تدور حول مجموعة من القيم الثقافية- التي تعبر عن الطابع القومي للمجتمع الكوري- منها: الأخلاق الفاضلة، والحفز على التعلم والإنجاز من ناحية وإتقان العمل من ناحية أخرى. كذلك يمتد مفهوم السلطة الأبوية الذي يهيمن على الحياة في المجتمع الكوري إلى المدرسة ويصبح المحك الأساسي في التفاعل بين التلاميذ ومعلميهم، بحيث تتحول العلاقة بين المعلم وتلاميذه إلى علاقة أبوية سلطوية، مما يساهم في تدعيم السلطوية الأبوية كسمة من سمات الطابع القومي الكوري.

ويهدف التعليم الكوري في أساسه إلى تنمية الشخصية المتكاملة، وفي هذا السياق فإن ثمة تركيزا على بنائها الأخلاقي، مما يساهم في تأكيد مظاهر الارتباط بين التعليم والطابع القومي الكوري الذي يركز في جزء كبير منه على المثل الأخلاقية المستقاة في الأساس من الكنفوشية والبوذية. كذلك يهدف التعليم الكوري إلى تدعيم الجانب الإنساني المتمثل في خدمة البشرية كافة. إضافة إلى أنه يسعى في عمومه إلى تحقيق التنمية الشاملة في أبعادها المختلفة، سياسية واقتصادية واجتماعية وثقافية.

واستطاعت الحكومة أن تتوسع في التعليم وتعممه وتجعله إلزاميا في المرحلة الابتدائية بمعدل يزيد عن المائة في بعض السنوات، وذلك استجابة للطلب الاجتماعي على التعليم بوصفه قيمة إجتماعية هامة تعد من القيم المعبرة عن الطابع القومي الكوري، ووسيلة للحراك الاجتماعي والتميز من ناحية، لتحقيق التنمية الشاملة من ناحية أخرى. وإن كانت كوريا الجنوبية قد استطاعت أن تعمم التعليم

الابتدائي فإنها قد اقتربت من ذلك على صعيد التعليم الثانوي، مما يعكس اهتماما كبيرا بالتعليم وإيمانا بأهمية التعليم في تحقيق الرخاء والرفاه الاجتماعي. وعموما - واستنادا إلى العديد من المؤشرات الكمية فإن كوريا قد استطاعت أن تحقق ثروة تعليمية تكاد تناظر ما تحقق في الدول الصناعية المتقدمة[1].

كوريا الجنوبية والعولمة، والبلدان العربية

انضمت كوريا الجنوبية إلى قطار العولمة في عام 1995م حيث وقعت على بنود اتفاقية الجات، وحصلت على عضوية منظمة التجارة العالمية (WTO) التي تنظم العلاقات الدولية في مجال التجارة، وتضمن فتح أسواق الدول الموقعة على هذه الاتفاقية أمام السلع والبضائع لجميع الدول الأعضاء في منظمة التجارة العالمية، والتي يصل عددها حاليا، في بداية عام 2010م إلى 152 دولة - كما أشير سابقا. وتساهم كوريا الجنوبية مساهمة قوية في حركة التجارة العالمية، وتصل سلعها المصنعة إلى أسواق العالم المختلفة. وتأثرت كوريا الجنوبية بالأزمة الاقتصادية الآسيوية عام 1997، فتراجع معدل النمو فيها بتراجع قدراتها التصديرية، لكنها عادت بجهود الحكومة، والقطاع الخاص، وبالتعاون مع البنك الدولي إلى حيويتها، وقدراتها التصديرية السابقة، بعد أن تجاوزت الأزمة.كما تأثرت قليلا بالأزمة المالية العالمية في نهاية عام 2008م، لكنها بفضل السياسات الحكومية وانضباط القطاع الخاص استطاعت أن تتحكم بتأثيرات هذه الأزمة.

---

(1)عبد الناصر رشاد وعبد الغني عبود ، التعليم والتنمية الشاملة: دراسة في النموذج الكوري، القاهرة، دار الفكر العربي، 1997، ص 239.

أما الأردن فقد انضمت إلى منظمة التجارة العالمية عـام 2000 بعـد أن وقعـت علـى بنـود اتفاقيـة الجات. وتحسـن الوضع الاقتصـادي في الأردن بعـد هـذا الانضـمام، وبتوجيهـات مـن جلالـة الملـك عبـد اللـه الثاني فإن رؤياه الاقتصادية، والسياسية، والاجتماعية تجد طريقها إلى سياسات الحكومات الأردنية المتعاقبة لتؤدي إلى نمو مستمر في المجـالات الاقتصـادية، والاجتماعيـة يسـاهم في تحسـين مسـتوى الحيـاة للمـواطن الأردني.وكان تأثير الأزمة المالية العالمية الأخيرة على الأردن محدودا وذلك بفضل سياسـات البنك المركزي الأردني، وسياسات الاقراض المحافظة التي تميزت بها البنوك الأردنية.

ويبلغ الناتج القومي الإجمالي في الأردن حاليا ما يقارب 30 مليار دولار، أما عـدد السكان فيصل إلى 6 مليون نسمة. وينمو الناتج القومي الإجمالي بمعدل سـنوي يصل إلى 3,2%. أما معدل دخل الفرد من الناتج القومي الإجمالي فيصل إلى ما يقارب 2200 دينارا أردنيا سنويا. لكن هناك بعض المشـكلات التـي يعـاني منهـا الأردن منهـا معـدل البطالـة المرتفع حوالي 12,4% من القوى العاملة، ونسبة السكان تحت خط الفقر التـي تصل إلى 14,4% من السكان. إضافة إلى التحديات الأمنية المكلفة التي تأتـي من جماعـات إرهابيـة منظمة تأتي أحيانا من وراء الحدود، تحاول زعزعة الأمن واستثمار ظروف بعـض الفقـراء والعاطلين عن العمل لتجنيدهم في صفوفها.

ومثل هذه المشكلات تواجه عددا من الدول العربية الأخرى مثل مصرـ والمغـرب العربي فبحسب تقرير الأهداف الإنمائية للألفية الصادر عن الأمم المتحدة فإن المنطقة العربية تواجه عددا من التحديات في تحقيق هذه الأهداف منها

البطالة، ونسبة السكان تحت خط الفقر، والحروب، وتحدي الجماعات الإرهابية. ويقدر معدل البطالة بين الشباب العربي في بداية عام 2010م بـ17% من القوى العاملة، وتنمو هذه القوى بمعدل 3,5 بالمائة سنويا. وفي هذه الدول العربية ترتبط البطالة بنوعية التعليم ومناهجه، وعدم توافق مهارات الخريجين مع متطلبات سوق العمل، كما ترتبط بقيم الشباب وتفضيلاتهم المهنية.

وتحقيق أهداف الألفية بالتالي يتطلب اعتماد سياسات واستراتيجيات إنمائية لصالح الفقراء، والعاطلين عن العمل وسن تشريعات تتناول المساواة بين الجنسين، والبيئة والتنمية الحضرية والريفية، والتعليم، والتكنولوجيا، والابتكار. إضافة إلى بناء شراكات إستراتيجية اقتصاديا وتجارية مع البلدان المجاورة والأسواق العالمية.

ومن الواضح أن تجربة كوريا الجنوبية في مواجهة تحديات النمو الاقتصادي، والاستفادة من العولمة يمكن أن تقدم دروسا جوهرية للدول العربية مما يستدعي مزيدا من الدراسة والتحليل لهذه التجربة الكورية.

مقومات العولمة

مقومات العولمة هي مجموعة من العوامل التي تدعم العولمة، وتشمل عددا من العوامل السياسية، والاقتصادية، والاجتماعية- الثقافية المعرفية، والعلمية، التي تشكل ما يسمى بـ "الثورة المعرفية". ففيما يتعلق بالعوامل السياسية يتضح أن تفكك الاتحاد السوفياتي سابقا، وظهور القطبية الأحادية، وسقوط النظم الشمولية الديكتاتورية الحاكمة في دول العالم الثالث، أدت جميعها إلى موجة من التحول الديمقراطي في عدد من الدول الاشتراكية سابقا، والعديد من دول العالم الثالث.

ونتيجة لهذه التغيرات تم إعادة هيكلة الدولة ووظائفها في هذه الدول بما يتناسب وهذه المتغيرات السياسية الدولية، مما دعم التحول إلى الاقتصاد الرأسمالي الحر[1].

أما من الناحية الاقتصادية فيتضح أن المذهب الليبرالي في شقة الرأسمالي، قائم على الدعوة إلى تعزيز حرية السوق، والملكية الفردية، مع تحديد وتقييد دور الدولة في النشاطات الاقتصادية. أما الثورة العلمية، وكذلك الثورة الفكرية فقد عظمتا من القدرات الإنتاجية للشركات بحيث أصبحت الأسواق الوطنية غير قادرة على استيعاب منتجاتها فاتجهت إلى الأسواق العالمية لتصريف هذه المنتجات. فظهرت الشركات متعددة الجنسيات - وهي الشركات التي تملك فروعا لها في دولتين على الأقل - لتسوق منتجاتها في أسواق العالم بأسره. فأصبح العالم سوقا واحدة للاستهلاك، وأيضا للإنتاج تطبيقا لمبادئ اتفاقية الجات، وعضوية منظمة التجارة العالمية. وكان عدد هذه الشركات عام 2001م يصل إلى 40 ألف شركة، أما في بداية عام 2010م الحالي فوصل عددها إلى 63.000 شركة ومن أشهر هذه الشركات شل، وداكسون، ودفوكس نيوز، وزين، والبنك العربي.

وتُدعم حركة العولمة كذلك من خلال العديد من المنظمات الدولية الأهلية مثل منتدى دافوس، الذي يجمع سنويا أعدادا كبيرة من رجال الأعمال والسياسيين والمفكرين الداعمين للعولمة. إضافة إلى المؤسسات الدولية غير الحكومية مثل صندوق النقد الدولي، والبنك الدولي للإنشاء والتعمير، وقد عملا طويلا على وضع

---

(1) باسم خريسان ، العولمة والتحدي الثقافي، بيروت، دار الفكر العربي، 2001 ، وأيضا: أولريش بك، ما هي العولمة ؟ مترجم، كولن ، ألمانيا الغربية، بيروت، منشورات الجمل، 1999.

التشريعات المنظمة لحركة الاقتصاد العالمي لتجنيب العالم الأزمات الاقتصادية المفاجئة.

أما الثورة الثقافية - المعرفية فترتبط بثورة الاتصالات والمعلومات إذ إن أدوات الاتصال الحديثة مثل الحاسوب، والإنترنت، والموبايل والفضائيات الإعلامية تربط بين الدول والشعوب، والأفراد، وتنشر نفس الحقائق والصور، والمعلومات في مختلف أرجاء العالم دون قيود سياسية، مما يؤدي إلى توحيد المعلومة، وتوحيد الموقف من الحدث بين شعوب العالم.

وهناك تحليل مفصل لمقومات العولمة في كتاب باسم خريسان المعنون بـ (العولمة والتحدي الثقافي) حيث يبدأ المؤلف كتابه المهم هذا بالتمييز بين العالمية والعولمة فيوضح أن العالمية تخص القيم، وحقوق الإنسان، والثقافة، بينما تخص العولمة التقنيات، والسوق، والسياسة، والمعلوماتية. وتتمثل العالمية بالإيديلوجيات الأممية مثل الأممية الاشتراكية، التي كانت نزعة عالمية أريد بها تخطي حدود الدول القومية، وكان هدفها خدمة الجهة المستفيدة منها، لكن العولمة لا تعتبر إيديلوجيا، فهي وإن كانت تتخطى حدود الدول إلا أنها لا تمثل أيديلوجية محددة، وإنما هي انعكاس لمجموعة متغيرات سياسية، واقتصادية، وتقنية. وسنقف عند هذه المجموعة من المتغيرات في الصفحات القادمة لأنها تمثل - في رأيي - الإسهام الحقيقي لهذا الكتاب، إضافة إلى مساهماته الأخرى التي سيتم التعرض لها بالمراجعة والتقييم في الصفحات القادمة[1].

[1] راجع: باسم خريسان ، العولمة والتحدي الثقافي ، ص ص 70-74.

ومن جهة أخرى، وفي السياق نفسه يميز المؤلف بين العولمة والأمركة، فهو يرى أن العولمة ليست الأمركة كما يذهب بعض المفكرين من الماركسيين، أو الأصوليين المتطرفين. فالأمركة قديمة، بينما العولمة جديدة، وقول روزفلت في منتصف الأربعينيات من القرن الماضي وبعيد الانتصار على هتلر وقوى النازية: "إن قدرنا أمركة العالم" يجب أن يؤخذ ضمن سياقه التاريخي. وكانت للأمركة في تلك الحقبة إيديلوجية أميركية هدفت إلى نشر النمط الأمريكي في الحياة في البلدان التي قدمت لها المساعدات لإعادة إعمارها بعد أن دمرت خلال الحرب العالمية الثانية مثل اليابان، وكوريا الجنوبية ، وبعض الدول الأوروبية. لكن العولمة وبتأكيد المؤلف ذلك ظاهرة كونية تشير إلى مجموعة التغيرات السياسية، والفكرية، والعلمية، والاقتصادية، والثقافية التي أسهم فيها عدد كبير من الدول وليس الولايات المتحدة فقط، كما تسهم هذه الظاهرة الكونية في ازدياد الترابط بين الدول والشعوب.

أما المتغيرات، أو القوى الدافعة في اتجاه العولمة التي تشكل عناصر، أو مكونات ظاهرة العولمة فيقدم المؤلف تحليلات مطولة عنها في الفصل الثاني من الكتاب. وهذه المتغيرات هي: المتغيرات السياسية، والمتغيرات الاقتصادية، والمتغيرات العلمية والثقافية، والمتغيرات الفكرية التي تشكل ما يسمى (الثورة المعرفية). وفيما يتعلق بالمتغيرات السياسية يوضح المؤلف أن تفكك الاتحاد السوفياتي سابقا، وظهور القطبية الأحادية، وسقوط النظم الشمولية الحاكمة في دول العالم الثالث، أدت إلى موجة من التحول الديمقراطي في العديد من دول العالم الثالث. وتم إعادة هيكلة الدولة في هذه الدول بما يتناسب وهذه المتغيرات السياسية

في البيئة الدولية[1].

وفيما يتعلق بالمتغيرات الاقتصادية يوضح المؤلف أن الفكر الليبرالي في شقه الرأسمالي قائم على الدعوة إلى تعزيز الملكية الفردية، وحرية السوق، مع تحديد دور الدولة في النشاطات الاقتصادية، وأصبح هذا الدور يخضع للعوامل العالمية أكثر من خضوعه للعوامل المحلية. أما الثورة العلمية، والثقافية، وكذلك الثورة الفكرية فقد عظمت من القدرات الإنتاجية للشركات بحيث أصبحت الأسواق الوطنية غير قادرة على استيعاب منتجاتها، فبزغت الشركات متعددة الجنسيات، التي يصل عددها (عام 2009م) إلى أكثر من 63.000 ألف شركة، لتخرج بمنتجاتها إلى أسواق العالم بأسره ، فأصبح العالم سوقا واحدة للاستهلاك، وللإنتاج كذلك.

وينتقل المؤلف ليحلل دعامات الاقتصاد العالمي، أو البنى الداعمة للعولمة، وتشمل هذه الدعامات العديد من المؤسسات الدولية، كما تشمل منظمات أهلية غير حكومية، إضافة إلى الشركات متعددة الجنسيات، التي يقف عندها المؤلف طويلا موضحا دورها، ووظائفها في تدعيم العولمة. أما المؤسسات الدولية التي تعتبر من دعامات العولمة فأهمها البنك الدولي للإنشاء والتعمير، وصندوق النقد الدولي، وقد عملا طويلا على وضع التشريعات المنظمة لحركة الاقتصاد العالمي لتجنيب العالم الأزمات الاقتصادية. وتشمل المؤسسات الدولية الأخرى، اتفاقية الجات ومنظمة التجارة العالمية. وقد أنشأت منظمة التجارة العالمية في (1995/1/1) إثر انتهاء جولة الأوروغواي – وهي جولة من مفاوضات الجات متعددة الأطراف انتهت في

---

[1] باسم خريسان ، العولمة والتحدي الثقافي ، ص ص 45-407.

مراكش بمؤتمر وزاري عام شاركت فيه أكثر من 125 دولة بينها العديد من الدول العربية - كما اتضح من قبل. وانتهت نتائجها إلى ما يلي: التشديد على تحرير التجارة السلعية، وفتح الأسواق أمام التجارة، وتوسيع الجات لتشمل الخدمات الاستثمارية الأجنبية، وحقوق الملكية الفكرية بتوضيح بعض بنود اتفاقياتها بما يضمن عدم التأويل، والتحليل، وإنشاء منظمة التجارة العالمية. وتشتمل منظمة التجارة العالمية على عشرة اتفاقيات جديدة، إلى جانب اتفاقية الجات تمثل جميعها قانون النظام الاقتصادي العالمي الذي وقع عليه في مراكش أكثر من 117 دولة. وبعيد إنشاء هذه المنظمة تقدمت العديد من الدول بطلب الانضمام لها حتى بلغ عدد الأعضاء فيها 130 دولة في عام 2010، وهناك أكثر من 25 دولة أخرى على قائمة الانتظار. وازداد عدد هذه الدول ليصل إلى 152 دولة في بداية عام 2010 - كما اتضح من قبل.

أما بالنسبة للدول العربية فيوضح المؤلف أن سبعة منها (ازداد عددها في بداية عام 2010م إلى 11 دولة) تتمتع بالعضوية الكاملة في المنظمة، وهي: الكويت، وقطر، والبحرين، والإمارات العربية المتحدة، ومصر، وتونس، والمغرب، وموريتانيا، وانضمت فيما بعد إلى المنظمة كل من الجزائر، والأردن، والسعودية، إضافة إلى عُمان، ولبنان.

وفيما يتعلق بتأثير العولمة على الثقافات المحلية، أو ما يشار إليه عادة باسم "العولمة الثقافية" يوضح المؤلف إن أساس العولمة الثقافية ودعامتها الحقيقية ثورة الاتصالات. أو بشكل أدق ثورة الاتصالات المعلوماتية، من أدوات الاتصال التقنية الحديثة وبخاصة الحاسوب، والإنترنت، والموبايل، والقنوات الفضائية التي تربط بين

الدول، والشعوب، والأفراد. ويؤكد المؤلف بشكل خاص على دور الإنترنت في ربط الشعوب والأفراد، فالإنترنت نظام معلوماتي غزير في مجال المعرفة، والتخاطب، والمراسلة، والتعامل التجاري، والإعلامي، والثقافي، والمخابراتي، والترفيهي. وتمكن شبكة الإنترنت مستخدميها من التجول في معظم أرجاء الأرض في رحلة لا تحتاج إلى إذن دخول (فيزا) من الدول التي تقصدها، ولا تحتاج إلى تذكرة سفر [1].

ويحلل المؤلف القدرة المتعاظمة للنظام السمعي - البصري الحديث وتقنياته التي تجعل الصور بؤرة هذا النظام مما أدى إلى انتقال الثقافة من شفوية، وكتابية، إلى سمعية بصرية. فالصورة هي المادة الثقافية الأولى التي يجري تسويقها على أوسع نطاق جماهيري، وهي أكثر فاعلية من الكلمة التي كانت تعتمد على الإطلاع اللغوي للمتلقي بسبب نخبويتها، ومحدوديتها.. أما الصورة فهي خطاب مكتمل، ناجز، مباشر، مبسط، وهذا أساس جماهيريتها، وقدرتها على النفاذ إلى وعي الأفراد وإدراكهم في البيئات المختلفة، والمستويات الطبقية المتفاوتة.

وموقف المؤلف فيما يتعلق بالعلاقة بين العولمة والثقافة واضح، ومحايد فهو يرى أن العولمة لا تلغي الثقافات المحلية وإنما تواجهها بعدد من التحديات، أهمها: تحدي السيادة الثقافية للدولة، وتحدي المحافظة على التنوع الثقافي. فبالنسبة للتحدي الأول يوضح المؤلف أن الدولة القطرية لا يمكن أن تقيم سدا ترابيا يحميها من تأثيرات العولمة، لكنها تستطيع إحياء تراثها الثقافي وتقويمه بأسلوب مدروس بحيث لا يؤثر ذلك على الانفتاح على العالم وتقنياته. ومن الأمثلة على ذلك تايلاند التي

---

[1] باسم خريسان، العولمة والتحدي الثقافي، ص ص 188-202.

تعمل على تصميم منهج جديد في التربية من خلال اللجنة العليا لإصلاح التعليم، التي شكلت عام 1996م، وتؤكد ضرورة تفهم صورة الإنسان العالمي الذي تطرحه العولمة، وضرورة تحديث النظام التربوي بما يتناسب ومتطلبات العولمة. وتوجهت هذه اللجنة إلى المجتمع التايلندي بالقول إن على أفراد المستقبل في تايلاند، وفي العالم ككل أن يكونوا على استعداد للتفاعل فيما بينهم على أساس تعدد الثقافات، وتقبل تغير القيم، وأسلوب حياة يقوم على العالمية، مع القدرة في نفس الوقت على التصميم للحفاظ على مثلهم العليا وهويتهم الذاتية. وتتمسك اليابان أيضا بخصوصيتها الثقافية، وهويتها الوطنية، وقيمها الثقافية، وتسير في الوقت ذاته مع العولمة. وهو ما يلاحظ أيضا في دولة الإمارات العربية المتحدة، وبلدان الخليج العربي، وغالبية البلدان العربية الأخرى التي تعمل من خلال أجهزة الدولة، ومنظمات المجتمع المدني على إبراز تراث الماضي وتقويته، وعلى استيعاب أحدث تقنيات العصر في مجالات التجارة، والاستثمار، والأعمال، والاتصالات.

تحديات العولمة بالنسبة للمجتمع العربي

يوضح منذر الشرع [1] في تحليله للتحديات التي تواجه الاقتصاد العربي والفرص المتاحة أمامه نتيجة للعولمة، أن هذه الخدمات تشمل، بشكل أساسي الموارد الطبيعية. فعلى الرغم من كبر مساحة العالم العربي جغرافيا إلا أنه يعاني نقصا

---

[1] منذر الشرع ، "عولمة الإقتصادات الوطنية، التحديات والفرص المتاحة "، مركز الإمارات للدراسات والبحوث الإستراتيجية، العولمة وأثرها في المجتمع والدولة، أبو ظبي، 2002، ص ص 123-128.

شديدا في الموارد الحياتية وبخاصة المياه، والأراضي الصالحة للزراعة. وبالمقابل تزخر بعض أجزاء الوطن العربي بالنفط والغاز الطبيعي. ويرتبط بهذا العامل أيضا تحدٍ كبير يكمن في حسن إدارة هذه الموارد واستغلالها لخدمة المجتمع.

أما التحدي الثاني فهو حجم السوق، فالعالم العربي يتكون حاليا من 22 دولة، يزيد عدد سكانها عن 330 مليون نسمة في عام 2010م، وهم يشكلون قاعدة للاستهلاك لكن غالبية الأسواق العربية باستثناء السوق المصري تعتبر أسواقا صغيرة الحجم والإمكانيات الإنتاجية والاستهلاكية. كما يتطلب الإسراع بإنشاء تكتل اقتصادي عربي على غرار السوق الأوروبية المشتركة. ويمكن اعتبار انشاء منطقة التجارة الحرة العربية التي شارك فيها حتى عام 2010م 17 دولة عربية مرحلة مهمة على الطريق. ويعتبر التعليم والتدريب وقوة العمل وخصائصها من التحديات الأساسية التي تواجه السوق العربية أيضا في تعاملها مع العولمة إذ بالرغم من أن معدلات الالتحاق بالتعليم المدرسي والجامعي قد ارتفعت في جميع البلدان العربية فإن نوعية التعليم ومستواه، ومدى ارتباطه بسوق العمل ومتطلباته ما تزال موضع نقاش. ويلاحظ الشرع إن الاقتصادات العربية ما زالت "تفتقر إلى المهارات البشرية اللازمة لمواكبة متطلبات الواقع العالمي الجديد القائم على التقنية العالية، والمهارات الإدارية الحديثة، والعزوف عن البيروقراطية والفساد، وسرعة اتخاذ القرارات. ويشرح منذر الشرع ذلك قوله: "فنوعية التعليم في العالم العربي رغم التوسع الكمي قد تدهورت ناهيك عن أن فنون الإنتاج الحديثة أصبحت تتطلب مهارات جديدة، في حين ما زال العالم العربي يسير على نمطية تعليم مرتبطة بالماضي؛ وهذا لا يخدم العمالة المطلوبة التي يجب أن تكون قابلة للتوظيف في عالم جديد سريع التغيير.

ويجب إعداد العدة لتغيير تركيبة مهارات القوى العاملة حتى تصبح متوائمة والفرص المتاحة في الاقتصاد"[1].

كما يلاحظ الشرع أن الدروس المستفادة من تطور كوريا الجنوبية وبقية الدول الآسيوية ودخولها ميدان التنافس الدولي في مجالات الصناعة والتصدير يكمن في إحداث ثورة في توطين المهارات الصناعية فيها، بحيث أصبح رأس المال البشري ورأس المال المعرفي يُشكلان المدخل الأساسي للتجديد والابتكار. وتركز هذه الدول على اكتساب العمال للمهارات الإنتاجية المتقدمة، وإتقانهم للعمل والانتماء له ولمؤسساته[2].

والعامل الرابع يتعلق بجاذبية الاستثمار، ذلك أن الاستثمار يسعى للأسواق الكبيرة بينما الاقتصادات العربية الصغيرة المنفردة لا تشكل في غالبيتها العظمى إغراء، أو جاذبية للمستثمر الأجنبي، أو العربي أيضا. أضف إلى ذلك أن انتشار البيروقراطية، والفساد الإداري، وعدم وضوح القوانين الخاصة بالاستثمار يعيق عملية الاستثمار، وقد بدأت العديد من البلدان العربية بإصلاح مثل هذه الأوضاع لخلق بيئة جاذبة للاستثمار الخارجي. أما فيما يتعلق باستجابة العالم العربي للتطورات التقنية الحديثة والمعلوماتية فما زالت ضعيفة، وقد ازداد إقبال البلدان العربية على استثمار هذه التقنيات لبناء قاعدة معلومات عربية. كما ازداد استخدام الإنترنت في المعاملات التجارية والبنوك وازداد استخدام وإنتاج برمجيات الكمبيوتر

---

[1] منذر الشرع، "عولمة الاقتصادات الوطنية ، التحديات والفرص المتاحة "، ص125.

[2] منذر الشرع، "عولمة الاقتصادات الوطنية، التحديات والفرص المتاحة"، ص125- ص126.

في مصر، والإمارات العربية المتحدة، والأردن. ويشير الشرع أخيرا إلى أهمية عامل التعاون والتكامل العربي للوصول إلى تكتل اقتصادي موحد يستطيع أن يزيد في القدرات الإنتاجية والتنافسية للبلدان العربية. كما يحسن من دورها ضمن مؤسسات العولمة، وبخاصة منظمة التجارة العالمية. ويلاحظ الشرع إن العالم العربي مر بتجارب تكاملية عديدة من السوق المشتركة إلى العمل العربي المشترك تحت مظلة جامعة الدول العربية ومؤسساتها المختلفة المتخصصة. ومجالس اتحادات التعاون الإقليمية، ومؤخرا منطقة التجارة الحرة العربية الكبرى، وجميعها لم تحقق سوى نجاحات قليلة.

ويشرح الشرع إن آخر التجارب في هذا المجال هي منطقة التجارة الحرة العربية الكبرى (التي بدأت في كانون الأول 1998م) الهادفة إلى تحرير التجارة بين البلدان العربية بتقليل الحواجز الجمركية بينها خلال عشر سنوات. فتحرير التجارة مطلب أساسي، لكنه لا يكفي في خضم التطورات السريعة الناتجة من العولمة ومؤسساتها، ولا بد من تكتل فعال يزيل الحواجز بين البلدان العربية بشكل سريع. وقد كانت حجة عدم التكتل في الماضي ترتبط باختلاف الأنظمة الاقتصادية العربية ايديولوجيا، ولكن هذه الاختلافات زالت، وأصبحت الدول العربية الآن متفقة على تحرير الأسواق وانفتاحها بعد أن وقعت غالبية هذه الدول على اتفاقية (الجات) وأصبحت أعضاء في منظمة التجارة العالمية[1].

ويواجه المجتمع العربي حاليا عددا من التحديات المرتبطة بالعولمة (يطرحها

---

[1] منذر الشرع، "عولمة الاقتصادات الوطنية: التحديات والفرص المتاحة"، ص ص127-128.

عدد من الكتاب المحليين على أنها سلبيات للعولمة)، التي يمكن أن يؤدي النجاح في مواجهتها إلى الاستفادة القصوى من بنود هذه الاتفاقية لتطوير الإنتاجية محليا، وزيادة القدرات التصديرية الوطنية. ويفترض أن يؤدي ذلك إلى نمو في الدخل القومي، ونمو في معدل دخل الفرد، وتحسن ملموس في مستوى معيشة الأسر والأفراد. وتشمل هذه التحديات ما يلي:

1- زيادة الإنتاجية وتدعيم القدرة التنافسية للسلع والمنتجات العربية

أوضحت ندوة متخصصة نظمها مركز دراسات الوحدة العربية في بيروت شارك فيها عدد كبير من الاقتصاديين والمفكرين العرب[1]، أن تنمية الإنتاجية وزيادة القدرة التنافسية العربية على مستوى المشروع في ظل العولمة تتطلب ما يلي:

- الارتقاء بتصميم المنتجات، وجودتها، والالتزام بالمواصفات الدولية للجودة، وبخاصة مقاييس الآيزو.

- التطوير التكنولوجي لزيادة الإنتاجية وخفض التكلفة.

- الاهتمام بالبحوث والتطوير، وبخاصة في حالة المنشآت الكبرى.

- الارتقاء بالعمالة وزيادة إنتاجيتها من خلال التدريب، وإعادة التدريب، والتحفيز.

- دراسة الأسواق العربية والخارجية، والبحث عن فرص التصدير الواعدة في هذه الأسواق.

---

[1] مركز دراسات الوحدة العربية، "ندوة القدرة التنافسية للمؤسسات الاقتصادية العربية"، مجلة المستقبل العربي، العدد 254، بيروت، مركز دراسات الوحدة العربية 2000، ص 72 - 111.

- التطوير الإداري والتنظيمي على مستوى المشروع للوصول إلى فاعلية أكبر، وبيئة إدارية أفضل.

2- المعلوماتية واكتساب المهارات التقنية الحديثة

وأهمها مهارات استخدام الكمبيوتر، والإنترنت، وإنتاج البرمجيات، التي بدأت غالبية البلدان العربية بنشرها وتدعيمها بعد ربط أنظمتها التعليمية بتكنولوجيا الاتصالات. وهو الأمر الذي يتيح للمشتركين الوصول إلى المعلومات، والبيانات الإحصائية والمواد العملية، والمشاركة في إنتاجها، وتسويقها.

ويوضح موقع إحصاءات الإنترنت العالمية[1] إن عدد مستخدمي الإنترنت في البلدان العربية يصل في عام 2007 الحالي إلى حوالي 20 مليون مستخدم من أصل حوالي 300 مليون نسمة هم مجموع سكان البلدان العربية. ويتضح أن عدد مستخدمي الإنترنت في الكويت يصل إلى 700 ألف مستخدم، أي بنسبة نفاذ تصل إلى 25.6% من مجموع السكان. وفي الإمارات العربية المتحدة يصل هذا العدد إلى 1.2 مليون مستخدم، أي بنسبة نفاذ تصل إلى 33% من مجموع السكان. وتعتبر هذه النسبة الأعلى في العالم العربي، كما تعتبر من النسب العالية دوليا. وفي الأردن يصل هذا العدد إلى 719 ألف مستخدم، أي بنسبة نفاذ تصل إلى 13.4% من مجموع السكان. وفي مصر- وصل هذا العدد إلى 7.8 مستخدم أي بنسبة نفاذ تصل إلى 9% من مجموع السكان.

وكانت وحدة الأبحاث في بوابة عجيب دوت كوم قد أجرت مسحا عام

(1) www.internetworldstats.com/stats5.htm

2001م [1] حول استخدام الإنترنت في الوطن العربي أوضح أن هناك (3.5) مليون مستخدم للانترنت من أصل (290) مليونا هم سكان المجتمع العربي في ذلك الوقت، اغلبهم في الإمارات العربية المتحدة. وتحتل الإمارات العربية المرتبة الأولى بين الدول العربية في عدد مشتركي ومستخدمي الإنترنت تليها، قطر، ثم لبنان.

كما أوضحت بيانات مجلة انترنت العالم العربي في عام 2002 [2] أن شبكة الإنترنت العربية كانت في عام 2000 تتألف من (3.5) مليون مستخدم. وكانت قريبة من الصفر قبل ذلك بسبعة أعوام فقط. كما توضح البيانات أن (108) مليون مواطن عربي كانوا يشتركون في خدمات موقع Hotmail للبريد الالكتروني المجاني. وقد اتضح مؤخرا نية شركة مايكروسوفت لتعريب موقعها العالمي المعروف msn.com بالتعاون مع شركة دوت نيت المصرية مما سيؤدي إلى تطوير كبير لصناعة الإنترنت العربية، والبرمجيات العربية. مما يعكس التطور الكبير في عدد مستخدمي الإنترنت في العالم العربي، وتنوع مجالات استخدام الإنترنت أيضا في غالبية البلدان العربية، وبخاصة في مجال الحكومة الالكترونية والصحافة الالكترونية.

وفي دراسة ميدانية حديثة على عينة مكونة من 1489 طالبا وطالبة في جامعة اليرموك في الأردن، نشرت عام 2009م. حول انتشار قراءة الصحف الالكترونية وتأثير ذلك على الصحافة الورقية في ظل ثورة المعلومات والمعرفة

---

[1] وحدة أبحاث بوابة عجيب دوت كوم، "استخدام الإنترنت في الوطن العربي"، 2001. 2003/2/15 .
[2] مجلة انترنت العالم العربي، 2002.

المرافقة للعولمة [1] يتضح أن غالبية أفراد العينة (وهم طلبة جامعيون)، أو 76.2% يستخدمون اللغة الانجليزية، وأن 3.9% يستخدمون لغات أخرى، بينما هناك 18.5% لا يستخدمون أي لغة عدا العربية. كما يتضح أن نسبة من يقرأ الصحف الالكترونية تصل إلى 9.9% من المبحوثين، وأن نسبة من يقرؤون الصحف بنوعيها الورقي والالكتروني تصل إلى 18.4% من المبحوثين. أما نسبة من يقرؤون الصحف الورقية فقط فتصل إلى 53.3% من المبحوثين.

أما الوسائل المتاحة للمبحوثين للوصول إلى الصحف الالكترونية فقد ذكر 34.1% أن وسيلتهم هي الكمبيوتر الشخصي، كما ذكر 32.8% أن وسيلتهم هي مختبرات كمبيوتر الجامعة، وذكر 26.5% أن وسيلتهم هي مقاهي الإنترنت. ويرى المبحوثين من طلبة جامعة اليرموك أن ما يميز الصحيفة الالكترونية عن الورقية ما يلي:

- توفر خدمة البحث داخل الموقع.

- توفر خدمة البحث داخل الشبكة.

- توفر خدمة الحوار مع المحررين.

- توفر خدمة الربط مع المواقع ذات الصلة.

- توفر خدمة البريد الالكتروني.

([1]) علي نجادات، "مستقبل الصحف الورقية الأردنية في مواجهة الصحف الالكترونية في ظل ثورة المعلومات والمعرفة"، المجلة الأردنية للعلوم الاجتماعية، المجلد 2، العدد 2، ص ص169-190، عمان، الجامعة الأردنية، 2009م.

أما أسباب تفضيل مطالعة الصحف الالكترونية على الورقية من وجه نظر المبحوثين فهي ما يلي: إن أفكارها متجددة، وأنها تجمع خصائص النصوص والصورة والصوت معا، وأنها أكثر إثارة وجاذبية وتسلية، وأنها مجانية. وفيما يتعلق بالرغبات المتحققة من قراءة الصحف الالكترونية بالنسبة للمبحوثين فهي ما يلي: متابعة الأحداث والتعرف إلى أشياء جديدة، وإشباع الحاجات المعرفية، الفضول، وملء الفراغ، والراحة والاستمتاع، والبحث عن قواعد للمناقشة والتفاعل الاجتماعي، وتحقيق مكانة ما في المجتمع[1].

ويستنتج الباحث إنه وبالرغم من تزايد قراءة الصحف الالكترونية فإن ذلك لا يهدد الصحف الورقية حيث يؤكد إن مستقبل الصحافة الورقية ليس في خطر، ذلك أن العلاقة بين الصحافة الالكترونية والورقية هي علاقة تكامل وليست علاقة إقصاء وإلغاء. كما يؤكد ضرورة زيادة نشر استخدام الإنترنت لما يتيحه ذلك من حرية في النشر والتعبير والحوار، وضرورة استغلال الصحف الورقية للإنترنت والصحف الالكترونية والترويج لها، والوصول بها إلى أسواق جديدة[2]. وهذا ما تفعله غالبية الصحف الأردنية والعربية المعروفة التي تمتلك مواقع على الإنترنت لصحفها، إضافة إلى النسخ الورقية التي توزع وتباع.

وقد بدأ انتشار الإنترنت في العالم العربي وما تتضمنه من تمثلات رقمية في إضافة أبعاد جديدة إلى التجمعات الاجتماعية التي يتفاعل معها الفرد العربي،

(1) علي نجادات، "مستقبل الصحف الورقية الأردنية"، ص ص169-181.
(2) علي نجادات، "مستقبل الصحف الورقية الأردنية"، ص 188.

وأصبحت هذه التمثلات موضوعا لكتاب جديد حول الإنترنت والمجتمع بعنوان (علم الاجتماع الآلي) لمؤلفه علي رحومة[1] وهو من الكتب التي أثارت بعض الجدل في الأوساط الثقافية العربية. لكن هذا الجدل ربما بسبب طبيعته المتخصصة، وربما بسبب صعوبة الموضوع وتعقيداته لم يرق إلى مستوى تنظيم الندوات العلمية، أو المناقشات الإعلامية المتعمقة لتحليل مضمون الكتاب وطروحاته الجديدة تماما على المختصين في العلوم الاجتماعية، وعلى الجمهور العربي بشكل عام.

والمؤلف علي رحومة يجمع في هذا الكتاب بين علمي الكمبيوتر وعلم الاجتماع لتقديم تحليل تكنو - اجتماعي للمجتمعات والتجمعات الافتراضية على الإنترنت، والعناصر المكونة لهذه المجتمعات والتجمعات، والتي تتضمن: الاتصال والتقنيات، والعلاقات، والمصالح المتبادلة والرموز، والاتفاقيات المشتركة، والإجراءات والقواعد، والنظم المتعددة والعلاقات المتداخلة بينها. وهذه العناصر موجودة أيضا في المجتمعات الإنسانية الطبيعية بنفس هذا التداخل تقريبا. ويؤكد المؤلف أن الفضاء السايبري، الذي اخترعناه كبشر باستخدامنا لأجهزة الكمبيوتر، أوجد لنا نوعا جديدا من التجمع، الفردي –الجماعي، أو الفرد الإنترنتي .. كينونة حياة رقمية في مجتمع الإنترنت. وانتقلت بذلك الظاهرة الاجتماعية (التي هي موضوع علم الاجتماع)، سواء أكانت ثقافية، أم اقتصادية، أم سلوكية من تمثلاتها في المجتمع الطبيعي، إلى تمثلاتها رقميا، أو آليا، أو صناعيا. وتحول الفرد بالتالي إلى

---

[1] علي محمد رحومة، علم الاجتماع الآلي، مقاربة في علم الاجتماع العربي والاتصال عبر الحاسوب، سلسلة عالم المعرفة، الكويت، المجلس الوطني للثقافة والفنون والآداب، يناير، 2008.

إنسان جديد يحمل خصائص التكنولوجيا الرقمية في عقله، وجسمه، وسلوكه، كما تغيرت مكونات هويته وطبيعة انتماءاته - وهو ما يحدد في رأي رحومة، وعدد من علماء علم الاجتماع السايبري - تطوره الحضاري مستقبلا. وأصبحت الحياة الاجتماعية - أو جزءا منها على الأقل - حياة رقمية على الإنترنت في الفضاء السايبري المصنع، مما يفرض على علم الاجتماع - كما يوضح رحومة "... أن يتسع ليشمل بحثه المجتمع البشري الالكتروني". أو مجتمع الإنترنت الذي يتكون من أعضاء كونيين، أفراد وجماعات بشرية في علاقاتهم بعضهم ببعض، بمختلف الخصائص التي تفرضها هذه البيئة الإنسانية الآلية المكونة من الحواسيب، والشبكات والبرمجيات. وقد أوجدت هذه الحواسيب بتفاعلاتها المستمرة، وتحاوراتها الرقمية هذا الفضاء السايبري الممتد بين أطراف الحواسيب، ونقاطها، وعقدها، ومواقعها المختلفة في أنحاء المعمورة[1].

وكأي مجتمع آخر من المجتمعات المعروفة فإن المجتمع السايبري على الإنترنت يتضمن العناصر المكونة للمجتمع، وهي تشمل - كما أشير سابقا: مجموعة من الظواهر والنظم المتداخلة، والتقنيات، والتفاعل والاتصال، والإجراءات والقواعد العامة التي تضبط سلوك الأفراد والجماعات. وبناء على ذلك كله يتضمن هذا المجتمع أيضا التأثير على هوية الأفراد وإنتماءاتهم التي تتشكل، ويعاد تشكيلها داخل هذا المجتمع السايبري. وأصبحت الظاهرة الاجتماعية من خلال هذا الطرح ظاهرة بشرية - آلية مما يستدعي نشوء علم اجتماعي جديد - كما يقترح رحومة - أو فرع

---

[1] علي محمد رحومة، علم الاجتماع الآلي ...ص23.

جديد من فروع علم الاجتماع لتحليل هذه الظاهرة ويعبر رحومة عن حيرته في تسمية هذا العلم الجديد، فهو يقول: "إن اللغة لتحار حقا في تسمية هذا العلم الاجتماعي الجديد، فهل هو علم الاجتماع الالكتروني، أم الرقمي، أم الافتراضي، أم نكتفي بعلم اجتماع الإنترنت". أم نأخذ تسميته كما يطلق عليه في أدبيات الغرب .. علم الاجتماع السايبري، أو السيبراتي؟"[1]. مما يذكرنا بحيرة ابن خلدون في مقدمته المشهورة وهو يطور علم العمران البشري.

ويسترشد رحومة في تسميته لهذا العلم، وتحديد ميدانه، أو موضوعه بمواقف وتحليلات عدد من السوسيولوجيين العالميين منهم مايكل هايم، وماركوس نوفاك، ومايكل بيندكت، واليزابيث ريد الذين بدأوا الكتابة والتأليف حول المجتمعات الافتراضية في بيئات الإنترنت على الخط منذ بداية التسعينات من القرن الماضي. وكان هاورد راينغولد قد صاغ مصطلح "المجتمع الافتراضي" عام 1993، تبعته جيني بريسيس، وبخاصة في كتابها (مجتمعات محلية على الخط)، الصادر عام 2003م. وأغلب هذه الأعمال متوفرة على الإنترنت من خلال مواقع تعليمية، ومواقع عرض الكتب بالعربية والانجليزية بشكل خاص.

وباستخدام محرك البحث جوجل في 2009/4/23م، يتضح من خلال موقع إحصاءات الإنترنت العالمي إن عدد مستخدمي الإنترنت في العالم يصل إلى مليار وستمائة ألف إنسان، وإن عدد مستخدمي الإنترنت في العالم العربي يصل إلى 45 مليون شخص. كما يتضح إن عدد صفحات الويب، والمواقع الالكترونية التي لها

---

[1] علي محمد رحومة، علم الاجتماع الآلي ... ، ص38.

علاقة باسم (مجتمعات على الخط) يزيد على 300 مليون صفحة، وموقع. كما توجد الكثير من المواقع الافتراضية التي تقدم خدمات التعارف، وتبادل الصور والمعلومات، ومختلف خدمات الإنترنت، وبخاصة الإيميل، والمحادثات، والأخبار. ومنها ما يصل عدد مستخدميه إلى عشرات الملايين مثل مجتمع (ماي سباس كوم). الذي يستخدمه ما يزيد على خمس وسبعين مليون مستخدم. وهناك مجتمعات افتراضية بلغات متعددة مثل مجتمع (آي سي كيو)، وهو من أكبر مجتمعات الويب متعدد اللغات. ويهتم بشكل خاص في إتاحة الفرص للتعارف على أصدقاء جدد، وتدعيم العلاقات مع الأصدقاء القدماء، وأشخاص من مختلف أنحاء العالم.

ويشكل موقع (الفيس بوك) أكبر المواقع الالكترونية على الإنترنت حيث بلغ عدد مشتركيه في بداية عام 2009، نحو 175 مليون مشترك يستخدمونه للتعارف، والتواصل، وتدعيم العلاقات – وتصل قيمته المادية إلى نحو 15 مليار دولار. وقد أُسس هذا الموقع عام 2004م، من قبل مارك زوكبرغ، وأصبح يضم عددا كبيرا من الجماعات الفنية والسياسية والدينية والأدبية. وفلسفته الأساسية تحويل العالم إلى مزيد من الانفتاح والتواصل، وتدعيم حق امتلاك المعلومات والتحكم فيها، وإيصالها إلى الآخرين. وأصبح هذا الموقع الآن جزءا من مفردات الشباب حول العالم، بما في ذلك الشباب العربي، حيث يجد فيه الشباب الخصوصية، والمساواة، والبعد عن أحكام الكبار القاسية.

وهناك عدة مئات من المنتديات العربية على الإنترنت مثل (منتدى الكتاب العربي)، ومنتديات أخرى، للتعارف، والمراسلة، وتوفير الفرص للاهتمام بموضوعات مثل الرياضة، والفن، والأدب، والعلوم. ويمكن اعتبار مجتمعات التعليم

الالكتروني عن بعد من المجتمعات الافتراضية الناشطة في المجتمعات العربية.

لكن هناك بعض الملاحظات على طروحات رحومة حيث إنه يتحدث في كتابه هذا عن مستوى جديد للعلاقات الإنسانية يمكن أن يكون موضوعا لفرع جديد من فروع علم الاجتماع، وهو العلاقات في العالم الافتراضي على الإنترنت. وبالرغم من أهمية هذا المستوى فإن ذلك لا يقلل من أهمية العلاقات الواقعية الحقيقية في المجتمع الطبيعي التي هي الموضوع الأساسي المألوف لعلم الاجتماع حتى الآن. ومن الصعب اعتبار ما يطرحه رحومة علما جديدا، ذلك أن علم الاجتماع بطبيعته قابل للتطور والنمو من حيث الموضوع، ومن حيث المناهج والأدوات بتطور الحياة الاجتماعية، وتزايد عناصرها المتفاعلة.

وقد أدى الإنترنت وعوالمه الافتراضية دورا أساسيا في تطوير الاستبيان كأداة لجمع المعلومات في علم الاجتماع، والعلوم الاجتماعية بشكل عام. فبدأ استخدام الاستبيان الإنترنتي من قبل الصحف، والفضائيات، ومواقع الإنترنت العالمية والعربية. ويسمح هذه الاستبيان يجمع المعلومات من المبحوثين على الخط وإرسالها الكترونيا من خلال خدمة البريد الالكتروني. كما يسمح بالحصول على التحليلات الإحصائية المنبثقة عنها بشكل فوري. وقد بدأت وبعض طلبتي في برنامج الدكتوراة باستخدام الاستبيان الإنترنتي في إجراء المسوح الاجتماعية، ولاقى ذلك استحسان المبحوثين، وأدى إلى سرعة وكفاءة انجاز العمل.

- زود استخدام الإنترنت والتعامل مع مجتمعاته الافتراضية الشباب العربي بقدرات لغوية جديدة، ومفاهيم مشتركة أصبحت جزءا من ثقافة الشباب العربي التي يعيشها يوميا. وتشمل هذه المفاهيم بشكل خاص: الإنترنت،

- والفيس بـوك، ويوتيـوب، والمـدونات، والمجتمعـات عـلى الخـط، والإيميـل، والسايبيرية، وقد جرى تعريب بعض هذه المفاهيم ولكن أغلبها يستخدم باللغة الانجليزية.

- تعامل الشباب العربي مـع مواقع الإنترنت الافتراضية، واكتسابهم مهارات ومفاهيم جديدة، وعلاقات واسعة وقيم عالمية إيجابية تشمل: التشارك في ثقافة عالمية، والتسامح، والانفتاح، والطموح، والتنافسية، وقيم الجودة والتميز مما سـاهم في تـرك أثـره عـلى مفهـوم الهويـة لـديهم، وعـلى طبيعـة انتمـاءاتهم الاجتماعيـة؛ وبالتحديـد، فقـد أدى ذلـك إلى تعـديل في مكونات الهويـة لـدى الشباب باكتساب مكون جديد مـن مكونات الهويـة هـو المكون العـولمي إلى جانب مكونات الهوية الأخرى التي تشمل: المكون القرابي، والمكون الوطني، والمكون العروبي، والمكون الديني، وهي المكونات الأساسية التي تشكل هويـة الشباب العربي. وهناك مصدر آخر مـن مصادر هـذا المكون العـولمي في هويـة الشباب وهو الفضائيات الإعلامية، وبخاصة العربية منها.

معوقات انتشار الإنترنت في العالم العربي

يوضح تقرير التنمية الإنسانية العربي لعـام 2005[1] الصادر عـن جامعـة الـدول العربية وبالتعاون مع الأمم المتحدة، أن أهم معوقات انتشار الإنترنت في

---

[1] جامعة الدول العربية، تقرير التنمية الإنسانية الثالث، بإشراف الأمم المتحدة ، القاهرة، 2006، وأيضا: نجاح كاظم، العـرب وعصر العولمة، الدار البيضاء، المركز الثقافي العربي، 2002.

المجتمع العربي ما يلي:

1- التكلفـة الماليـة المترتبـة عـلى امـتلاك جهـاز الحاسـوب الشخصيـ PC وتكلفـة الاتصالات الهاتفية مما يحد من توجه الأسر العربية لامتلاك الحاسوب الشخصيـ، وكذلك الاشتراك في خدمات الإنترنت.

2- اللغة، ذلك أن أغلب المواقع على الإنترنت تنشر معلوماتها باللغة الانجليزية، كما أن هناك نقصا في محركات البحث العربية التي تمكن المستخدم مـن تصـفح مـا ينشر على الإنترنت. إضافة إلى أن إنتاج البرمجيات بالعربية ما يزال في بداياته.

3- أمية الكمبيوتر، فغالبية فئات المجتمع العربي لا تعرف اسـتخدام الكمبيـوتر، وهناك فئـة أخـرى تقـف معرفتهـا بـالكمبيوتر عنـد حـدود تشـغيله فقـط دون التمكن من التنقل بين مواقع الإنترنت والاستفادة منها.

4- الحدود السياسية والثقافية، فالعديد مـن الحكومـات العربيـة تحظر كثيرا مـن مواقع الإنترنت، أو تحد من الاشـتراك في خـدماتها لكـن غالبيـة البلـدان العربيـة وبخاصة مصر، والأردن، والكويت، والإمارات العربية المتحدة، وقطـر، والبحرين، تشجع استخدام الإنترنت في التعليم وفي الإدارة.

وهكذا نجد أن الدور العولمي للانترنت في العالم العربي - أي ربط الأفراد العـرب بالعالم ككـل، وتنمـيط سـلوكهم - دور ضـعيف. ويعـود ذلـك إلى المعوقـات التـي سـبق استعراضها. كما يعود أيضا إلى أن الشباب، وبخاصة الجامعيين منهم، الذين يشكلون أهم الفئات التي تقبل على الإنترنت غالبا ما ترتاد مواقع المحادثة والتعاون

أو البريد الالكتروني[1]، وتبتعد عن المواقع الأخرى. ولكن هناك فئات أخرى تستخدم الإنترنت بكثافة في المجال العولمي وهي فئة المستثمرين، ورجال الأعمال والاقتصاد، وأصحاب الشركات. وكذلك البنوك التي تجري معاملاتها المالية باستخدام خدمات الإنترنت مع مواقع مختلفة من العالم وفي وقت قياسي.

3- التحدي الثقافي للمجتمع العربي

فيما يتعلق بتأثير العولمة على الثقافة، أو ما يشار إليه عادة باسم العولمة الثقافية يتحدد هذا التأثير بثورة الاتصالات المعلوماتية وأدواتها التقنية التي سبق الإشارة إليها. وتؤدي الفضائيات الإعلامية إضافة إلى البرمجيات المختلفة دورا أساسيا في التأثير على الثقافات المحلية في العالم ومنها الثقافة العربية. ذلك أن الفضائيات تجعل الصورة البصرية جوهر النظام الإعلامي الحديث مما يؤدي إلى انتقال الثقافة من شفوية وكتابية إلى سمعية وبصرية.

وبالرغم من التأثيرات الثقافية المتعددة للعولمة وبخاصة ازدياد انتشار اللغة الانجليزية في العالم وفي البلدان العربية، وازدياد انتشار مهارات تكنولوجيا المعلومات، وازدياد انتشار قيم العولمة وموضوعاتها الجديدة، فإن العولمة لا تلغي الثقافات المحلية، وإنما تواجهها بعدد من التحديات المتعلقة بسيطرة الدولة على فضائها المعلوماتي وهو ما يسمى بـ "السيادة الثقافية للدولة". فالدولة لم تعد قادرة على احتكار المعلومات التي تبث لمواطنيها، فهؤلاء المواطنون يستطيعون الحصول

---

[1] راجع أيضا: علي محمد رحومة ، علم الاجتماع الآلي ، وحلمي ساري، ثقافة الإنترنت، عمان، دار مجدلاوي، 2004.

على المعلومات بسهولة من الفضائيات المختلفة سواء أكانت هذه المعلومات متفقة مع وجهة نظر الدولة أم مختلفة عنها.

وهناك تحد آخر يتعلق بالمحافظة على التراث والهوية الوطنية مع الانضمام في الوقت ذاته إلى العالم المعاصر وتقنياته. كما تفعل اليابان، والهند، وتايلاند وغالبية الدول الآسيوية التي تتمسك بتراث الماضي والهوية الوطنية، وتسير في الوقت ذاته مع العولمة ومتطلباتها. ومثل هذه العملية وهي إحياء التراث وتقويته والتمسك بالهوية الوطنية، والانفتاح في الوقت ذاته على العولمة تلاحظ أيضا في الأردن، ودولة الإمارات العربية المتحدة، والكويت، وقطر، والبحرين، وعُمان، ومصر. وتسعى هذه البلدان من خلال أجهزة الدولة ومنظمات المجتمع المدني إلى إبراز تراث الماضي وتقويته، واستيعاب أحدث تقنيات العصر. في مجالات الأعمال، والحكومة الالكترونية، والصناعة، والتجارة، والاتصالات، والتعليم. ويورد علي حرب في كتابه (حديث النهايات)[1] عدة آليات لتحقيق ذلك، منها: النقد الذاتي، والمغامرة الفكرية، والإبداع والتجديد، والاعتراف بالآخر وانجازاته. وهو يؤكد أن مشكلة هويتنا الثقافية ليست في اكتساح العولمة كما نظن ونتوهم، بل في عدم بذل الجهود المناسبة لإعادة ابتكار هويتها، وتشكيلها في سياق الأحداث والمجريات، أو في ظل الفتوحات التقنية والتحولات التاريخية بما يؤدي إلى عولمة هويتنا، وأعلمة اجتماعنا، وحوسبة اقتصادنا، وعقلنة سياستنا، وكوننة فكرنا ومعارفنا. ويرى علي

(1) على حرب، حديث النهايات، فتوحات العولمة ومأزق الهوية، الدار البيضاء، المركز الثقافي العربي، 2000.

حرب أن المشكلة الحقيقية التي نتهرب من مواجهتها هي عجزنا حتى الآن عن خلق الأفكار وفتح المجالات، أو عن ابتكار المهام وتغيير الأدوار، لمواجهة تحديات العولمة على صعدها المختلفة والمتعددة.

ويرى طلال عتريس في مقالته المعنونة "الأمن القومي وسيادة الدولة في عصر العولمة" إن للثقافة وبخاصة اللغة والتعليم والعقائد الدينية دور مهم إلى جانب القوة العسكرية والاقتصادية في تكريس سيادة الدولة وحمايتها. حيث تمتزج الثقافة مع الأيديولوجيا والهوية التي هي الأساس الذي يوحد الأمة. وتستفيد الدولة عادة من الإعلام الذي يثبت سيادة الدولة ويؤدي إلى حمايتها في الداخل والخارج، ويزيد من درجة التماسك بين الجماعات التي تكون الدولة. كما يضطلع الإعلام بدور في التأثير في شعوب الدول الأخرى ومواقفها الفكرية والسياسية. ولا أدل على ذلك من أن الحرب الباردة عرفت صراعا إعلاميا قويا من خلال الإذاعات والقنوات التلفزيونية بلغات متعددة بهدف تبيان مساوئ الخصم، ومحاسن الذات، وتشويش الأفكار والتأثير في الرأي العام المستهدف. وهناك أيضا الدور الذي يؤديه الإعلام في حماية الأمن القومي أثناء الأزمات والحروب، إذ يلعب الإعلام دورا مهما ومباشرا في إعداد النفس للتعبئة العسكرية، وشن الحروب [1].

وقد تبدل مفهوم سيادة الدولة بشكل كبير نظرا لتأثير الاتصالات والمعلومات التي اخترقت الأسوار التقليدية الثقافية والاجتماعية، وبسبب التحولات المتسارعة

([1]) طلال عتريس، "الأمن القومي وسيادة الدولة في عصر العولمة" فصل في كتاب، العولمة وأثرها في المجتمع والدولة "، مركز الإمارات للدراسات والبحوث الاستراتيجية، أبو ظبي، 2002، ص ص40- 51.

المرتبطة بالعولمة ومؤسساتها، وبسبب انهيار الاتحاد السوفياتي في بداية التسعينيات من القرن الماضي، وما نجم عن هذا الانهيار من تفكك الأحلاف السابقة. وأدى تزايد انتشار القنوات الفضائية، واستخدام الإنترنت، إلى ضعف السيادة الثقافية للدولة على مواطنيها. ويوضح طلال عتريس أن تراجع دور الدولة يعود إلى عدد من العوامل وهي:

1. انهيـار تجربـة الاتحـاد السـوفياتي، ممـا أدى إلى انهيـار مفهـوم دور الدولـة في الاقتصاد وفي توجيه الحياة السياسية والثقافية.

2. إخفاق استراتيجيات النمو الموجه بواسطة الدولة المعتمدة على القطاع العام في كثير من الدول النامية ومن ضمنها غالبية الدول العربية. وترافق هـذا الإخفـاق مع إدانة الدولة ونقدها لعجزها عن الوفاء بوعودها في التنمية والتطوير.

3. انتشار أيديولوجيا السوق التي جعلتها الثورة في وسائل الاتصال حقيقـة عالميـة، بعدما أدى التوسـع في الشـركات متعددة الجنسيات، وفي مؤسسـات العولمـة الاقتصادية الكبرى إلى جعل هذه الأيديولوجيا هدفا منشودا لغالبية دول العالم لتسريع وتيرة النمو الاقتصادي وما يرتبط به من رفاه اجتماعي [1].

وبالإشارة إلى أن البـاحثين في هـذا المجـال يتفقـون حـول تراجـع دور الدولـة وسيادتها في ظل مسار العولمة الحالي لكنهم ينقسمون حول مستقبلها فهناك تيار

---

[1] طلال عتريس، "الأمن القومي وسيادة الدولة في عصر العولمة"، ص ص55-56.

الدعوة إلى إعادة إصلاح الدولة والحد من سلطاتها السياسية والاقتصادية، والحد من الفساد والرشوة، وإصلاح نظام التعليم، والإصلاح الضريبي بما يحقق مزيدا من المشاركة مع القطاع الخاص، ومع منظمات المجتمع المدني. وهناك تيار آخر يدعو إلى التوازن بين الاعتبارات السياسية والاقتصادية والأخلاقية بما يضمن الديمقراطية والعدالة ودور المبادرة الفردية، مع ضرورة الدعوة إلى ترتيبات إقليمية تساعد على المزيد من الاندماج في السوق الإقليمي والعالمي من خلال ترتيبات إقليمية مناسبة مثل السوق العربية المتحدة، ومنطقة التجارة الحرة العربية. ولا بد للدول العربية من أن تنتقل إلى مرحلة إنشاء السوق العربية المشتركة لتدعيم الهوية العربية الجامعة. وضرورة تفعيل نظام الأمن الجماعي العربي، وإصلاح الدولة القطرية للتعامل مع العولمة بإيجابية أكبر والاستفادة من فرصها وتحدياتها.

يترافق مع ذلك تيار الدعوة إلى الحكم الرشيد والمسؤولية بدلا من السيادة التقليدية. ويعني ذلك سلطة أقل من جانب الدولة ومشاركة أوسع من جانب مؤسسات المجتمع المدني، والقطاع الخاص. أما المسؤولية وهي مرتبطة بالحكم الرشيد فإنها - كما يوضح عتريس - حصيلة الوعي المتنامي للأطراف المكونة للمجتمع العالمي، ذلك أن خلاص الإنسانية يتطلب مسؤولية مشتركة لإدارة موارد الأرض، والمحافظة على البيئة، وضمان التسامح والعلاقات الودية بين الأمم والشعوب [1].

وقد بدأت المناداة بتقليص دور الدولة منذ منتصف الثمانينيات من القرن الماضي حيث نادت مارجريت تاتشر بضرورة اللجوء إلى الخصخصة، أو

([1]) طلال عتريس، "الأمن القومي وسيادة الدولة في عصر العولمة"، ص ص68-69.

التخاصية، لتدعيم دولة الرفاه التي كانت تقوم بتقديم الخدمات الصحية والتعليمية والثقافية بكلفة أقل كثيرا من التكلفة الحقيقية لذلك. كما نادت تاتشرـ بضرورة العودة إلى السوق وتخلي الدولة عن التدخل المباشر في الاقتصاد، وبيع بعض مؤسسات القطاع العام للأفراد، والمشروعات الخاصة. ثم جاء الرئيس الأمريكي الأسبق رونالد ريجان مدافعا عن فكرة تقليص دور الدولة وتقليل الضوابط الحكومية على الاقتصاد. وقد عاصر ذلك تزايد المديونية في معظم دول العالم الثالث، التي جاءت نتيجة لديون عامة عقدتها حكومات هذه الدول ولم تستطع إدارة هذه الديون والاستفادة منها بكفاءة مناسبة. لذلك فقد تركزت نصائح البنك الدولي، وصندوق النقد الدولي لهذه الدول على ضرورة استعادة دور اقتصاد السوق والقطاع الخاص، وتقليص دور الدولة في الاقتصاد، مع الأخذ بمفهوم التنمية الشاملة بحيث تتشارك الدولة مع القطاع الخاص، ومع مؤسسات المجتمع المدني في إحداث التنمية المطلوبة[1].

العولمة والنمو الاقتصادي

يتضح من تقارير البنك الدولي حول الدول النامية ومن ضمنها البلدان العربية[2]، أن العولمة في هذه البلدان تترجم إلى فرص لإيجاد وظائف جديدة، فهي تزيد المردود الاقتصادي للتعليم، وتقود إلى تحسن للأجور، وتقلل بالتالي من الفقر

---

[1] طلال عتريس، "الأمن القومي وسيادة الدولة في عصر العولمة"، ص ص58-59.
[2] البنك الدولي، العولمة والنمو والفقر، تقرير البنك الدولي عن بحوث السياسات (مترجم)، بيروت، المؤسسة العربية للدراسات والنشر، 2003.

والبطالة. وركزت هذه التقارير من خلال الأدلة والبيانات الإحصائية العالمية المتوفرة على تحليل العلاقة بين موجات العولمة المتتالية والنمو الاقتصادي في البلدان النامية التي انضمت إلى منظمة التجارة العالمية، وما يؤدي إليه هذا النمو الاقتصادي من تراجع في معدلات البطالة والفقر. ويعود هذا النمو الاقتصادي المرتبط بالعولمة إلى تزايد تصدير السلع المصنعة، وبخاصة في الهند، وبنغلادش، وتايلاند، والمكسيك، وبعض الدول العربية.

وتوضح بيانات هذا الكتاب أنه في العام 1980 كانت السلع المصنعة تشكل ربع صادرات هذه الدول النامية، وارتفعت هذه النسبة بثبات لتصل إلى أكثر من 80% من حجم هذه السلع في العام 1988م. وأصبح جزءا كبيرا من هذه السلع المصنَعة المصدَرة يتوجه نحو البلدان الصناعية المتقدمة بعد أن فتحت اتفاقية الجات أسواق هذه البلدان أمام التجارة القادمة من الدول النامية.

من جهة أخرى، أصبحت كثير من الدول النامية وبخاصة بعد الموجة الأخيرة من العولمة تشارك بفاعلية في الاقتصاد العالمي من خلال خطوات أحادية الجانب للوصول إلى مزيد من سياسات الانفتاح التجاري والاستثماري. كما تقوم هذه الدول النامية بدور متعاظم من خلال عضويتها في منظمة التجارة العالمية في جولات المباحثات التجارية متعددة الأطراف التي تتحكم في التجارة والاستثمار في العالم؛ ولذلك، ونتيجة لشعور عدد كبير من النقابات العمالية في هذه الدول بأنها تخسر من تحرير التجارة وفتح أسواقها لمنتجات الدول النامية، فقد عارضت هذه الدول في جولة سياتل (1999) - وهي إحدى جولات منظمة التجارة العالمية - إقرار مزيد من خطوات تحرير التجارة، وبخاصة في مجال المنتجات الزراعية،

والإلغاء التدريجي للكوتا على الأنسجة والملبوسات التي أصبحت تنتج بكميات هائلة في الدول النامية. وبخاصة الهند ومصر، والأردن.

ويتطرق الكتاب للعلاقة بين العولمة والأجور، ومردود التعليم والتدريب، فتوضح إحدى مقالاته أن التكامل مع الاقتصاد العالمي يؤدي إلى رفع الأجور، كما أن الاستثمار الأجنبي المباشر يزيد من مردود التعليم، ويزيد علاوة المهارة، وبخاصة في بلدان متعولمة حديثا مثل الهند، وكوستاريكا والمغرب ومصر وتشيلي. ففي المغرب بشكل خاص ارتفعت حصة فرص العمل المؤمنة في الصناعة بمقدار 20 نقطة مئوية تقريبا خلال السنوات القليلة الماضية. وفي الأردن نمت مهن العولمة، وتزايد عددها موجدة آلاف فرص العمل الجديدة للشباب من الجنسين. وفي الكاريبي والفلبين استفادت النساء بشكل خاص من تيار العولمة الأخير حيث تشكل النساء حاليا 80% من القوى العاملة في هذه البلاد، وبخاصة في صناعات الملابس المعدة للتصدير، وصناعة الالكترونيات.

وفيما يتعلق بآثار العولمة على الثقافات الوطنية فيتضح من تقارير هذا الكتاب إن العولمة لا تتطلب فرض التماثل الثقافي، فاتفاقياتها تحترم الاختلاف في نظم الحكم، والمؤسسات بين الدول. وفي صفوف الدول التي تبنت العولمة مثل الهند، وماليزيا، والمكسيك، ومصر ـ والإمارات العربية المتحدة، فقد تبنت كل منها طرقا مختلفة في الاندماج في السوق العالمي، محتفظة بتميزها الثقافي والمؤسساتي.

ومن جهة أخرى، تزيد العولمة التنوع الثقافي بين البلدان، فمثلا أدخلت شركة البيع بالمفرق السويدية (إيكيا) الطراز الاسكندنافي إلى المستهلكين في موسكو بعد الانفتاح الاقتصادي في بداية التسعينيات، لكن ذلك لم يطرد الطراز الروسي

خارجا. وفي بريطانيا أصبحت الوجبة الهندية (تيكا) التي أدخلها المهاجرون الهنود إلى بريطانيا إحدى أكثر الوجبات السريعة انتشارا، لكن ذلك لم يؤثر على وجبة السمك والبطاطا المقلية البريطانية. وفي العالم العربي أصبحت البيتزا، والهمبرجر من أكثر الوجبات السريعة انتشارا، لكن ذلك لم يؤثر على انتشار الوجبات الوطنية في الأردن ومصر، وبلدان الخليج العربي[1].

لكن هناك بعض الملاحظات على هذه التقارير يمكن الاستفادة منها لزيادة استفادة العالم العربي من العولمة وهي:

- احتياج الدول النامية إلى مدخل أفضل إلى أسواق المنتجات الزراعية في الدول المتقدمة، فما زالت بعض هذه الدول المتقدمة تدعم مزارعيها ماليا، وتفرض قيودا على دخول المنتجات الزراعية من الدول النامية.
- زيادة تحرير أسواق السلع المصنعة في الدول المتقدمة لما يحققهُ ذلك من مكاسب عظيمة للدول النامية.
- احتياج الدول النامية إلى مدخل أفضل إلى أسواق بعضها البعض، فما تزال التجارة البينية بين الدول النامية محدودة.
- التخفيف من القيود التي تفرضها العديد من اتفاقيات جولة الأوروغواي 1993م على الدول النامية، مثل تلك المتعلقة بالنواحي التجارية للملكية الفكرية، وتقدير الرسوم الجمركية، ومواصفات المنتجات، وإقامة مؤسسات جديدة، أو تقوية مؤسساتها القائمة.

---

(1) البنك الدولي، العولمة والنمو والفقر ....ص ص 68-70.

– تفرض المنافسة الثقافية على الدول النامية تطوير مؤسساتها الإعلامية وتطوير صناعة السينما لديها، والمسلسلات التلفزيونية المحلية.

– تزيد العولمة في وتيرة التصنيع ومستواه، كما تزيد الاستهلاك، وهذا بدوره يؤثر على البيئة ومواردها، مما يستدعي مزيدا من الاهتمام الحكومي والأهلي بالبيئة بمختلف جوانبها.

تأثيرات العولمة على المجتمع العربي اقتصاديا واجتماعيا

تتلخص آثار العولمة على المجتمع العربي اقتصاديا واجتماعيا في المظاهر التالية: ظهور مهن جديدة يمكن تسميتها بـ "مهن العولمة"، ونشوء اقتصاد المعرفة والمعلوماتية، وتطوير مؤسسات العمل والإنتاج العربية ضمن مواصفات شهادات الآيزو العالمية، وتدعيم منظمات المجتمع المدني العربية، والتغير في وظائف الدولة العربية بما يتناسب والإندماج في السوق العالمي، وبما يتناسب وانتشار العولمة الثقافية وما تتضمنه من تأثيرات للانترنت والفضائيات التلفزيونية على السيادة الثقافية للدولة العربية. ويضيف البعض عددا من التأثيرات السلبية للعولمة على المجتمع العربي تشمل: عدم قدرة المؤسسات الإنتاجية العربية على المنافسة دوليا، وعدم السماح للعمالة العربية بالتحرك بحرية عبر الحدود، وعدم قدرة المنتج الثقافي العربي على حماية الهوية الثقافية العربية[1]. إضافة إلى أن تعديل الدولة العربية

---

[1] أحمد حجازي، "العولمة وتهميش الثقافة الوطنية، رؤية نقدية من العالم الثالث"، مجلة عالم الفكر، 28، العدد 2 ص ص 123-146، الكويت، المجلس الوطني للثقافة والفنون والآداب، 1999.

لوظائفها، وتقليص دورها الاجتماعي يترتب عليه نتائج سلبية على الفقراء في المجتمعات العربية. وهو ما يحدث في المجتمعات الأوروبية أيضا، وفي دول أمريكا اللاتينية تحت تأثير مباشر من الشركات متعددة الجنسيات التي تنتشر هناك[1].

1- مهن العولمة

تشمل مهن العولمة المناطق الصناعية المؤهلة (QIZ) أو (Qualified Industrial Zones) وبخاصة في مصر والأردن، وهي مناطق تشتمل على مصانع وشركات تتمتع بامتيازات ضريبية مناسبة، يُسهم في رأس مالها مستثمرون محليون وأجانب. وتوجه هذه المصانع والشركات إنتاجها كله للتصدير إلى الأسواق العالمية، وبخاصة أسواق الولايات المتحدة الأميركية . وكانت الولايات المتحدة الأميركية قد اقترحت فكرة المناطق الصناعية المؤهلة من خلال تصريح رقم (6955) للرئيس الأمريكي السابق بيل كلينتون في عام 1996م، الذي نص على منح إعفاءات من الضرائب والرسوم لمنتجات الضفة الغربية وغزة، والمناطق الصناعية المؤهلة. وتعتبر المناطق الصناعية المؤهلة فرصة لا مثيل لها للحصول على إعفاءات جمركية للمنتجات التي تدخل سوق الولايات المتحدة الأمريكية، وبدون طلب المعاملة بالمثل كنوع من الاستثناء من بنود اتفاقية الجات (جولة الأوروغواي 1993م)، التي تؤكد على ضرورة الالتزام بمبدأ المعاملة بالمثل فيما يتعلق بالترتيبات الجمركية والتجارية. ويستثمر الشباب العربي هذه المهن بشكل جيد ففي دراسة ميدانية حديثة على عينة غرضية مكونة من

(1) حيدر إبراهيم ، "العولمة وجدل الهوية الثقافية"، مجلة عالم الفكر، 28، العدد 2: ص ص 95 - 122، الكويت، المجلس الوطني للثقافة والآداب، 1999.

300 مبحوثا من طلبة الجامعة الأردنية، حول التوجهات المهنية عند الشباب الجامعي يلاحظ الباحث أن تزايد أنواع المهن، وأشكالها في المجتمع الأردني جاء نتيجة التفاعل مع تجليات العولمة، وما ترتب عليها من نتائج كثيرة. فهناك ظهور لمهن جديدة في الأردن مثل الأعمال المحاسبية، والمعلوماتية، والإنترنت، وتقنية الكمبيوتر، ومحلات الموبايل، وتطور المدن الصناعية المؤهلة التي توفر فرص عمل للشباب من الجنسين[1].

وقد توصلت الدراسة إلى أن هناك توجهات مهنية ايجابية عند الشباب الجامعي نحو مهنة المستقبل، إذ بلغ متوسط الإجابات الكلي (2.32)، وهو أعلى من متوسط المقياس الافتراضي (1.5). ويرى الشباب الجامعي أن عدم وجود توجه مهني محدد للشباب يُسبب وقوعهم في البطالة. فمن المهم حصول الشباب على معلومات وافية حول المهن المختلفة، وبخاصة المستحدثة منها والمرتبطة بالعولمة. وقد وأضحت النتائج أن أعلى متوسط إجابات حصلت عليه الفقرة القائلة: "إن عدم وجود توجه مهني محدد للشباب يسبب وقوعه في البطالة".

والفقرة القائلة: "يواجه الشباب صعوبات بالغة في الحصول على عمل . ولكن الشباب يتخوفون من تأثير الواسطة على فرصهم في الحصول على عمل مناسب ". فقد حصلت الفقرة القائلة: "الواسطة أهم من الكفاءة في الحصول على عمل جيد" أعلى متوسط مرتفع بلغ (2.01) وهو أعلى كثيرا من متوسط المقياس الإفتراضي البالغ (1.5).

---

[1] يوسف خطايبة، "التوجهات المهنية عند الشباب الجامعي: دراسة ميدانية في الأردن"، المجلة الأردنية للعلوم الاجتماعية، المجلد 2، العدد 2، عمان، الجامعة الأردنية، 2009م.

لكن الدراسة خلصت إلى وجود مواقف إيجابية جيدة عند الشباب الجامعي منها: عدم اعتبارهم العمل مصدر تعب أو ملل، كما أنهم يفكرون ويخططون وهم على مقاعد الدراسة للوظيفة التي سيلتحقون بها بعد التخرج. وقد أظهرت نتائج الدراسة وجود فروق ذات دلالة إحصائية عند مستوى ثقة (90%) في التوجهات المهنية للشباب تعود لاختلاف دخل الأسرة الشهري لصالح فئة الدخل المرتفع. كما يتضح أيضا أن التوجهات المهنية الإيجابية موجودة لدى الطبقة الوسطى، وبشكل أقل لدى أبناء الطبقة الدنيا. وكذلك توجد فروق ذات دلالة إحصائية في التوجهات المهنية لطلبة الجامعة تعزى لمتغير الكلية، حيث يسود بين الطلبة الذين يدرسون تخصصات علمية توجهات مهنية متطورة أكثر من طلبة الكليات الإنسانية. لكن الدراسة لم تظهر وجود فروق في التوجهات المهنية للمبحوثين تعود لمتغيري النوع، ومكان الإقامة. وهذا يعني وجود توجهات مهنية مشتركة ومتشابهة بين الجنسين، وبين الشباب من مختلف المناطق الأردنية[1].

المدن الصناعية المؤهلة

1- اعتبار هذه المدن فرصة مناسبة للحصول على إعفاءات جمركية للمنتجات التي تدخل أسواق الولايات المتحدة الأمريكية وبدون طلب المعاملة بالمثل، وتتمتع بهذه الميزة حاليا بين الدول العربية مصر والأردن.

2- زيادة حجم الاستثمار في البلدان العربية حيث يقوم المستثمرون من جنسيات مختلفة بإنشاء مصانع وشركات في البلد المضيف مما يزيد في حجم

(1) يوسف خطايبة، "التوجهات المهنية عند الشباب الجامعي....." ص206.

الاستثمار الكلي. كما يؤدي الطلب على بعض المـواد الأوليـة والمصـنعة محليـا إلى تنشيط الاقتصاد بشكل عام.

3- إيجاد فرص عمل جديدة مما يقلل من حجـم البطالـة التـي تعـاني منهـا غالبيـة البلدان العربية ويقلل أيضا من معدلات الفقر التي ترتبط بالبطالة. وقدر معدل البطالة في الوطن العربي عام 2005 حسب إحصـائيات الجامعـة العربيـة والأمـم المتحدة بـ 15% مـن مجمـوع القـوى العاملـة العربيـة، ويتوقـع أن يرتفـع هـذا المعدل عام 2009-2010 إلى 17% من القوى العاملة بتأثير من تـداعيات الأزمـة المالية العالمية، ويدخل سوق العمل سنويا ثلاثة ملايين شخص عربي؛ نسبة كبيرة منهم من خريجي الجامعات الشباب.

4- توطين التكنولوجيا محليا، وبخاصة فيما يتعلـق بـالإدارة ومـا يتعلـق بالعمليـات الإنتاجية.

5- تطوير عملية الإنتاج السلعي في البلد المضيف إذ إن السلع المنتجة المؤهلة التـي هـدفها الحصـول عـلى الإعفـاءات الجمركيـة لـدى دخولهـا إلى أسـواق الولايـات المتحدة الأميركية يجب أن تستوفي شروطا مناسبة مـن حيـث الجـودة والنوعيـة. لكن هناك تحليلات تبرز بعض السلبيات لهذه المدن الصناعية وبخاصة في مصرـ منها: فتح بعض الأسواق العربية لعدد محدود من السلع الإسرائيلية التي تدخل كإحدى مكونات عملية الإنتاج. وفتح هذه الأسواق

للعمالة غير العربية، والتأثير على عملية تحرير التجارة العربية البينية[1].

2- نشوء مهن جديدة وفئات اجتماعية جديدة

يلاحظ أيضا انتشار مهن جديدة في غالبية المدن العربية خلال السنوات العشرة الماضية، يطلق عليها "مهن العولمة"، لأنها مرتبطة بالسوق العالمي، وتحرير التجارة الذي ازداد منذ عام 1995م، وهو العام الذي أنشأت فيه منظمة التجارة العالمية. وتشمل مهن العولمة ما يلي: شركات تطوير وإنتاج البرمجيات، شركات الاتصالات ومحلات الموبايل وصيانة الموبايل، ومحلات اللواقط الفضائية، ومحلات بيع الكمبيوتر وقطع الكمبيوتر، ومقاهي الإنترنت وخدمات الاتصالات الدولية، والتجارة الالكترونية، والشركات الاستشارية للحصول على شهادات الآيزو.

وقد وفرت مثل هذه المهن عشرات آلاف فرص العمل لكلا الجنسين، كما أوجدت فئات مهنية جديدة مرتبطة بالعولمة تتميز بمهارات تقنية كبيرة، وعلاقات تجارية عالمية، ومستوى معيشي مرتفع، ومعرفة باللغات الأجنبية، وبخاصة الانجليزية. إضافة إلى تميز أفرادها بالانفتاح وتقبل التجديد، والتطوير. وقد تزايدت مؤخرا المشاريع الصغيرة في مجالات المعلوماتية في عديد من البلدان العربية، كما ازدادت أعداد العاملين في هذه المشاريع بشكل كبير خلال الأعوام الخمسة الأخيرة، بحيث يمكن الحديث عن فئة مهنية جديدة في المجتمع العربي هي " المبرمجون والمعلوماتيون" ، تضم عشرات الألوف من الشباب العربي من الجنسين يعملون في

---

(1) أحمد يوسف أحمد، ونيفين سعد (محرران)، حال الأمة العربية 2005، النظام العربي، تمويل البناء والتغيير، بيروت، مركز دراسات الواحدة العربية، 2006.

مجال برمجيات الكمبيوتر وتجارة المعلوماتية.

ولعل من أهم مهن العولمة تلك المرتبطة بالمعلوماتية واقتصاد المعرفة التي سيتم الحديث عنها ببعض التفصيل.

3- المعلوماتية واقتصاد المعرفة

تهتم العديد من الدول العربية بتنشيط اقتصاد المعرفة لديها من خلال توفير البنية التحتية لهذا الاقتصاد والمشتملة على التشريعات المناسبة والحوافز لإنشاء شركات الاتصالات الخلوية، وشركات البرمجيات، وشركات الإعلام والقنوات الفضائية. ففي الأردن يتطور سوق تكنولوجيا المعلومات بنحو (100) مليون دولار سنويا؛ (70%) منها للأجهزة، و (30%) منها للبرمجيات، وقدرت صادرات البرمجيات الأردنية بنحو (10) ملايين دولار لعام 2000م. وفي عام 2007 بلغ مجمل الإنفاق لقطاع تكنولوجيا المعلومات في حدود 250 مليون دولار، ويتوقع أن يصل الرقم إلى 300 مليون دولار في عام 2009م بحسب تقرير IDC الذي نشر حديثا في عمان. ويتضح أن هذا القطاع يوفر 15 ألف فرصة عمل، يتوقع أن تزداد إلى 25 ألف فرصة عمل حتى عام 2009م. ويشكل الإنفاق على البرمجيات ما نسبته 12% من إجمالي الإنفاق في قطاع تكنولوجيا المعلومات. وهناك مئات من الشركات ذات الصلة بتكنولوجيا المعلومات غالبيتها في مجال التجارة والتجارة الإلكترونية.

وترصد مثل هذه التطورات الاقتصادية أيضا في دولة الإمارات العربية المتحدة، ومصر، وتونس، وقطر، والبحرين، ولبنان. وبإضافة عوائد شركات الاتصالات والموبايل يتضح أن عوائد قطاع تكنولوجيا المعلومات في الأردن قد

نمت من 300 مليون دولار عام 1999م إلى ما يزيد على 2 مليار دولار في نهاية عام 2009م. مما يعني مساهمة هذا القطاع بما نسبة 12% من الناتج المحلي الإجمالي. ويبلغ عدد الشركات الأردنية العاملة في هذا القطاع 350 شركة توفر 20 ألف فرصة عمل بشكل مباشر، وما يصل إلى 60 ألف فرصة عمل بشكل غير مباشر.

وقد تم إنشاء مدينة إعلامية حرة في دبي تستثمر فيها عشرات من شركات الإعلام المعروفة إضافة إلى عشرات من شركات البرمجيات الكبيرة، وشركات الإنترنت. ونمت هذه المدينة منذ إنشائها عام 2001 نموا سريعا. كما تم عام 2004 إنشاء مدينة للانترنت في دبي باستثمار قدره (400) مليون دولار. وأطلقت هذه المدينة أحدث مشروع في مجال تكنولوجيا المعلومات يسمى قرية المعرفة تضم كبريات الشركات العاملة في مجال التعليم والتدريب الالكتروني، وتهدف إلى بناء مجتمع حيوي يتميز بقوة عمل ماهرة ومتعلمة في جميع البلدان العربية. وهناك مدن إعلامية مماثلة في مصر ومراكش، والأردن.

وقد بدأ حديثا جدا الكتابة والتأليف حول ما يسمى بـ " الصناعات الإبداعية" التي تتضمن التقارب المفاهيمي والعملي بين الفنون الإبداعية المعتمدة على الموهبة الفردية والصناعات الثقافية - النطاق الجماهيري- في إطار تقنيات إعلام جديدة داخل اقتصاد المعرفة، يستخدمها مواطنون مستهلكون تفاعليون جدد. ويتوقع لهذه الصناعات الإبداعية أن تقود التغير الاجتماعي والاقتصادي خلال القرن المقبل، كما يتوقع أن تنتج طبقة جديدة هي الطبقة الإبداعية، التي يقدر لها أن تسود الحياة

الاقتصادية خلال المستقبل القريب[1]. ولكن مثل هـذه الصناعات لم تنتشر ـ في العالم العربي بعد، بينما هي في الاقتصاديات المتقدمة أصبحت قطاعا إنتاجيا واضحا إلى جانب القطاعات الإنتاجية الأخرى المعروفة.

ويؤكد نبيل علي في كتاب حديث له بعنـوان (العقـل العربي ومجتمـع المعرفة) تأثير العولمة الدافع لإنتاج المعرفة وتطبيقاتها مشيرا إلى أن العولمة مرحلة أساسية في مسيرة تطور المجتمع الإنساني شريطة أن تتضمن التأكيد عـلى المشاركة وتكافؤ الفرص، وتبادل المصالح. ذلك أن جوهر المعرفة يـبرز مـن خـلال الارتباط الوثيـق بـين العولمة والتكنولوجيا...وهي علاقة انعكاسية ذات مسارين متقابلين، خلاصتهما إن المعرفة قوة والقوة أيضا معرفة. بالنسبة إلى المسار الأول فأمره واضح، فالمعرفة التكنولوجيـة عمومـا، وتكنولوجيا المعلومات والاتصالات بوجه خاص، هي مصدر القوة الأساسية التي ترتكـز عليها عولمة الاقتصاد بشكل خاصة المتمركزة حول الاقتصاد القائم أصلا على التكنولوجيا. أما المسار المنعكس لكون القوة معرفة فيقصـد بـه أن القوة قـادرة عـلى توليـد معرفة تساندها، وتوفر لها أدوات سيطرتها. وهو مسار يشوبه بعـض الغمـوض، حيث تمـارس العولمة دورا أساسيا في توجيه عملية إنتاج المعرفة عموما. والمعرفة التكنولوجية على وجه الخصوص[2]، ويورد نبيل

([1]) جون هارتلي (محرر)، الصناعات الإبداعية، كيف تنتج الثقافة في عالم التكنولوجيا والعولمة (مترجم)، سلسلة عـالم المعرفـة، الكويت، المجلس الوطني للثقافة والفنون والآداب، 2007.

([2]) نبيل علي ، العقل العربي ومجتمع المعرفة، مظاهر الأزمة واقتراحات بالحلول ، ج1، الكويت، سلسلة عالم المعرفة، المجلـس الوطني للثقافة والفنون والآداب، 2008، ص ص 22-25.

علي عدة شواهد تؤكد ذلك، منها:

- تركيز صناعة الدواء على إنتاج الأدوية الأكثر ربحية، كعقاقير إطالة العمر، والحفاظ على الحيوية، ومساحيق التجميل، على حساب الأدوية الضرورية لمكافحة الأوبئة والأمراض.

- استخدام تكنولوجيا المعلومات والاتصالات -في البداية- في المجال العسكري ثم المجال التجاري، ولم يتم إلا في مرحلة متأخرة تطبيقها في المجالين التعليمي والثقافي، بعد أن أصبحت عولمة التعليم رافدا مهما من روافد العولمة، وبعد أن اتضح للقائمين عليها أهمية البعد الثقافي في تسويق منتجات اقتصاد المعرفة، وأن البرمجيات التعليمية – الترفيهية في طريقها لكي تصبح سوقا هائلة، في ضوء تنامي التوجه نحو التعليم الذاتي، والتعلم المستمر مدى الحياة.

- إعطاء الأولوية في الموجة الأولى من تطبيقات التكنولوجيا النانوية لإنتاج سلع استهلاكية جديدة، بدلا من إعطاء هذه الأولوية لمجالات حماية البيئة، والتغلب على مشكلة تلوث الهواء التي يمكن أن تسهم فيها هذه التكنولوجيا بدرجة كبيرة.

ولم يكن للعولمة أن تكون لها كل هذه السطوة والغلبة لو اقتصر دورها على توجيه عملية إنتاج المعرفة، بل كان لا بد من أن تخلق لها معرفة خاصة بها. تمنحها نوعا من الشرعية، تطرح تحت غطائها رؤيتها الكونية، وتفرض في إطارها نموذجها المفضل لتطور المجتمع الإنساني مما أدى إلى **أدلجة العولمة:** فهي تصبو إلى احتواء كل أنشطة الإنسان، وممارساته، وعلاقاته وأفكاره وقيمه ومعتقداته، وأمور تنميته وبيئته وصحته وشغل أوقات فراغه، بالإضافة إلى كل ما يتعلق

بالسيادة والهوية وحقوق الأقليات والملكية الفكرية[1].

وتطرح أيديولوجية العولمة ارتباطا قويا بين النمط الليبرالي القائم على تحرير الأسواق والحداثة الغربية، وبخاصة إن هذه الأيديولوجية تعتمد مجموعة من الاتفاقيات الدولية والتشريعات والمقاييس، وترتهن سلطة مركزية قادرة على التنميط والتنسيق على مستوى العالم ككل. ويلاحظ المؤلف إن هذه الحداثة وما يرتبط بها من أيديولوجيات تعاني أزمات مُتعددة على عدد من الجهات، من أبرزها الأزمة المالية العالمية وما تداعت إليه من أزمة اقتصاد دبي التي عُرفت بأزمة الديون العقارية وأدت إلى تراجع النمو الاقتصادي في دبي في نهاية عام 2008م وإلى هبوط حاد في بعض البورصات العربية.

أما فيما يتعلق بالخطاب الإقتصادي العربي منذ بداية النصف الأخير من القرن الماضي وحتى اليوم فيلاحظ المؤلف أنه يتميز بعدة سمات تعرقل مساهمته في التطوير العربي. ومن هذه السمات التي يوردها المؤلف ما يلي[2]:

- إن الفكر تابع للتيارات الأيديولوجية وخادم للمؤسسة الرسمية.

- إنه فكر ناقل غير ناقد.

- إنه فكر سجين للتخصص، منعزل معرفيا.

- إهمال المتغير المعلوماتي وعدم الاهتمام بالتحول إلى اقتصاد المعرفة نظريا ومنهجيا.

---

(1) نبيل علي، العقل العربي ومجتمع المعرفة، ص ص 22-23.

(2) نبيل علي، العقل العربي ومجتمع المعرفة، ص ص52-54.

- ضعف الإنتاج العربي نظريا وعدم ظهور مدرسة اقتصادية عربية.

ويؤكد نبيل علي فيما يتعلق بالسمة الأخيرة أن العقل الاقتصادي العربي "...لم ينتج فكرا أصيلا يستوعب واقعنا، كما فعلت الهند مثلا، التي باتت تحظى بمكانة رفيعة عالميا على صعيد الفكر الاقتصادي بفضل مدرسة للدراسات الاقتصادية، والمركز الإحصائي... كما فعلت الصين التي نجحت في صياغة هجين اقتصادي مبتكر وناجز يؤلف بين الماركسي والرأسمالي... وانفردت البرازيل بإقامة نموذج اقتصادي مزدوج يسير على ساقين، يوفق بين الاقتصاد التقليدي واقتصاد المعرفة"[1].

وبالنسبة لموقف الفكر الاقتصادي العربي من النقلة المعلوماتية ودور اقتصاد المعرفة في تدعيم النمو الاقتصادي ومكافحة الفقر والبطالة في عديد من البلدان العربية، يوضح نبيل علي أن هذه النقلة النوعية في الاقتصادات العالمية استشارت في الفكر الاقتصادي العالمي قوى وآليات عملت على إعادة النظر في مناهج ونظريات الاقتصاد مما يؤدي إلى إعادة تشكيل المنظومة الاقتصادية في الدول الصناعية. أما في الدول العربية فيلاحظ إهمال كبير في تطوير مناهج ونظريات علم الاقتصاد لاستيعاب هذه النقلة النوعية ألا وهي التحول إلى اقتصاد المعرفة وما تؤدي إليه من تحول في المنظومة الاقتصادية وما تتضمن من مفاهيم وبخاصة القيمة والملكية، ونمط إدارة الأنشطة الاقتصادية، وعلاقة الانتاج بالاستهلاك، والعلاقة بين العرض والطلب. ويؤكد نبيل علي ذلك حيث يشرح إن تكنولوجيا المعلومات والاتصالات صنعت مجتمعا جديدا مغايرا تماما لسابقه ألا وهو مجتمع المعرفة، فتكنولوجيا المعلومات والاتصالات بفضل ما توفره من تغذية راجعة، تعمل دوما

على خلق علاقات تبادلية فعالة ...فكلما زحفت تكنولوجيا المعلومات وتسامت زادت قدرتها على التغلغل في كيان المجتمع الإنساني، وزادت بالتالي قدرتها على تشكيل هذا المجتمع وإعادة صياغته. بالإضافة إلى ذلك، ولكون مورد المعرفة على خلاف الموارد المادية يزداد مع زيادة استهلاكه، فإن ذلك يؤدي إلى ازدياد قدرة المجتمع على انتاج معارف جديدة وبوتيرة متصاعدة[1]. ومن الأمثلة على ذلك الإنترنت الذي بدأ كآلية عسكرية من آليات الحرب الباردة، ولكنه وبصفته نظام اتصالات معرفي يؤدي باستمرار إلى ظهور حاجات جديدة لإستخداماته لا تخطر بالبال تشمل قواعد البيانات، والحكومة الالكترونية، والإيميل، والمواقع الاجتماعية المختلفة، والصحافة الالكترونية ...إلخ.

4- تطوير مؤسسات العمل والإنتاج والحصول على شهادات الآيزو

كلمة ISO مشتقة من الكلمة الإغريقية (ISOS) وتعني التساوي، ويرى البعض أنها أيضا اختصارا لمسمى المنظمة العالمية للمقاييس (International Organization for Standardization) وتستخدم هذه الكلمة في مجال المواصفات لتعني تساوي المنتج بالمقارنة مع المواصفة. والمنظمة العالمية للمقاييس منظمة غير حكومية، وهي ليست جزءا من الأمم المتحدة بالرغم من أن أعضاءها يمثلون (120) دولة من دولة العالم. وتضع هذه المنظمة مواصفات عالمية للسلع والمنتجات والنشاطات والمؤسسات تؤكد الجودة والتميز. وتشير الجودة إلى مجموعة الصفات المميزة للمنتج أو النشاط أو المؤسسة التي تجعله ملبيا للأهداف والحاجات المعلنة والمتوقعة،

---

(1) نبيل علي، العقل العربي ومستقبل المعرفة، ص ص189-190.

أو قادرا على تلبيتها. وبقدر ما يكون المنتج (السلعة أو النشاط) قادرا على تلبية هذه الأهداف والحاجات يوصف بأنه جيد، أو عالي الجودة، أو سيء.

وتمنح شهادات الآيزو من قبل المنظمة الدولية للمقاييس للشركات والدوائر الحكومية، والمصانع، والشركات التي تتوفر لديها مجموعة من المميزات التي تصل إلى مستوى جودة تضعه المنظمة، مما ييسر لهذه المؤسسات أن تبيع منتجاتها، وخدماتها في أسواق دول أخرى تتمتع بنفس مستوى الجودة دون فحص هذا المنتج. وهناك عدة أنواع من شهادات الآيزو يتعلق كل منها بمستوى جودة محدد، أهمها:

الآيزو 9000 : وهي شهادات تتعلق بجودة المنتج، ومستوى الجودة الإدارية في المؤسسة، أو الشركة.

الآيزو 9001: تتعلق هذه الشهادة الدولية بمستوى نظام الجودة الإدارية في الشركات التي تعمل في مرحلة التصميم الهندسي للمنتج وتجديد وتحسين المنتج، والخدمة بعد البيع.

الآيزو 9002: تتعلق هذه الشهادة الدولية بمستوى نظام الجودة الإدارية في الشركات التي يقتصر نشاطها على إنتاج السلع وتحسينها وبيعها فقط.

الآيزو 9003: تتعلق هذه الشهادة الدولية بمستوى نظام الجودة الإدارية للفحص النهائي للسلعة المنتجة واختبار جودتها.

الآيزو 9004: تتعلق هذه الشهادة الدولية بمدى إتباع الشركات للتعليمات الإرشادية للحصول على إحدى شهادات الآيزو 9001، أو 9002،

أو 9003 .

الآيزو 9005: تتعلق هذه الشهادة الدولية بمدى تبني الشركات لمعايير حماية البيئة.

الآيزو 14000: تتعلق هذه الشهادة بمستوى التدريب الـذي تملكـه الشركـة أو المؤسسة التي تنوي الحصول على شهادة الآيزو 14001 المرتبطة بـنظم حماية البيئة.

الآيزو 14001: تتعلق هذه الشهادة بمـدى تبنـي الشركات و المؤسسـات لـنظم حماية البيئة.

وهناك عشرات أخرى من شهادات الآيزو التي تغطي عمليات وجوانـب وقضايا متعددة. كما أن هناك شهادات الهاسب Haccp ، وهي تتعلق بجودة ومستوى التعامـل مع المنتجات الغذائية.

وقد بذلت الشركات والمصانع العربية، والبنوك جهودا ملحوظة لتطوير أنظمتها الإدارية، وإجراءات التعامل مع الجمهور، ومع المواد الغذائية، وإجـراءات حمايـة البيئـة، وحصـلت آلاف منهـا علـى شـهادات الآيـزو المختلفـة مـما يسرـ عليهـا تصدير منتجاتهـا وخدماتها إلى أسواق العالم المختلفة[1] .

5- تدعيم المجتمع المدني العربي.

يشير مصطلح المجتمع المدني إلى مجموعة من المنظمات الأهلية التطوعية

---

[1] United Arab Emirates, ISO certified Companies in the UAE, Abu Dhabi, 2003 .   www.iso.com.   .
2009/3/25

التي ينشؤها، ويديرها الناس أنفسهم بشكل تطوعي لتحقيق أهداف عامة. وتشمل هذه المنظمات الجمعيات الأهلية، والأندية، والتعاونيات، والأحزاب السياسية. وتأتي أهمية هذه المنظمات من كونها تتوسط بين الأسر والأفراد والدولة موفرة للأفراد آلية فعالة للمشاركة في القضايا العامة والتأثير على القرار السياسي في المجتمع. كما أنها تدرب الأفراد على الديمقراطية لكونها مؤسسات ديمقراطية تقوم على إتاحة فرص الترشيح، وممارسة حق الانتخاب لجميع الأعضاء فيها. وتحصل هذه المنظمات على التمويل اللازم لنشاطاتها من خلال التبرعات الأهلية، ودعم المؤسسات المالية المحلية، والدعم المالي من المنظمات الدولية. كما تعمل بعض هذه المنظمات في مجال حشد التأييد لقضايا المرأة وحقوقها.

ويتضح أن العولمة دعمت انتشار منظمات المجتمع المدني العربي، كما دعمت فاعلية نشاطاتها التي أصبحت تمتد لتشمل قضايا دولية مثل الحفاظ على البيئة، والمساواة الجندرية والسلم العالمي ومناهضة الحروب، وحقوق الإنسان[1]. كما ازداد التمويل الدولي الذي يقدم لمنظمات المجتمع المدني العربي مما يمكنها من زيادة نشاطاتها وبرامجها في عديد من الدول العربية.

ويمكن القول الآن إن العولمة أدت إلى نشوء مجتمع مدني عالمي تشارك فيه منظمات المجتمع المدني العربي إلى جانب منظمات المجتمع المدني في الدول الأخرى، ويعمل هذا المجتمع المدني بمنظماته المنتشرة في أنحاء العالم على إقناع

([1]) آن فلوريني ، القوة الثالثة، المؤسسات العالمية عبر الحدود القومية (مترجم)، بيروت، دار الساقي، 2005.

متخذ القرار من خلال التحالفات السياسية المتاحة لاتخاذ قرارات تؤدي إلى حل مشكلات دولية محلية عامة مثل حماية البيئة، وضمان حقوق الإنسان، وتدعيم حقوق المرأة، ومحاربة الفساد... إلخ. فمثلا تشكل منظمة الشفافية العالمية رقابة مجتمعية على الممارسات الحكومية، وتصنف دول العالم حسب معدل الفساد لديها. كما أن منظمات البيئة، وحقوق الإنسان، ومناهضة الحروب تضغط على الحكومات والدول للالتزام بحماية الموارد، وتدعيم التنمية المستدامة.

وتؤدي تكنولوجيا المعلومات والإنترنت دورا كبيرا في زيادة التفاعل بين منظمات المجتمع المدني في العالم كله. كما تقوم هيئة الأمم المتحدة من خلال وكالاتها، وبرامجها بتنظيم ندوات ومؤتمرات دولية تجمع منظمات المجتمع المدني من بلدان مختلفة للمشاركة في مناقشة قضايا عالمية والتوصل إلى حلول مناسبة لبعض المشكلات ذات الطابع العالمي.

6- التغير في وظائف الدولة في البلدان العربية

بعد الانضمام إلى منظمة التجارة العالمية من قبل إحدى عشرة دولة عربية حتى 2010/1/1، وبعد التوقيع على اتفاقية الجات (جولة الأوروغواي 1993) بدأت الدولة في البلدان العربية تخضع نفسها لمراجعة داخلية تشمل حجمها، وسياساتها الاقتصادية والاجتماعية بما يتناسب ومتطلبات تحرير التجارة، والاندماج في السوق العالمي. وتؤدي هذه المراجعة إلى قيام الدولة بسن تشريعات جديدة لتشجيع الاستثمار، والتقليل أو التخفيف من العوائق الجمركية، وتقليص حجم المؤسسات العامة وزيادة كفاءتها الإنتاجية، ورفع الدعم تدريجيا عن المحروقات وبعض السلع الأساسية، وتنفيذ عمليات الخصخصة – أي تحويل ملكية المؤسسات العامة إلى

القطاع الخاص المحلي أو الخارجي، أو كليهما معا. وتلاحظ عملية المراجعة هذه لدور الدولة في تونس، ودول الخليج العربي، والجزائر، والأردن، ومراكش، وليبيا، ولبنان، ومصر. بل إن مصر ذهبت إلى أبعد من سن التشريعات المشجعة للاستثمار إلى تعديل عدد كبير من مواد الدستور المصري في نهاية آذار 2007. ويتوقع المحللون أن يؤدي هذا التعديل لمواد الدستور إلى التخلص نهائيا من بقايا الاشتراكية، وتقليص دور الدولة الاجتماعي بشكل ملحوظ، وإلى إطلاق العنان للقطاع الخاص لتوجيه الاقتصاد المصري من خلال قوى السوق ومتطلبات العولمة.

وقد تتضمن عمليتا الخصخصة وتشجيع الاستثمار الخارجي تعامل الدولة العربية مع الشركات متعددة الجنسيات، التي تملك نتيجة لمواردها الهائلة قدرات تفاوضية كبيرة قد تؤثر على الدولة العربية اقتصاديا أو اجتماعيا. ومن جهة أخرى، فإن العولمة الثقافية القائمة على الفضائيات التلفزيونية، والإنترنت تجعل احتكار السيادة الثقافية على الأجواء الوطنية من قبل الدول العربية أمرا شديد التعقيد كما اتضح من قبل. ذلك أن المعلومات والتحليلات، والتوجيهات القيمية التي تصل إلى المواطن العربي لم تعد بيد الدولة العربية بشكل كامل، وإنما تشاركها في ذلك الآن الفضائيات التلفزيونية سواء أكانت عربية أم غير عربية، وكذلك الإنترنت وخدماتها المتنوعة. لذلك تعمد الأدبيات التي تحلل تأثير العولمة على الدولة العربية إلى طرح فرضية تقول: إن العولمة تؤدي إلى إضعاف سلطة ودور الدولة في المجتمع العربي المعاصر. ويؤكد أصحاب هذه الفرضية بناء على ذلك أن العولمة تتضمن بعض السلبيات لعل هذا الإضعاف المفترض لدور الدولة العربية أحد أبرز مظاهرها.

لكن غالبية الأدبيات - وبخاصة تلك الأكثر حداثة - تتفق على أن ما يحدث

فعلا هو تعديل في وظائف الدولة العربية وليس إضعافا لها، أو تقليصا لـدورهـا. وبالتحديد، فإن الدولة العربية تعيد صياغة دورها الاقتصادي والاجتماعي بما يتناسب وتحرير التجارة، والانـدمـاج في السـوق العـالمي مفسـحة المجـال للقطاع الخـاص للنمـو والتمدد بما يدعم توظيف التقنيات الحديثة، وزيادة القدرات الإنتاجية الوطنية وهو مـا يحدث حاليا في مصر، والأردن، ودول الخليج العربي، وتونس، والجزائر، والمغرب. ومـن جهة أخرى، تقوم الدولة بسن التشريعات الكفيلة بفتح الأسواق الوطنية للاستثمارات الخارجيـة، كمـا تقـوم بإزالـة العديـد مـن العوائـق الجمركيـة والحمائيـة، وتنفيـذ بـرامج الخصخصة مقللة بذلك من الوظائف الاقتصادية العديدة التي تقوم بها مـما يزيد في كفاءة الدولة وقدراتها السياسية والإدارية. وتـؤدي سياسـات رفع الـدعم الحكـومي عـن المحروقات وبعض السلع الأساسية إلى إعادة صياغة الدور الاجتماعي للدولة. كما تقوم الدولة بسن التشريعات الكفيلة بإنشاء مدن للمعلومـات، ومحطـات تلفزيونيـة فضائيـة، وأرضية أهلية تشارك معها في السيادة الثقافية الوطنية.

لكن وبعيد الأزمة المالية العالمية في نهاية عام 2008م أعـادت الدولـة في البلـدان العربية تأكيد دورها الرقابي والتنظيمي على البنوك، وعلى عدد من القطاعات الاقتصادية الأخرى لتفادي حدوث انتكاسات اقتصادية دون أن يؤثر ذلك على اسـتمرار انـدماجها في السوق العالمي من خلال الالتزام ببنود اتفاقية الجات التي وقعت عليها هذه البلدان.

سياسات الدولة العربية في مواجهة سلبيات العولمة

تعمل الدولة في المجتمع العربي ؛ وهي تقوم بتعديل دورها الاقتصادي

تطبيقا لبنود اتفاقية الجات – كما اتضح سابقا – على التخفيف من هذه الآثار السلبية للعولمة باعتماد عدد من البرامج والسياسات، وأهمها:

- تدعيم شبكات الأمان الاجتماعي لحماية الطبقات الفقيرة وتيسير سبل العيش لها، وبخاصة الضمان الاجتماعي، والتأمين الصحي المجاني أو شبه المجاني، وصناديق المعونة الوطنية بما يقلل من الآثار السلبية لتوقف الدولة عن دعم المحروقات، والسلع الأساسية.

- تشجيع الاستثمارات الخارجية من خلال التشريعات الجديدة، والجهود السياسية والدبلوماسية، وتوجيه هذه الاستثمارات نحو مشاريع إنتاجية موجهة للتصدير نحو الأسواق الخارجية. مما يدعم الناتج المحلي الإجمالي، ويوفر فرص عمل جديدة لطالبيها بما يقلل من معدلات الفقر والبطالة. والجدير بالذكر أن معدل البطالة في العالم العربي عام 2005 حسب إحصاءات جامعة الدول العربية كان يصل إلى 14% من مجموع القوى العاملة الذي قدر بـ 90 مليون عامل. ويتوقع أن يصل هذا العدد في عام 2010 إلى 125 مليون عامل، وهناك ثلاثة ملايين مواطن عربي يدخلون سوق العمل سنويا[1] مما يعطي لهذه الاستثمارات دورا متميزا في مواجهة هذه المشكلة. أما في عام 2009م فقدر معدل البطالة في العالم العربي بـ17% من القوى العاملة العربية.

- الاهتمام بالجوانب الاجتماعية لبرامج الخصخصة، ويتبدى ذلك في قيام الدولة بالتفاوض مباشرة مع المستثمرين الخارجيين، أو القطاع الخاص المحلي نيابة عن

---

[1] جامعة الدول العربية، التقرير الاقتصادي العربي الموحد، 2005، القاهرة، 2005.

الموظفين والعمال عند بيع أسهم المؤسسة العامة للقطاع الخاص المحلي، أو المستثمرين الأجانب. وهذا يضمن حصول هؤلاء الموظفين والعمال على حقوقهم، والإبقاء على وظائفهم في غالبية الأحيان. وغالبا ما يتم التوصل إلى اتفاق لإعادة تدريب هؤلاء الموظفين والعمال وهم على رأس عملهم بما يتناسب واقتصاد السوق المحلي والعالمي، مما يضمن لهم الحفاظ على وظائفهم، والحصول على زيادات جيدة على رواتبهم بعد تحسن مهاراتهم المهنية.

- تقبل المشاركة في السيادة الثقافية للدولة على مواطنيها، والتكيف مع هذه المشاركة، وذلك بعدم وضع معوقات أمام انتشار الإنترنت وخدماتها، واستخداماتها. وسن التشريعات للسماح بإنشاء محطات تلفزيونية أرضية وفضائية من قبل القطاع الخاص. والأهم من ذلك أيضا تطوير أجهزة الإعلام الرسمية، واعتماد استراتيجية إعلامية منفتحة تقدم المعلومات، والتحليلات للمواطن حول الأحداث بدقة وسرعة، ومهنية عالية. مما يغني المواطن عن التوجه للفضائيات العربية، وغير العربية للوقوف على الأحداث وتطورها، ويبقى المواطن بشكل مناسب ضمن التوجهات القيمية للدولة.

تأثيرات العولمة في الثقافة العربية

يتحدث جيمس روزناو في المجال الثقافي عن ثلاث عمليات متداخلة ترتبط بالعولمة، وتنتج عنها، وهي:

1- تذويب الحدود بين الدول مما يسهل انتقال الناس ورأس المال، والسلع، والأفكار، والمنتجات الثقافية سواء أكانت كتبا، أم أفلاما سينمائية، أم

مسلسلات تليفزيونية، أم ألعاب فيديو ..إلخ

2- انتشار المعلومات والأفكار، والتحليلات الإخبارية، والمضامين القيمية بين الشعوب والأفراد.

3- زيادة التشابه بين الشعوب والأفراد في مختلف أرجاء العالم، وبخاصة فيما يتعلق بالمعلومات، وأنماط الاستهلاك، والقيم، وأنماط السلوك اليومي بشكل عام [1].

ويوضح روزناو إن آليات وطرق العولمة الثقافية سلمية الطابع، وطوعية الجوهر، وهي تتمثل في التفاعل الحواري ثنائي الاتجاه باستخدام تقنية الاتصال، والمعلوماتية، والاتصال الأحادي عن طريق الطبقة الوسطى، والمحاكاة والتقليد بين الدول والشعوب. إضافة إلى المنافسة التي تؤدي إلى استخدام طرق وتقنيات متشابهة، وبخاصة في المنافسات التجارية، والمنافسات الرياضية، والعلمية. وتماثل المؤسسات وبخاصة في المجالات المالية، والتسويقية، والعلمية، والسياسية، والإدارية.

وهذه العمليات، إضافة إلى الآليات، والطرق المتشابهة في إنجاز الأعمال تؤدي إلي نتائج إيجابية في عديد من المجتمعات والثقافات، وقد تؤدي إلى نتائج سلبية في ثقافات أخرى، وبخاصة المغلقة منها.

ويعتبر موقف روزناو هذا امتدادا، وتأكيدا لموقف فرانسيس فوكوياما

---

[1] جيمس روزناو، ديناميكية العولمة، نحو صياغة علمية (مترجم)، القاهرة، مركز الأهرام للدراسات الإستراتيجية، 1999.

(1993) الذي أكد فيه إن الحضارة الغربية الليبرالية بخروجها منتصرة على الاشتراكية بعد انتهاء الحرب الباردة في بداية التسعينيات سيتم استعارتها طوعيا من قبل مجتمعات الدول النامية التي ستسعى جاهدة، وعن طيب خاطر للتحول إلى الديمقراطية الليبرالية بالرغم من بعض المعوقات الحضارية التي توجد لديها التي تعيقها عن النمو والتقدم. وتشمل هذه المعوقات حسب تحليلات فوكوياما[1] ما يلي:

- المبالغة في التميز والتركيز على الخصوصية الثقافية الذي قد يدفع المجتمع النامي إلى الانغلاق والتعصب .

- عدم نضوج مؤسسات المجتمع المدني بما يمكن الأفراد من ممارسة حرياتهم وخياراتهم بشكل مستقل عن مؤسسات الدولة .

- عدم توفر ما يكفي من التفسيرات الدينية المستنيرة لتحل محل التفسيرات القديمة، أو التفسيرات المتزمتة، بما يدعم قيم التسامح والمساواة، والتجديد.

- عدم وجود ما يكفي من الصفوات السياسية التي تدعم الممارسات الديمقراطية الليبرالية في الحياة اليومية، ومن هذه الممارسات: حرية التعبير، وحرية الاجتماع، وإنشاء الأحزاب، والمشاركة السياسية .

ويقف آخرون موقفا نقديا من العولمة الثقافية فهي في رأيهم تتضمن سلبيات عديدة، فهي ليست طوعية تماما ولا تؤدي إلى نتائج إيجابية على ثقافات دول العالم

---

(1) فرانسيس فوكوياما ، نهاية التاريخ وخاتم البشر (مترجم) ، ط1، القاهرة ، مركز الأهرام للترجمة والنشر، 1993، ص ص 195 – 198.

الثالث[1]. فالعولمة في رأيهم هي أيضا ايديولوجيا للاختراق الثقافي، والهيمنة الثقافية الغربية على ثقافات العالم باستخدام تقنيات الاتصال والإعلام الحديثة. لكن غالبية التحليلات العربية الأكثر حداثة للعلاقة بين العولمة الثقافية والثقافة والهوية العربية متوازنة، ومعتدلة في طروحاتها. وهي تبرز الإيجابيات إلى جانب السلبيات. فمثلا يحلل مصطفى حجازي ثقافة الصورة بوصفها أداة العولمه الثقافية – في رأيه – فيجد أنها بدعمها لثقافة السوق المعولم تدعم أيضا ثقافة الحركات الأصوليه المتشدده في العالم العربي. وقد تزايد إقبال هذه الحركات الأصولية بشكل متسارع على الإستفاده من شبكة الإنترنت في الترويج لدعواتها التكفيرية، كما تتزايد محطات الإذاعة الخاصة التي تنشؤها هذه الحركات وتديرها .

وتحليل حجازي البحثي لبنية ثقافة إقتصاد السوق من خلال متابعة برامج القنوات الفضائية يبرز عددا من العناصر النمطية، وهي: الومضة، أو تكثيف المعلومة، والمرح والمتعة، والصفقة، والنجومية الرياضية، والعولمة المناخية، وسيادة الإعلام التجاري، وبيع الأحلام. وتحليل عناصر الثقافة الأصلية يوضح أنها تقوم على نظام من المعتقدات والتعليمات المبسطة والمتماسكة التي تتطلب الإيمان بها. كما يتضح أن الأصولية الإسلامية تقوم على ثلاثة عناصر أساسية،وهي:

---

(1) للمزيد حول ذلك، راجع: عبد الإله بلقزيـز، "العولمـة، والهويـة الثقافيـة: عولمـة الثقافـة، أم ثقافة العولمـة ؟ "، في مركز دراسات الوحدة العربية، بحوث ومناقشات الندوه الفكرية التي نظمها مركز دراسات الوحدة العربية، بيروت،1998، وأيضـا: محمد عابد الجابري، "العرب والهوية الثقافية: عشر أطروحات"، مجلة المستقبل العربي، السنه 20، العـدد 228، بـيروت، مركـز دراسات الوحدة العربية، 1998.

التمسك بالماضي (وهو الفردوس المفقود الذي يجب استعادته)، ورفض الحاضر، والتمسك بسلوك متشدد مع الذات يصل حد التزمت في التعاليم والشعائر وتطبيقها[1] .

لكن حجازي يؤكد إن ثقافة الصورة بالرغم من استثمارها من قبل اقتصاد السوق المعولم، ومن قبل الجماعات الإرهابية المتشددة تمثل فرصه غير مسبوقة في تاريخ البشرية للإعلام والتوعية، والتثقيف، وكسر حواجز العزلة، وربط الإنسان بالكون. فهي فرصة للتوعية، والتربية والتنشئة. وقد تكون مشروعا حضاريا للارتقاء بنوعية الحياة والإنسان من خلال المعرفة والتدريب، والتبصر بأحوال الأمم والشعوب. ويقترح حجازي في نهاية كتابه عددا من الآليات لاستثمار ثقافة الصورة، وتطوير اقتصاد السوق، ومواجهة ثقافة الأصولية المضادة للمجتمع. ومن هذه الآليات التي يقترحها مصطفي حجازي[2]: الإبداع التكنولوجي لخوض صراع المعرفة واقتصادها، ومحو الأمية الإنسانية، وتدعيم منظمات المجتمع المدني والتربية المؤسسية، والتخلص من التعصب، وتدعيم الديمقراطية والمشاركة، وترسيخ قيم معاصرة جديدة بدل القيم التقليدية والسلفية القديمة. وتتميز القيم في المجتمع العربي بأنها إرتباطية سلفية وقدرية، أكثر منها مستقبلية إنجازية. فجوهرها - كما يوضح حليم بركات - الشغف الكبير بامجاد الماضي وإهمال الحاضر، وعدم التخطيط للمستقبل. مما يؤدي إلى توجيه تقييم المجتمع للقضايا حسب انطباقها على الأعراف والتقاليد، وليس حسب التحليل العلمي لعناصرها، ونتائجها المتوقعة. ويحدد

([1]) مصطفي حجازي ، حصار الثقافة بين القنوات الفضائية والدعوات الأصولية، الدار البيضاء، المركز الثقافي العربي، 2000.

([2]) مصطفي حجازي، حصار الثقافة .... ، ص ص 198 - 205

بركات بعض الاتجاهات القيمية المستمدة من البنية العائلية، وأوضاعها في المجتمع العربي [1] وهي:

- عضوية العائلة وليس الفردية ذلك أن الإنسان في المجتمع العربي عضو في عائلة أكثر منه فردا مستقلا، فهو بالتالي مسؤول عن تصرفاته وعن تصرفات أفراد عائلة أيضا.

- الإتكالية والمسايرة والسلامة الشخصية، وهي قيم يستمدها الفرد من العائلة التي تعمل على حماية ابنائها بتعويدهم على تجنب المجازفة وعدم المواجهة. وقد أيد هشام شرابي أيضا في مؤلفاته على شيوع مثل هذه القيم وبخاصة قيم الإتكالية والمسايرة في المجتمع العربي موضحا آثارها السلبية على الفرد العربي الذي يتصف - في تحليله - بالسلبية، وعدم المجازفة، والإشكالية، والميل إلى المسايرة، والشعور بالعجز [2].

وبذلك يمكن القول إن القيم المطلقة والسلفية تصدر عن عزلة طويلة واستمرارية في الحياة الزراعية، وإن القيم القدرية تصدر عن عجز مستديم تجاه طبيعة قاسية، خصوصا إذا كانت المنتوجات الزراعية تعتمد على هطول المطر والفصول وليس على الري المنتظم.

وهناك بعض القيم التي تتصل اتصالا مباشرا بأسلوب الإنتاج الزراعي -

[1] حليم بركات ، الهوية وأزمة الحداثة والوعي التقليدي، بيروت، رياض الريس للكتب والنشر، 2004، ص ص159-162.
[2] هشام شرابي، مقدمات لدراسة المجتمع العربي، بيروت، دار الطليعة 1972.

التجاري أو غير الصناعي وتعوق النمو، أو تعرقله، ومن هذه القيم التي يرصدها بركات ما يلي:

- **القيم الفورية التعبيرية لا القيم المنهجية العقلانية:** إن القيم السائدة في المجتمع العربي تشجع على الاستجابة الفورية العاطفية والتعبير الانفعالي والحماسة المؤقتة أكثر مما تشجع على التفكير المنهجي العقلاني الذي يربط النتائج بأسبابها الحقيقية. كما إن أسلوب المعيشة الزراعية لا يستدعي بالضرورة ما يستدعيه أسلوب المعيشة الصناعي من تخطيط ومنهجية وعقلانية، وخصوصا حين تعتمد الزراعة على المطر لا على الأنهر الكبرى. فسلوكنا الإجتماعي بكلام آخر، ليس ذا اتجاه مهمي بمعنى أنه موجه لتحقيق مهمات وأهداف محددة، بل هو سلوك ذو اتجاه عاطفي - اجتماعي يقصد إلى تسهيل العلاقات الاجتماعية والتعبير عن مشاعر عارمة. لذلك كثيرا ما تكون التصريحات السياسية الرنانه في البلدان العربية - يؤكد بركات - ناتجة من كوننا تعبيريين أكثر من أن نكون مخططين.

- **تفضيل المكاسب الآنية على المكاسب البعيدة المدى:** إن الفرد العربي مأخوذ بالحاضر ويرغب في تحقيق النجاح في أسرع وقت ممكن دون اهتمام بترسيخ القواعد الضرورية لاستمرارية الازدهار. بل كثيرا ما يكون ذلك على حساب هذا الازدهار والمصلحة العامة إذ يلجأ البعض إلى أية طريقة كالرشوة والغش والاحتكار للحصول على الغنى السريع. ويحصل ذلك عادة في بدء الاتصال بالخارج ونتيجة لظهور احتمالات لتحسن الأوضاع الاقتصادية. ثم إن هذا الوضع هو استمرار لاتجاه يسود في حالات

الفقر، إذ يضطر الفقراء إلى الاهتمام الكلي بتأمين المكاسب اليومية.

- **الوجاهة الشكلية:** تسود المجتمع العربي قيم طبقية وعشائرية تتجلى بوضوح في نزعات المباهاة والتعلق بالرموز الشكلية للمكانه والنفوذ. ومن هنا كان التشديد على الألقاب والرغبة الجامحة في الحصول على مقتنيات إستهلاكية ذات مدلولات تفاخرية، دون بذل جهد لتطوير قواعد العمل والإنتاج.

- **قيم الاستهلاك:** فنحن في تعاملنا مع الشعوب المتقدمة ننزع إلى اقتباس المستحدثات المعلبة الاستهلاكية التي لا تتطلب تغييرا في العقلية والمفاهيم. فنستورد الموبايل والتلفزيون والسيارات والكمبيوتر والأزياء والبرادات وموديلات الشعر وننصرف عن مراكز العلم والبحث. ونشيد أبنية حديثة ولكننا لا نهتم باقتباس فكرة تصميم المدن؛ لأن مثل هذا الاقتباس الأخير يقتضي حصول تغيير في مفهومنا لما هو جميل وعام. وعندما نقتبس مقتبسات فكرية خلاقة نتعامل معها سطحيا فلا نتأثر بها ولا تؤثر بنا إلا تلقائيا.

- **أساليب فرض القيم عقابية وليست إقناعية:** يتم تقيدنا بالقيم والمعايير نتيجة لضغوطات خارجية أكثر منه نتيجة لقناعات داخلية. ويعود ذلك إلى أساليب الكبت واستعمال القصاص الجسدي لا النفسي الذي يكون الضمير، وإلى نوع العلاقات السلطوية التي تسحق الفرد وتحوله إلى كائن خانع في جماعة.

لذلك يتقيد الفرد بالقيم والمعايير في العلاقات التي تكون وجها لوجه والتي تشكل نوعا من الضغط الخارجي، ويتجاهلها في غياب هذا الضغط. ويلاحظ بركات مثلا إن العرب يصرون حتى المبالغة على التنازل عن حقوقهم بالمرور أو الدخول

والخروج إلى مكان ما لأصدقائهم ومعارفهم وضيوفهم. ولكننا نلحظ عكس ذلك تماما في قيادة السيارات في غالبية المدن العربية إذ يصر كل سائق على المرور قبل الآخرين فنشهد الكثير من التدافع والتنافس على أولوية المرور. في الحالة الأولى تكون العلاقات وجها لوجه بين أفراد يعرفون بعضهم بعضا، بينما في الحالة الثانية يجهل السائقون بعضهم بعضا وتكون العلاقات عابرة. وبهذا يتم التقيد بالقيم والعادات والأعراف، لا نتيجة لقناعات داخلية مبدئية بل نتيجة لجاملات مظهرية.

- **الفردية السلبية:** بقدر ما هناك من غياب للفردية المستقلة الإيجابية في المجتمع العربي، هناك فردية أنانية ومركزية ذاتية تتجلى في هذا التأكيد الدائم على ((الأنا)). إن الفردية الأنانية متصلة إلى حد بعيد بمحاولات الفرد لتجاوز المؤسسات والأنظمة التي تسحق الذات. وفي وجه كل هذه الضغوط لتحويل الإنسان إلى مجرد عضو عاجز دون شخصية مستقلة، فتتكون عند الإنسان في المجتمع العربي حاجة ماسة للتأكيد على ذاته وللإعلان عن وجوده. وهكذا بدل أن نسحق نزعة ((الأنا)) نجد أنها تسيطر على الضمير الاجتماعي. ويتجلى ذلك في عدم التعاون، وغياب العمل المنسق الفريقي، وانعدام الحوار.

- **ثم إن الفرد لا يشعر عادة أن المؤسسات العامة له ومن أجله.** بل على العكس، يشعر بأن المؤسسات العامة مشاع، أو هي ملك فئات مضادة له تعيش على حسابه. ومن هنا كانت علاقته بهذه المؤسسات العامة علاقة خوف وتجنب، وعدم ثقة أو عداء ومعاكسة واستغلال. إن هذه المؤسسات العامة لا تنبثق عنه بل تفرض عليه من الخارج، وهي لا تعمل من أجل

إنماء شخصيته واستقلاليته، بل تعمل على سحق ذاته وتحويله إلى مجرد عضو مطيع يَحترم ولا يُحترم.

- **السيادة الذكورية** مما يؤدي إلى إخضاع المرأة وتقليص دورها (بالتشديد على أن مكانها الطبيعي هو المنزل وأن وظائفها الأساسية متصلة بالإنجاب وكونها مصدر لذة حسية للرجل) يشكلان تعطيلا لإمكانات هائلة في المجتمع العربي. ثم إن اعتبار أي انحراف عند المرأة مسا بشرف أبيها وإخوتها هو استمرار لعقلية ملكية المرأة وليس مجرد السيطرة عليها.

- **نظام الانتاج وقيمه المعيشية:** تعتبر العائلة وحدة إنتاجية تعاونية يختلف تركيبها ونوع القيم والعلاقات القائمة فيها باختلاف أسلوب الإنتاج وطبيعة البيئة التي تعيش فيها العائلة. إن هذا التأكيد لا يعني أن التأثير يحدث باتجاه واحد، كذلك تعكس العائلة أوضاعا اقتصادية معينة، ولكنها بدورها تعود لتتأثر بالبيئة وبأسلوب الإنتاج.

- **ما يهمنا أن المجتمع العربي مجتمع زراعي** - تجاري لا صناعي، والوحدة الإنتاجية في مثل هذا المجتمع لا تسمح بوحدة أشمل أو أصغر من العائلة. كذلك يمكن القول إن القيم الدينية والقيم العائلية التي رُصدت سابقا متصلة اتصالا وثيقا بالحياة الإنتاجية الزراعية - التجارية في بيئة قاسية.

ويستنتج حليم بركات إن هذه المنظومة القيمية تسم الواقع العربي بسمات غير ملائمة للنمو والتطوير، وتؤدي إلى استمرار تخلفه ذلك إن الواقع العربي الذي نعيشه مرفوض من أساسه، فهو مجتمع متخلف غير قادر بتكوينه الحالي على مواجهة التحديات الكبرى. ويشرح حليم بركات، "إن هوة فسيحة تفصله عن العالم

المتقدم وتجعله عرضة للاستغلال والقهر وفقدان حقوقه وكرامته. وهو على الصعيد الداخلي مجتمع طبقي تعاني فيه غالبية الشعب من الفقر والمرض والجهل فيما تتمتع فئة قليلة بموارده الهائلة، لترتبط بشبكة الإستغلال العالمية. كما أن الإنسان هامشيٌ في هذا المجتمع تستعبده الدولة والعائلة والمدرسة والمؤسسة الدينية، وتحوله إلى كائن عاجز، مستسلم، ومحروم من حقة من: النمو والسعاده، وتجاوز أوضاعه والمشاركة في صنع مصيره. فهو لا يفكر لنفسه، ويعمل لغيره، ولا يشعر بوجوده. إن هذه الأوضاع، يضاف إليها عدم قدرة الأنظمة على مواجهة التحديات وازدياد حدة الاتصال في الداخل ومع الخارج، مما يبلور شعور الشعوب المتخلفة والفقيرة بعجزهم وحرمانهم، وعدم قدرتهم على تشكيل عوامل إيجابية تسهل عملية التغيير[1]".

إذن هذه المنظومة القيمية - كما يؤكد بركات - تؤدي إلى عجز الإنسان العربي عن القيام بجهد إبداعي ، وتعيق المجتمع في جهوده لتحقيق التنمية والتطوير الحضاري. وسنرى فيما بعد، إن العولمة تطرح منظومة قيمية حديثة تُعلي من شأن الإنجاز، وتجويد السلعة، والاستثمار، والمساواة بين الجنسين ، والانتماء لمؤسسة العمل وليس للعائلة فقط. وكلها قيم مطلوبة للتطوير والانجاز في المجتمع العربي.

ويرى حيدر إبراهيم في مقالته حول العولمة وجدل الهوية الثقافية[2] إن العولمة تعني حالة إنسانية عامة، يفترض فيها عدم التعارض مع الهوية أو، الهويات،

([1]) حليم بركات، الهوية وأزمة الحداثة ....، ص 164.

([2]) حيدر ابراهيم، " العولمة وجدل الهوية الثقافية....." ، ص ص 98 - 113

وعدم تذويبها قصريا. فتبدلات الهوية تخضع للنظام السياسي أكثر مما تخضع لتأثيرات العولمة. فالأمة العربية التي كانت خلال الستينيات مقتنعة بحتمية سيادة القومية العربية أصبحت الآن تمجد الهويات القطرية، بل إن فئاتٍ داخل هذه الدول تردد شعارات إسلامية أصولية أيضا. وهو يرى أن الحركات الأصولية المتشددة في العالم العربي - وهي تدعي ملكية الحقيقة - تدعو لإحياء الماضي المفقود، وتجد في علمانية العولمة وقدرتها التحديثية تهديدا لجهودها لاستعادة هذا الماضي. ولكنه يلاحظ أن الأصولية إقصائية وحصرية، وهذه هي مشكلتها في التعامل مع العولمة، وهي تعتقد أن بقاءها مرهون بفناء الآخر، لذلك ترفض التعايش مع ما هو مختلف عنها.

ويؤكد حيدر إبراهيم في نهاية مقالته إن العولمة ليست استهدافا للدين أو العقيدة، ولكن عمليات وآليات العولمة قد تسبب قدرا من العلمنة، أو قد تؤدي إلى الانشغال عن الدين بمسائل أخرى جديدة، فهي آثار جانبية لم تتدخل في ظهورها العولمة بصورة مباشرة باعتبارها هدفا مخططا له[1].

وقد اتضح من نتائج بحث ميداني حديث على عينتين من جامعة الكويت والجامعة الأردنية[2] حول أثر العولمة في القيم من وجهة نظر طلبة الجامعتين أن العولمة ترسخ قيما حديثة لدى طلبة الجامعتين تشتمل على ما يلي: الاستثمار والعلم،

---

(1) حيدر ابراهيم،" العولمة وجدل الهوية الثقافية ...." ، ص 113

(2) حمد الدعيج، وعماد سلامة، " أثر العولمة في القيم من وجهة نظر طلبة الجامعة الأردنية وجامعة الكويت "، مجلة العلوم الاجتماعية، 35، العدد 3، ص ص 13 - 40، الكويت، جامعة الكويت, 2007.

والتخطيط، والتنافس، والصداقة، وإتقان العمل، والصداقة بين الجنسين، وتحمل المسؤولية، والصدق. كما توضح نتائج هذا البحث الميداني أن العولمة تقلل من انتشار قيم تقليدية قديمة تشتمل على: صلة الرحم، والمجاملة على حساب العمل، والقرابة، والصبر على الضعف والتقصير.

ويتضح من نتائج البحث وجود أثر دال إحصائيا للعولمة في القيم في ضوء متغير الجامعة لصالح طلبة جامعة الكويت ويتضح أيضا وجود أثر دال إحصائيا للعولمة في القيم في ضوء متغير الجنس لصالح الطلبة الذكور. ويرى الباحثان أن هذا التباين في أثر العولمة في القيم يمكن أن يعزى إلى أن النجاح في العمل في ظل العولمة الاقتصادية يتطلب التمسك بهذه القيم وممارستها فعلا، ولا سيما أن العمل في الشركات الخاصة الكبرى أصبح طموحا لغالبية الشباب في كل من الكويت والأردن، وغالبية مدن المجتمع العربي، في ظل ندرة الوظائف الحكومية وقلة أجورها. وبالنسبة لقيم الصداقة، والصداقة بين الجنسين فقد يعزى ذلك إلى وسائل الإعلام وسهولة التواصل من خلال الانتشار الواسع لتقنيات وسائل الاتصال التي هي من أهم أدوات العولمة الثقافية.

وقد طورت العولمة مواصفات عالمية لخريجي الجامعات تستند إلى امتلاك مهارات تقنية حديثة، ووعي للبيئة العالمية ونظمها السياسية والاجتماعية والاقتصادية، والوعي بأهمية وتأثير التفجر المعرفي العالمي، وتعدد مصادر المعرفة، والتفاني في المطالب الإجتماعية للمحافظة على الهوية وعلى الذات في بيئة عالمية تنافسية في المجال الإقتصادي والثقافي. - كما يرى مؤلفو كتاب حديث حول دور الشباب في مواجهة الإرهاب.

ويرى المؤلفون أن التحديات العالمية القادمة تقتضي مواجهة حقيقية كون المنتج الجامعي لدينا لا تتوافر فيه عناصر الجودة العالمية التي تتمثل في جانب منها في المبادرة والاستقلالية والتعقل في الفكر والسلوك، والعمل بروح الفريق والاستعداد للقيام بأعمال تطوعية لخدمة المجتمع والتعاون مع المسؤولين بما يحقق خير الصالح العام، والقدرة على التكيف مع مستجدات العصر...، والحوار كسبيلٍ للتفاهم واحترام حقوق الإنسان، وعلى رأسها الإعتراف بالآخر وبحقه بالحياة والديمقراطية، بوصفها بديلا عن الإنغلاق[1].

كما يلاحظ المؤلفون أن المجتمع الذي يتصف بالإنغلاق والجمود وعدم تمكين أبنائه من اكتساب ما هو جديد، يتصف بضعف إمكانات الأفراد، وتقييدها بالإنتماءات القبلية والقرابية التقليدية. وضعف معايير وقيم العمل والإنجاز مما يؤدي إلى أن تصبح شخصية الفرد تسلطية وغير خلاقة حيث يغيب النشاط الإبداعي والقيم العقلانية الرشيدة.

ويركز الباحثون على دور الجامعات في إكساب الشباب مجموعة من القيم والمهارات الإجتماعية التي تركز على الإنتاج والإنجاز من خلال المنهاج الدراسي، ومن خلال النشاطات اللامنهجية. ويشرح المؤلفون ذلك بقولهم: "وتضطلع الجامعات بدور كبير في تنمية المجتمع المحلي من خلال تشجيع الطلبة على الإنخراط في برامج العمل التطوعي لإكسابهم مهارات القيادة، وتقدير فهم الوقت، وقضاء وقت

---

[1] عبدالله عويدات، ومحمود قظام السرحان ، وريم مرايات ، دور الشباب في مواجهة الإرهاب، المحور التربوي، عمان، المجلس الأعلى للشباب، 2007؛ ص ص 20-21.

الفراغ بما هو نافع، وتشجيعهم على التوجه نحو العمل المهني والإعلاء من قيم العمل، ونبذ ثقافة العيب، وتدريبهم لإنشاء مشاريع إنتاجية صغيرة، وتوعيتهم بأهمية الأدوار التي يمكن أن يقوموا بها لتنشيط الحركة الإقتصادية والإجتماعية[1].

ويقوم محمد شومان في مقالته حول عولمة الإعلام ومستقبل النظام العربي بتحليل عناصر النظام الإعلامي العربي المعاصر، والتي تشتمل على:ملكية الدول لوسائل الإعلام، وتشابه السياسات الاتصالية، وعدم التوازن في انتشار تكنولوجيا الاتصال الجماهيري، والتبعية، وتشابه المضمون، ونوعية الجماهير(المتلقون). ويتعرض هذا النظام الإعلامي إلى كثير من التحديات، وبخاصة بعد أن أصبحت كثير من قوانين ونظم الرقابة على تدفق المعلومات عبر الحدود القومية مجرد نصوص فارغة، لا تأثير حقيقي لوجودها، بل أصبح مبرر احتكار الدول لبيئة الاتصال والمعلومات أمرا ينتمي للماضي البعيد. فقد كانت الدولة تتدخل في حقل الإعلام لمنع الاحتكار وتوظيف الإعلام في أدوار سياسية واقتصادية واجتماعية من خلال التحكم في موجات البث وقنوات التوصيل. لكن اليوم، ومع انفجار فضاء وسائل الإعلام، وأدوات التواصل، والأقمار الصناعية إضافة إلى حرية الأسواق والخصخصة، فإن إضعاف دور الدولة الإعلامي لصالح الإعلام الخاص المعولم يصبح حتميا.

---

[1] عبدالله عويدات وآخرون، دور الشباب في مواجهة الإرهاب، المحور التربوي، ص 25.

ويستنتج محمد شومان في نهاية مقالته المطولة [1] أن إحدى أهم إشكاليات مستقبل الإعلام العربي هو تراجع دور الدولة القطرية وتعاظم دور الشركات متعددة الجنسيات في وقت تعاني فيه شركات الإعلام العربية المملوكة للقطاع الخاص من ضعف هيكلي. كما تعاني فيه مؤسسات المجتمع المدني ومنظمات العمل العربي من ضعف مماثل. أي أن عولمة الإعلام تعني دخول الشركات متعددة الجنسيات بقوة كفاعل في النظام الإعلامي العربي على حساب بقية الفاعلين في هذا النظام ، وبخاصة الدولة ومؤسساتها، ومنظمات العمل الإعلامي العربي في جامعة الدول العربية. مما يثير مخاوف وتحديات تتعلق بمدى إستقلالية النظام الإعلامي العربي، وخصوصية الثقافة والهوية العربية، ومدى المساواة في حقوق الاتصال بين المواطنين، وحرية وتنوع المضامين الإعلامية، وهيمنة الإعلام والترفيه على وسائل الإعلام. وبناء على ذلك يرى شومان أن هناك حاجة موضوعية لأن يقوم كل طرف من أطراف النظام الإعلامي العربي بمراجعة دوره والتخلي طواعية عن بعض سلطاته، أو امتيازاته، وتطوير أدواته لتتماشى مع تحديات عولمة الإعلام. وهذا يتطلب أيضا مراجعة العديد من التشريعات والنظم المعمول بها في بعض الدول العربية، علاوة على تطوير وتفعيل منظمات العمل العربي المشترك. وإدماج الشركات العربية الإعلامية الخاصة في الأطر والمنظمات التابعة للجامعة العربية. بالإضافة إلى تشجيع ودعم منظمات ومؤسسات المجتمع المدني ذات العلاقة بالعمل

([1]) محمد شومان ، "عولمة الإعلام ومستقبل النظام الإعلامي العربي"، مجلة عالم الفكر، 28، العدد 2, ص ص 147 – 184، الكويت، المجلس الأعلى للثقافة والفنون والآداب، 1999، ص ص 180 – 181.

الإعلامي على جميع مستوياته، وذلك بهدف تدعيم نوع من المشاركة والرقابة الشعبية في النظام الإعلامي العربي. ولذلك لا غرابة أن نرى ثقافات البلدان النامية - ومن ضمنها البلدان العربية - تبدي مقاومة، أو ممانعة ملحوظة للثقافة الغربية الليبرالية. ويؤكد صاموئيل هانتجتون بشكل خاص على أن التفاعل المتزايد بين الحضارات الرئيسية في العالم الذي نشهده حاليا لا ينتج عنه ثقافة عامة سائدة بالرغم من أنه يسهل انتقال[1] الأساليب التقنية، والاختراعات، والممارسات بين الحضارات بطريقة أكثر يسرا، وسهولة من السابق. وهو يلاحظ أن الشعوب تعود للتمسك بتقاليدها القديمة، وهويتها الأصلية، وهي تستثمر تقنيات الإعلام والاتصال الحديثة - وهي من أدوات العولمة الأساسية كما اتضح سابقا - لتحقيق ذلك. كما يلاحظ أيضا تزايد الاهتمام برموز الهوية التقليدية مثل الكوفية، وغطاء الرأس، والحجاب، والصليب، والهلال. ولذلك جعل أطروحته الأساسية في هذا الكتاب حول أن الهويات الثقافية وحدات حضارية، وهي تشكل أنماط التماسك والتصدع والتصادم في عالم ما بعد الحرب الباردة. وهو بذلك يرد منتقدا على أطروحة فوكوياما مؤكدا أن الحضارة الغربية لا تغزو الحضارات الأخرى ولا تستطيع أن تحل محلها.

وقد أصبحت الثقافة العربية حاليا، وبفضل تقنيات العولمة، تقوم على جماهيرية الإعلام، وانفتاحه، وتعتمد الصورة لبث الرسالة الإعلامية وتنميط الإدراك من خلال وحدة الصورة، والخبر والمعلومة. فالمعلومة نفسها تبث مرات عدة مدعمة

([1]) صاموئيل هانتنجتون ، صدام الحضارات ، إعادة صنع النظام العالمي(مترجم)، القاهرة، دار الكتب المصرية، 1998، ص ص 24-39.

بالصور إلى فئات الجمهور لتحدث توحيدا وتنميطا في مشاعره ومواقفه تجاه الحدث. كما ازداد اعتياد الجمهور على الحوار، والنقاش، والاختلاف في الرأي في تناول القضية الواحدة. وبرزت في هذا المجال قناة الجزيرة، وقناة العربية وعدد من القنوات الفضائية اللبنانية. وأصبحت تتنافس في ذلك- وبخاصة أنها ناطقة باللغة العربية – مع القنوات الفضائية الأوروبية والأمريكية العريقة مثل BBC و CNN.

غير أن انفتاح الجماهير على الإعلام العالمي ما يزال محدودا بسبب عائق اللغة، وبسبب تكلفة اقتناء الدش، والريسيفر في عدد من البلدان العربية. تقوم هذه الجماهير بمشاهدة المحطات التلفزيونية الوطنية، وهي من خلال ذلك تتأثر أيضا بقضايا العولمة ومواضيعها وتقنياتها. ذلك أن هذه المحطات الأرضية تعتمد تقنيات الفضائيات العالمية وأساليبها حتى تستطيع أن تحقق درجة من المنافسة، والمهنية كما أن محتواها من البرامج في نسبة منه قد تصل إلى 20 أو 30% عبارة عن برامج أمريكية، أو أوروبية مدبلجة أو مترجمة. بالإضافة إلى المسلسلات التركية المدبلجة.

أما بين الطبقات الميسورة، والشباب، والحكومات ومؤسسات الأعمال والإنتاج، فإن الانفتاح الإعلامي كبير وملحوظ. وهو يقوم على مشاهدة الفضائيات، وبخاصة العربية منها بشكل كثيف، واستخدام الإنترنت في المراسلات، والتعامل، والعلاقات الشخصية. ويزداد تنميط الاتصال بين هذه الطبقات والفئات، ويوجه ذلك بالتالي طريقة تفسيرها للأمور وتناولها للقضايا، ومواقفها من هذه القضايا. وإعادة تبني الأساليب القديمة في التفكير وفي الحياة. ويرتبط بكل عملية من هاتين العمليتين مجموعات كبيرة من المنظمات الأهلية التي تمول وتدار من قبل الأهالي أنفسهم لتعبر عن أفكارهم، ومبادئهم، وتبشر بها بين الجماهير بموافقة ضمنية أو صريحة من

الدولة.

وتستفيد هذه المنظمات – حتى تلك التي توصف بأنها سلفية – مـن أدوات العولمة فتلجأ إلى استخدام الإنترنت، والموبايل، والكمبيوتر والبرمجيات لتنظيم عملها وزيادة كفاءتها في تحقيق أهدافها. ولكـن الملاحظ أن عملية تحديث الثقافة العربية، والسياسات المنبثقة عنها، والمنظمات التي تتبنى هـذا التحديث بـدعم مـن الحكومـات العربية هي التي تسود بشكل عام. كما تجد هذه العملية الدعم الكبير أيضا من المثقفين الليبراليين ورجال الدين المعتدلين ، والحركات النسوية العربية والإسلامية . غير أن هـذه العملية تقاوم من قبل المثقفين السلفيين، والمـنظمات الأهليـة السلفية التـي ينشئونها، والمنظمات والجماعات الإرهابية.

ويرتبط بهاتين العمليتين المتعارضتين استمرار الانشطار الثقافي في المجتمـع بـين ثقافة النخبة وثقافة الجماهير، وتكريس الانشطار في الهوية العربية وتدعيمه بـين هوية الجماهير وانتماءاتها الذاتية والتقليدية، وهوية النخبة وانتماءاتها المعولمة. وقد بـدأ هـذا الانشطار الثقافي منذ بدايات النهضة العربية في نهاية القرن التاسع عشرـ الميلادي، حـين طالبت مجموعـات مـن المفكرين ورجال الـدين ورجال السياسـة والحكم بالتحديث واستعارة الأنماط الثقافيـة الأوروبيـة لتنظيم الجيش، وتحديث الاقتصاد والإدارة. وقد اقتنعت بذلك أعداد كبيرة من فئات المجتمع وساروا خلف هؤلاء التحديثيين. وفي المقابـل دعت مجموعة أخرى من المفكرين ورجال الدين إلى ضرورة إغلاق الأبواب الثقافية أمـام الأنماط الثقافية الأوروبية، والمحافظة على العناصر الثقافية العربية والإسلامية. واقتنعت بـذلك أعـداد أخـرى مـن فئـات المجتمع، وبخاصـة بـين الطبقـات الفقـيرة، والـريفيين، والمتشددين، وساروا خلف هؤلاء السلفيين.

ودعت مجموعة ثالثة إلى التوفيق بين الأنماط الثقافية الأوروبية المفيدة وبين عناصر منتقاة من تراث الماضي الذي يحوي عناصر سلبية غير مفيدة لمواجهة متطلبات العصر. واقتنعت بذلك فئات أخرى من المجتمع وساروا خلف هؤلاء التوفيقيين. وبشكل عام يلتقي هؤلاء مع التحديثيين في رفضهم للتعصب والانغلاق.

ولعل العملية الثقافية المتعلقة بأخلاقيات العمل هي العملية الأكثر تأثيرا على الأفراد وعلى طريقة المجتمع في العمل والإنتاج. وقد استطاعت العديد من الدول مثل الصين واليابان، والنمور الآسيوية، وبخاصة كوريا الجنوبية، وتايلاند، وماليزيا أن تتبنى أخلاقيات عمل فعالة أدت أدوارا – إلى جانب عوامل أخرى سياسية واقتصادية وتقنية – ساعدت في تحقيق هذا الإنجاز الاقتصادي المبهر الذي حققته هذه الدول في فترة زمنية قصيرة. وتتضمن أخلاقيات العمل لهذه البلدان قيما ثقافية تشمل: إتقان العمل، وعدم الغش، واحترام النظام، والانضباطية، ورعاية الأسرة وكبار السن، والمثابرة والتفاني في العمل، وحب المال واحترامه. ويلاحظ القارئ تشابه هذه القيم مع القيم البروتستانتية (الكالفينية) التي أدت – وما تزال – دورا بارزا في النمو الاقتصادي السريع للبلدان الأوروبية والولايات المتحدة الأمريكية بشكل خاص وقد درست القيم البروتستانتية منذ وقت مبكر وتم رصد دورها في إحداث النمو الاقتصادي الغربي[1]، وبخاصة من قبل المفكر المعروف ماكس فيبر.

وأصبحت استعارة هذه القيم من قبل البلدان غير الأوروبية من الشروط

---

[1] H.H.Gerth and C.wright mills, From Max Weber, Essays in Sociology , Oxford, Oxford Univ. Press, 1976, and Max Weber, the Protestant Ethics and the Spirit of Capitalism, Transl by Talcott Parsons, 1947.

الضرورية لتحديث المجتمع وتحقيق النمو الاقتصادي. واستطاعت بلدان مثل اليابان، وكوريا الجنوبية، وعدد من البلدان الآسيوية الأخرى استعارة هذه القيم وإدماجها في ثقافتها الوطنية، واستثمار الديانة البوذية، وديانة الشنتو لإضفاء مسحة من القداسة على هذه القيم دعمت دورها بشكل كامل في إحداث النمو الاقتصادي في هذه البلدان[1].

واستطاعت ماليزيا أيضا – وهي دولة إسلامية تتضمن مجموعات سكانية كبيرة صينية وهندية غير مسلمة – أن تحقق هذا الدمج الناجح بين أخلاقيات العمل البروتستانتية والعناصر الثقافية الوطنية والدينية فيها. واستطاعت بالتالي أن تحقق درجة كبيرة من النمو الاقتصادي، والتحديث المجتمعي على النمط الرأسمالي والليبرالي. واستطاع المثقفون والفقهاء الماليزيون استثمار الدين في النمو الاقتصادي بتحويل التعاليم والقيم الدينية إلى أخلاقيات للعمل وإلى مؤسسات بيروقراطية حديثة. وقد عمل ماكس فيبر منذ وقت مبكر على رصد القيم البروتستانتية التي أدت دورا كبيرا في التحول الرأسمالي الغربي في كتابه المشهور (القيم البروتستانتية وروح الرأسمالية). وقام فرانسيس فوكوياما فيما بعد بمناقشة دور هذه القيم في عمليات التحديث الرأسمالي في عدد من البلدان الآسيوية، مستعينا في ذلك بكتابات عدد من الباحثين الذين حللوا عمليات التحديث المبكرة في عدد من البلدان الآسيوية، مبرزين قدرة هذه البلدان على دمج هذه القيم في ثقافاتها الوطنية وإعطائها طابعا محليا دينيا من خلال الديانتين البوذية والشنتوية.

---

[1] مجد الدين خمش ، الدولة والتنمية في إطار العولمة ، عمان ، دار مجدلاوي ، 2004، ص ص 172- 175.

أما تحليلات ماكس فيبر للدين الإسلامي وعلاقته بالاقتصاد فتتسم بأنها نقدية في مجملها، فهو يصنف الدين الإسلامي بين الأديان التي تبعد جهود الناس عن الحياة الدنيا وتوجهها نحو الحياة الأخروية، وهو فهم غير دقيق تشاركه فيه عدد من فئات الجماهير الإسلامية الذين يتنكرون للدنيا والنجاح المادي فيها ويركزون في أحاديثهم وحواراتهم وسلوكهم على الدار الآخرة والثواب الأخروي فقط. وهم في ذلك يبتعدون عن حقيقة الإسلام العظيم كما تتبدى في العديد من الآيات القرآنية الكريمة والأحاديث النبوية الشريفة التي تحض المسلم على النجاح في الحياة الدنيا إلى جانب النجاح في الحياة الأخرى. كما أن الدين الإسلامي يتضمن العديد من قيم العمل الفعالة وأخلاقياته، مثل عدم الغش، وإتقان العمل، وحسن التعامل مع الآخرين، والمثابرة والتفاني، والتصنيع. لكن المشكلة أن هذه القيم والأخلاقيات غير مفعلة وغير مجسدة في الواقع اليومي على شكل مؤسسات، وممارسات، وأفكار متداولة في الحياة اليومية للناس.

ويجد فيبر خلفية الأفكار التي أسهمت في تكوين الروح الرأسمالية في الغرب عند بعض الطبقات البروتستانية الكالفينية، وبخاصة في هولندا وتشمل الطوائف الميثودية، والمعمدانية، والتقوية، التي يتميز منهجها المعيشي بالتقشف الطهري، والسعي للخلاص الديني من خلال العمل والنجاح المهني.

وبالرغم من إدراك فيبر لأهمية التعاليم اللاهوتية النظرية والرسمية، فإن ما يركز عليه هو الحوافز النفسية النابعة من المعتقدات والممارسات الدينية والتي تجد تعبيرا لها في الانجاز الاقتصادي.

وقد تحولت هذه التعاليم الدينية - في بعض الأوساط الكالفينية في نهاية

القرن السابع عشر إلى بنية ذهنية، أو نمط للشخصية يجد معنى للدين والخلاص في النجاح الاقتصادي، ويحلل فيبر هذه البنية الذهنية إلى مكوناتها العقلية فيجد أولا أن هناك تفسيرا للقدر لدى هذه الجماعة وبالتالي اعتقاد ديني راسخ بأن أحكام الله نهائية وعصية على الفهم إلا من خلال علاقة إيمانية بين الفرد والخالق تؤدي إلى شعور بالخلاص والقرب من الجنة إذا استطاع الإنسان تحقيق النجاح المهني الذي يعطيه علامة على الخلاص من خلال الرضا الداخلي عن النفس النابع من إدراك الفرد أنه أصبح من المصطفين.

ويؤكد فيبر على أن اتباع الكالفينية بطوائفها المختلفة، كانوا مؤمنين بأن ما يقومون به من عمل ومن نشاط اقتصادي هو شكر لله. فمن خلال العمل يلبي المؤمن نداء الله، ويؤدي واجبه لتحقيق الخلاص الفردي لذلك كانوا يأخذون العمل بجدية تماما كما يأخذون العبادات الدينية الخالصة. وهكذا فإن مبدأ (أن العمل جزء من الدين)، وأن (من حق الفرد اختيار مهنة له أو عملا انتاجيا) كأن لهما اسهام واضح في انتاج النظام الرأسمالي القائم على حرية النشاطات الاقتصادية، وتحقيق الربح الذي كان يستخدم من جديد في الاستثمار لإنشاء مشاريع انتاجية جديدة. أضف إلى ذلك أن التفسير الديني لتحقيق الخلاص الذي ساد بينهم يؤكد على ان الحصول على رضا الله والشعور بأن الفرد سيدخل الجنة ارتبط بمدى نجاح الفرد في مهنته، أو مشروعة الانتاجي: فكلما نجح الفرد اقتصاديا، ومهنيا كلما شعر أنه من المبشرين بالجنة. مما يفسر مدى التزام الكالفينيين بالعمل ونجاحهم فيه. فقد ركزوا في جهودهم على العمل المتواصل الدؤوب، والضبط الذاتي للسلوك، واتباع الطرق المشروعة لتحقيق الأهداف، للتأكد من أنهم أصبحوا من المختارين لدخول الجنة.

ولمواجهة قلق الوجود المرتبط بالموت والحياة الأخرى فقد اندفع الكالفينيون بطوائفهم المتعددة نحو الاقتصاد، فأنشأوا مهنا جديدة، وطوروا في المهن القائمة، كما انشأوا مشاريع انتاجية جديدة، وتوسعوا بما كان قائما من مشاريع. وكلما ازداد النجاح المهني للكالفيني المؤمن كلما تيقن من أنه قد شكر الله ومجده بما يكفي لضمان خلاصه في الآخره، ودخوله الجنه مع المصطفين. ويفسر جوليان فروند ذلك بقوله:

"هكذا يكون العمل الأكثر فعالية تعبيرا عن مجد الله، ودليلا على الاصطفاء المبني على الحياة المعاشة بتقشف. نفسيا، يشكل هذا التعبير عن ثقة الله بواسطة النجاحات التي تكسبها للناس وسيلة لمقاومة قلق التفكير في الخلاص.

بتعبير آخر يرسخ النجاح في العمل الدعوة الشخصية ويفسر كتبرير للاصطفاء، لأن المصطفى وحده ينعم حقا بالإيمان الفعال. وعليه، لا يمكن للمرء أن يشتري خلاصه بأعمال خيرة فقط أو بأسرار، أنما يمتلك اليقين بذلك بفضل فعالية الإيمان التي يؤكدها نجاح أعماله المجده. في هذه الحالة لا يمكن إلا أن يعزز النجاح الاجتماعي حرمة السلوك الشخصي وأن يجعل من التقشف النهج الذي يضمن حالة النعمة. فاختيار الإيمان لا يتم بالزهد في الدنيا على طريقة المستغرق المتأمل، إنما بممارسة مهنة بجدية في العالم[1]".

كما أن قيمة التقشف الطهري بوحي من مكونات الذهنية الدينية الموجهة

---

(1) جوليان فروند ، سوسيولوجيا ماكس فيبر، ترجمة جورج ابي صالح بيروت، مركز الإنماء القومي، 1988، ص101.

للنجاح المهني تؤدي إلى ضبط النفس وعقلنة السلوك الفردي في الطقوس الدينية، وفي إدارة الأعمال بطرق طهرية. مما أدى إلى تميز الطهري المتدين في تنظيم المؤسسات، وانشاء المهن والأعمال. والثروة المتأتية عن النجاح في ذلك يجب حسب تعاليم الكالفينية، عدم إهدارها، او التمتع بإنفاقها، وإنما إعادة استثمارها في مشاريع جديدة بما ينتج مزيدا من زيادة الرضى النفسي للفرد، وترسيخ يقينه الديني بانه من المصطفين. وقد ولد هذا تيارا اجتماعيا، سلوكا عاما ومتكررا دعم الرأسمالية بإيجاد بيئة مواتية لنموها وازدهارها، وهو ما يبدو غريبا في الوقت الحالي حيث يقوم الرأسمالي بالانفاق من أرباحة بسعة للتمتع برغد الحياة. يوضح جوليان فروند ذلك بقوله:

"وان يكن الرأسماليون الحاليون قد خرجوا عن هذه الأخلاق فهذا لا ينفي أن يكون التقشف البروتستاني، المؤثر داخل المجتمع، قد قاوم في البدء التنعم بالثورات، محررا الأخلاق من جهة أخرى من المحظور التقليدي الذي كان يطال الرغبة في التملك والربح. ولكي تبقى للعمل صفته كتعبير عن مجد الله ، ينبغي استعمال الربح لغايات ضرورية ومفيدة ، أي إعادته إلى العمل على شكل استثمار. وهكذا انساق الطهري إلى تكديس الرأسمال باستمرار[1]".

وفي معرض تحليله للأديان الأخرى في الصين والهند لم يكن هدف فيبر الأساسي أن يعرض اللاهوت الأخلاقي لهذه الأديان بل أن يحلل المضمون النفسي- والبراجماني لهذه الأديان ودورها في تحفيز الافراد في مجال المهن والأعمال. ولا

(1) جوليان فروند، سوسيولوجيا ماكس فيبر ....ص101.

يكتفي فيبر بتحليل القيم الدينيـة وانمـا يحلـل أيضـا طبيعـة النظـام الاقتصـادي، ونمط السلطة، معتبرا الدين عنصرا واحـدا بـين عـدة عنـاصر متفاعلـة متكاملـة يمكـن أن تؤدي إلى نشوء الرأسمالية الحديثة. وتوصل فيـبر نتيجـة هـذه التحلـيلات إلى أن طبيعـة الدين في البلدان الشرقية، وضعف انتشار العقلانية فيها لم تمكننا هذه البلدان من تطوير رأسمالية خاصة بها، بالرغم من أنهـا أقـدم تاريخيـا مـن الحضـارة الغربيـة. بالإضـافة إلى انشغال هذه الأديان بالخلافات الداخلية بين الفرق الدينية التـي انقسـمت إليهـا. ويـرى فروند أن البيروقراطية الصينية استطاعت أن تعمر طويلا لارتباطها بالدين وما ينـتج عنـه من تقديس للتسلسـل البيروقراطـي. ويشـدد فيـبر عـلى الصراعات التـي بـددت الوفـاق الضروري لتكريس مجموعة من الاخلاق المتفق عليها والتـي يمكـن أن تتحـول إلى حـوافز نفسية للانجاز العملي.

ونتجت هذه الصراعات بشكل خاص عن فرقة الطاوية، وعن الملـل ذات الطـابع الصوفي، بالإضافة إلى تأثيرات البوذية القادمة من الهنـد، والـنظم الدينيـة فيهـا، وبخاصـة البوذية، والهندوسية، والمهايانية، والفيشنوية، بالإضافة إلى أساطير الفـوردو المقدسـة. وفي معرض تحليلة للعقلنة في الحضارة الهندية والصينية وهي لم تكن غائبة لكنها افتقـدت - كما أوضح فيبر- القدرة على ابتكار الأدوات التقنية، وعن امتلاك الوسائل المناسـبة للتـأثير في الاقتصاد وبخاصة أن الاقتصاد ينتمي إلى ميدان اليومي غير المقدس والذي يفسر سبب احتقار المتدينين في هذه الحضارات للنشاطات الاقتصادية. ويشرح فروند ذلك بقوله:

" هناك عقلانية كبيرة في التقشف البوذي، وحتى في الأرياف التقليدية على غـرار الكونفوشية التي كانت مذهبا عقلانيا للغاية، إذا ما تأملناها من الناحية المنفعية.

إلا أنه بالرغم من بعض التشابهات مع العقلانية الغربية، فقد لجمت هذه المذاهب المختلفة التطور الاقتصادي. ....بما ان كل هذه الشيع، والجماعات الدينية تدافع، بالإضافة إلى معتقد ديني مختلف، عن مصالح مادية وروحية إن هذا النضال من أجل احتكار الشرعية هو أكثر بروزا أيضا في الأديان الخلاصية. لأن الأمر يتعلق بإيضاح ما الذي يُخلص، أو يمكن أن يخلص منه المؤمنون وفي سبيل ماذا[1]؟".

من جهة أخرى استخدم فيبر مفهوم الزهد الدنيوي، والآخروي للمقارنة بين الاديان في مدى ارتباطها بالاقتصاد. وهو يوضح أنه بينما يؤدي الزهد الدينوي الذي ساد بين الكالفينين إلى توجيه السلوك نحو الحياة الدنيا، ونحو المهن والعمل، فإن الزهد الآخروي الذي ساد بين الرهبان البوذيين والطاويين في الصين يوجه السلوك نحو الحياة الأخرى، ويبعده عن الحياة الدنيا، مما يقلل من اقبال هذه الطوائف على العمل، والمهن والانتاج المادي، مكتفين بالتأمل، والزهد، والترفع عما هو مادي. فالبوذية بشكل خاص - كما رآها فيبر - تؤكد على احتقار النشاطات التي تؤدي إلى تحقيق غايات دنيوية مثل امتلاك الثروة، والمهارات المهنية، والإشباع الحسي، والجاه السياسي. أما الهندوسية - وهي الديانة التي سادت في الهند - فلم تشجع قيام طبقة من الرهبان، لكنها طورت نسقا فلسفيا للأخلاق يمكن اعتباره مؤشرا على الزهد الاخروي، ينظر إلى النشاطات الاقتصادية باعتبارها وهم زائل، مما قلل من اقبال الأفراد في الحضارة الهندية القديمة على الانجاز الاقتصادي، وعرقل نشوء

(1) جوليان فروند ، سوسيولوجيا ماكس فير ...، ص ص104-105.

رأسمالية قابلة للنمو والتطور[1].

وقد عمل المفكر العربي المعروف فهمي جدعان على تحليل النظم الفكرية- الإيدولوجية الكبرى المهيمنة حاليا على الثقافة العربية المعاصرة، المؤدية أدوارا أساسية في توجيه قرارات المجتمع، وسياساته، وسلوكيات الأفراد والجماعات فيه وهم يتفاعلون في حياتهم اليومية، ويتنافسون على موارد المجتمع وامتيازاته. وهذه النظم الفكرية المهيمنة التي يحللها جدعان هي: نظام الإسلاميين، ونظام العلمانيين، ونظام الليبراليين. وهو يقدم منذ البداية أطروحته الأساسية التي تقول: بالرغم من التعارض القوي بين هذه النظم الفكرية، إلا أن كلا منها في حقيقته الخالصة، النقية يدعو إلى التعددية، والتقدم، واحترام رأي الآخر. ويعود هذا التعارض - في رأيه – إلى ثقافة أصحاب هذه النظم، فكلا منهم يحتكم إلى ثقافة تاريخية تشكلت في فضاء النظم الفكرية نفسها في مسارها التاريخي الممتد عبر القرون، والبيئات، والعصور. كما ينتقد جدعان هذه النظم جميعها أيضا لأنها تحولت إلى إيديلوجيا أحادية، إقصائية، ولذلك فهي "... تصطدم بالمبادئ الأصلية للفلسفات التي تقوم عليها"[2] وبسبب هذه المثالب فإن هذه النظم غير قادرة على التفاعل الإيجابي فيما بينها لتنتج نظاما فكريا جديدا منفتحا ومعاصرا يبشر بتقدم الثقافة العربية وتطوير هوية الإنسان العربي، وضمان تنمية اقتصادية مستدامة.

---

(1) راجع أيضا: محمد أحمد بيومي، علم الاجتماع الديني ومشكلات العالم الاسلامي، الاسكندرية، دار المعرفة الجامعية، 2004م، ص ص 156-159.

(2) فهمي جدعان ، في الخلاص النهائي: مقال في وعود الإسلاميين والعلمانيين والليبراليين، عمان، دار الشروق للنشر والتوزيع، 2007، ص 46.

كما أن كلا منها منفردا غير قادر على تحقيق هذا الخلاص المجتمعي المنشود وذلك بسبب تصارعه مع النظامين الآخرين، ورفضه لطروحاتهما. ويقرر فهمي جدعان: "والحقيقة إننا هنا قبالة نماذج من النظم، كل شيء يفرض عليها أن تستجيب لما يمكن أن يطلق عليه نداءات الخلاص. وكل واحد من هذه النظم مدعو إلى أن يستمع إلى هذه النداءات؛ لأن الصدود عنها، واحتقارها، أو امتهانها لن يترتب عليه إلا استمرار السير في الطرق التي لا يمكن أن تفضي إلى شيء، أو أن تفضي إلى طرق مسدودة"[1].

وللوصول إلى هذا النظام الفكري الجديد المستمد مما هو مشترك بين النظم الفكرية الثلاثة يبدأ فهمي جدعان رحلته في هذا الكتاب عبر مئات الصفحات ليقدم تركيبا متناغما من جملة المبادىء والقيم والرؤى المطروحة في كل نظام منها، بحيث يكون هذا النظام الفكري الجديد موضع قبول، أو نقاش، أو تداول بين المعنيين بمسألة الخلاص النهائي بهدف التوصل إلى حالة من الفعل التضافري، الحيوي، المؤثر بين جملة العناصر التي يمكن اشتقاقها.. فعل مستند إلى مجموعة من المبادىء والأفكار والقيم الموجهة لحياتنا حاضرا ومستقبلا، لا نظاما إيديولوجيا صارما مغلقا.

والمنهج الذي يستخدمه جدعان لتحقيق أطروحاته هذه منهج تفكيكي - تجسيري - فهو أولا يفكك كل نظام من النظم الفكرية الثلاثة التي يتعامل معها إلى عناصره النقية الخالصة من الشوائب السياسية والتاريخية، ثم يعمل على جسر الهوة

---

(1) فهمي جدعان، في الخلاص النهائي، ص 33.

بينها من خلال استثمار ظاهرة الديمقراطية، وهي هنا ليست فقط صندوق الاقتراع - أو بما هي تكنولوجيا سياسية أو طريقة في الحكم - فهذا غير كاف لجسر الهوة بين هذه النظم، وإنما هي "... كمشروع اجتماعي يهدف إلى النمو، والتطور، والخير الجمعي لكل المواطنين، فهو السبيل إلى التقدم والرفاهية"[1] أو بتعبير آخر المطلوب ثقافة الديمقراطية بما تحتوي عليه من مبادىء وقيم إنسانية عامة مثل: التعددية، والحرية، والمساواة، والتسامح، والمساءلة، والمرونة، وتداول السلطة، والحلول العملية وليس الغيبية للمشكلات الحياتية، واحترام إبداعات الثقافة الإنسانية في كل مكان. ويلاحظ جدعان أن هذه المبادئ والقيم متضمنة في نظم الأفكار التي يحللها، والتي جرى التعتيم عليها خلال مسيرتها التاريخية. وحين يتم استيعاب هذه المبادىء والقيم وتمثلها من قبل المواطنين العرب والمسلمين في أقطار العالم العربي والإسلامي يبدأ تحول هذه المبادى، والقيم إلى طريقة حياة للناس تحقق التقدم والتطور. ويشرح جدعان ذلك بقوله:

"وفي الثقافة الديمقراطية يقبل الجميع مبدأ مساواة جميع المواطنين أمام القانون وأن الشعب ذو السيادة المكون من أفراد متساويين رغم تنوعهم يمارس فعليا كفاياته وقدراته السياسية ويحترم تعدد الآراء والإرادات للمواطنين الآخرين، ولا يقبل بمبدأ عزل المخالفين أو إقصائهم، سياسيا أو اجتماعيا أو دينيا. فإن الوجود الدائم للديمقراطية يتعلق بتكوين كتلة من الرجال والنساء العازمين على أن

[1] فهمي جدعان ، في الخلاص النهائي ... ص 48.

يفرضوا معا سيادتهم وإرادتهم بما هم مواطنون"[1].

لكن هناك بعض الملاحظات على طروحات جدعان المهمة و هي ما يلي:

- منهجية التجسير الفكري: يستثمر فهمي جدعان هذه المنهجية الفعالة في كتابه هذا بحيث تمكن من الوصول إلى ما هو أصيل من مفاهيم وأفكار بين النظم الفكرية - الإيديولوجية الثلاثة التي يحللها - بالرغم من تعارضها وتصارعها - لتقديم منظومة فكرية إيديولوجية جديدة مستمدة من نظم فكرية متنافسة، أو متعارضة تستدمج الديمقراطية كثقافة أساسية لهذه المنظومة الجديدة.

- العولمة وتحرير الاقتصاد العربي: لم يعط فهمي جدعان اهتماما كافيا للعولمة وما تؤدي إليه من تحرير للاقتصاد العربي وربطه بالاقتصاد العالمي، وما يرتبط بهذا التحرير من حرية لحركة رأس المال، والأفكار، والأشخاص، مما يؤدي إلى النمو الاقتصادي والتطور الاجتماعي. وتوضح التحليلات الحديثة والعولمة وهي تدعم النظام الفكري الليبرالي في المجتمع العربي والعالم، تؤدي أيضا - وكنتيجة غير متوقعة - إلى تزايد انتشار الجماعات الدينية المتشددة، وما تدعو إليه من أفكار ، ومبادىء إقصائية متطرفة.

- نظم فكرية - إيديولوجية فرعية: يركز فهمي جدعان في تحليلاته في هذا الكتاب على النظم الفكرية - الإيديولوجية الكبرى في المجتمع، ولكن هناك

(1) فهمي جدعان، في الخلاص النهائي ... ص 52

نظـم فكريـة – إيديولوجيـة فرعيـة مثـل النظـام الفكـري القرابـي (القبلـي والعشائري). وهذا النظام لا يقل في هيمنته وتأثيره على مفاهيم وسلوك الأفراد، وعلى قرارات المجتمع في بعض المجتمعات العربية عن النظم الكبرى التي يحللها فهمي جدعان. كما أن هذا النظام القرابي يدخل أحيانا في تعارضات مـع النظـم الفكريـة الأخرى في المجتمـع العربـي، وهـو يستثمر الديمقراطيـة أيضا بوصفها تكنولوجيا سياسية لزيادة موارده وامتيازاته.

– تعميم المشروع الفكري بين الجماهير: يطرح الكتاب مشروعا فكريا رصينا ومتجانسا، يقف على أرضية مشتركة بالنسبة للنظم الفكرية المهيمنة في المجتمع العربي. ويمكن لهذا المشروع إذا ما تم تبسيطه، ثم نشره وتعميمه واستيعابه من قبل فئات المجتمع، إضافة إلى الحكومات أن يـؤدي إلى نتائج مهمة في تطوير المجتمع العربي وتقدمه، وبخاصة إذا ما تم تبنيه من قبل المثقفين، ومؤسسـات الإعلام، ومنظمات المجتمع المدني. والأهم من ذلك كله إذا ما تم تبنيـه مـن قبـل سلطة سياسية حاكمة بحيث تعمل على إنشاء المؤسسات، والآليات التشريعية المناسبة لنشره، وتعميمـه، ومتابعـة الالتـزام بمبادئـه بحيـث يتحول إلى قيم، ومبادىء يتمثلها الأفراد في سلوكهم اليومي، وتشريعات تقوم عليها المؤسسات.

ولعل (رسالة عمان) وما تمثله من طرح معتدل للإسلام تساهم في هذا التعمـيم لمبادىء التسامح، والحرية، والاعتدال، والتنمية المتوازنة، وقد بـدأت رسالة عـمان كبيان مفصل أصدره جلالة الملك عبد اللـه الثاني، إلى نخبة من علماء الدين الإسلامي في رمضان عام 2004، وأوضح البيان حقيقة الإسلام العظيم، وأي

الأعمال تمثل الإسلام، وأيها لا تمثله وبخاصة أعمال التطرف والتكفير. ومثل البيان رسالة سامية إلى العالم قوامها الإخلاص لله، وجوهرها الاعتدال والسلام في التعامل مع الناس. وتتضمن البيان أسئلة أساسية ثلاث مرتبطة باستقرار المجتمع وتطوره الاقتصادي، وهي:

1- من هو المسلم؟

2- وهل يجوز التكفير؟

3- ومن له الحق أن يتصدى للإفتاء؟

وفي تموز عام 2005م عقد مؤتمر دولي إسلامي في عمان، شارك فيه 250 من العلماء المسلمين المعروفين يمثلون أكثر من 80 بلدا. وأصدر هؤلاء العلماء أحكاما وإجابات على هذه الأسئلة الثلاثة أصبحت تعرف فيما بعد بـ (رسالة عمان). وأوضح هؤلاء العلماء أن المسلم كل من يتبع أحد المذاهب الإسلامية من أهل السنة والجماعة، والمذاهب الأخرى المعترف بها فهو مسلم، ولا يجوز تكفيره، ويحرم دمه وعرضه وماله.

أما ما يتعلق بالإفتاء فقد أوضح العلماء أنه لا يجوز لأحد أن يتصدى للإفتاء دون أن يكون مؤهلا لذلك كما يتحدد من خلال المذاهب الإسلامية، ولا يجوز الإفتاء دون التقيد بمنهجية المذهب الذي ينتمي إليه المفتي. ولا يجوز لأحد أن يدعي الاجتهاد، ويستحدث مذهبا جديدا، أو يقدم فتاوى مرفوضة تخرج المسلمين عن قواعد الشريعة، وثوابتها، وما استقر من ثوابتها. والإجابة على هذه الأسئلة الثلاثة واعتمادها من قبل علماء الأمة يوفر للمسلمين قاعدة للوحدة، وحلا للتنازع الذي قد

يحدث بين المسلمين. كما يوفر لغير المسلمين مثل هذا الحل السلمي للتنازع. وتعنى بالضرورة الحفاظ على الضوابط، ووسائل الرقابة الداخلية في الإسلام. وبهذا يمكن ضمان وجود حلـول إسلامية سلمية ومتوازنة لقضايا اجتماعية معاصرة مثل حقـوق الإنسان، والموقف من الغير، وحرية الأديان وحوار الحضارات، والمساواة الجندرية، كما أنها تعري آراء الأصوليين والمتطرفين والإرهابيين غير المقبولة مـن وجهة نظر الإسلام الحقيقـي. ومثل هـذه الآراء المتطرفـة تسيـء إلى الإسـلام العظيم وحقيقتـه المعتدلـة المتسامحة ودعوته لإعمار الكون. مما يجعل الحـوار بين الأديان والتفاهم بين أتباعها ضرورة ملحة لتكريس قيم التعايش والتفاهم المشترك بين أبنائه ومواطنيه، وبينهم وبين اتباع الديانات المختلفة. ليعيشوا ضمن منظومـة مـن قيـم المـودة، والتعـاطف، والتراحم انطلاقا من مفهوم الأسرة الواحدة التي رعاها الهاشميون دوما بما يمثلون مـن التزام مخلص بمبادىء الإسلام الحنيف المتسامحة، وقيم العروبة بسموها ونقائها، وتقبل الآخر الحضاري واحترام قيم الأديان الأخرى، وحث الأفراد على العمل والإنتاج والإعمار.

وكان جلالة الملك عبد اللـه الثاني قال في الكلمـة التي ألقاها في مقر الأمـم المتحدة في مؤتمر حوار الأديان في 2008/11/12م "إن الحوار بين الحضارات ليس ترفا، بـل ضرورة وهو الذي يهدد الاستقرار العالمي"

وتعتبر رسالة عمان بعد أن أجمع عليها علماء الأمـة واتفقوا على اعتمـاد مضامينها السمحة إنجازا تاريخيا للأردن رعاه جلالة الملك عبد الله الثاني، ويتابع جلالته تنفيذ مراحل هـذا الإنجاز مـن خلال وسائل عمليـة تشمل مـا يلي: المعاهدات بين المسلمين، والتشريعات المحلية والعالمية التي تستفيد من المحاور الثلاثة لرسالة

عمان، للتعريف بوسطية الإسلام، وعدم إجازته للتكفير، والاستفادة من وسائل الإعلام المختلفة لنشر رسالة عمان ورقيا والكترونيا وإدخال تدريس رسالة عمان في المناهج الدراسية الجامعية في أنحاء العالم، وجعل رسالة عمان ومضامينها جزءا من برنامج التدريب لأئمة المساجد، واعتمادها في خطبهم، ومواعظهم، ودروسهم الدينية، بما يشجع على التسامح والحوار الثقافي بين المسلمين وبينهم بين اتباع الديانات الأخرى..

العولمة الثقافية والتيارات النسوية العربية والإسلامية

في كتابه الجديد الذي صدر عن الشبكة العربية للأبحاث والنشر في بيروت، في بداية عام 2010 الحالي يعود المفكر العربي المعروف فهمي جدعان ليؤكد الفرق بين الثقافة الدينة والدين الخالص. وهي ثقافة تكونت عبر العصور التاريخية بتأثير من الظروف السياسية والاجتماعية، والرؤى الشخصية لبعض النخب الإسلامية حيث أحاطت هذه الظروف والتأثيرات بالدين الخالص وأدت إلى نشوء تفسيرات متنافسة للدين تخضع للمصالح السياسية، هيمن عليها التفسير البطريقي (أو الذكوري- الأبوي) الذي أقصى- المرأة، وهمش مكانتها في المجتمع الإسلامي [1].

وباستثمار منهج هيرمينوطيقي تأويلي يقوم على الفهم والتأويل للنصوص الدينية المقدسة في إطارها الشمولي العام يتضح أن الدين الخالص بمبادئه السمحة وتأكيده على العدالة الاجتماعية، والمساواة الوجودية بين الرجل والمرأة يمكن أن

---

[1] فهمي جدعان ، خارج السرب: بحث في النسوية الإسلامية الرافضة ومناخات الحرية، بيروت، الشبكة العربية للأبحاث والنشر، 2010، ص ص 36-37 .

يكون المدخل المناسب لتخليص المرأة المسلمة مما أصابها من تهميش وظلم تاريخيين، ويمهد من خلال التشريعات ووسائل الإعلام لتغيير اتجاهات وقيم الذكور، ومدركاتهم بما يدعم حقوق المرأة المسلمة في المساواة والعدالة، والتي تنص عليها الآيات القرآنية في أكثر من موضع.

ويشرح فهمي جدعان عناصر هذا المنهج التأويلي الذي أستثمر من قبل عدد من المفكرات المسلمات والعربيات - ومن بينهن عالمات دين أوإلهيات جامعيات، وعالمات اجتماع ومفكرات كالمغربية فاطمة المرنيسي- والباكستانية رفعت حسن، والإيرانية زيبا مير حسيني، والأفروـأمريكية أمينة ودود، والباكستانية أسماء برلاس - لتدعيم حقوق النساء بالرجوع إلى القرآن نفسه وإعادة قراءته ليتبين تحيز القراءة التقليدية الذكورية للقرآن، وهو ما كرس في التاريخ الإسلامي أفضلية الرجال وهيمنتهم على مقدرات المجتمع، وأدى إلى استبعاد النساء من المجالات الدينية والعامة، ومن فضاءات الديمقراطية والشورى، والمشاركة العامة التي ضمنها الدين الحنيف. وقد دعمت هؤلاء المفكرات مناهجهن في الاجتهاد، باستخدام المناهج والآليات اللسانية، والتاريخ والتحليل الأدبي، وعلم الاجتماع، والأنثروبولوجيا، مؤكدات ضرورة الكف عن اللجوء إلى الفهم الحرفي الظاهري للنص الديني، ومشددات على رد النص، أو إعادة وضعه في سياقه التاريخي. ويلاحظ جدعان أن الإسلام في الوقت الراهن قد أصبح معولما فهو منتشر في أغلب بقاع العالم، ويستخدم تقنيات العولمة المادية لطرح مبادئه وأفكاره، ويحظى باهتمام إعلامي كبير تناقش، وتحلل طروحات الإسلام وقضاياه يوميا. كما إن الصراع بين الإسلام المعتدل والإسلام المتشدد للجماعات الأصولية المسلحة أصبح أيضا جزء من اهتمام

العالم في الشرق والغرب. إضافة إلى أن الإسلام المهاجر في البلدان الأوروبية بشكل خاص أصبح يستثمر مناخات حرية التعبير الواسعة في هذه البلدان لتقييم الطروحات الإسلامية القديمة الراسخة والمتعارضة أحيانا. ويؤدي ذلك كله إلى دعم وترسيخ الحركات النسوية الاسلامية، وزيادة الاهتمام الإعلامي بها.

أما بالنسبة للنسوية الإسلامية بشكل خاص فيلاحظ جدعان أن المظالم الاجتماعية التي تلحق بالنساء في بلدان إسلامية فقيرة مثل بنغلادش، والصومال، وأفغانستان، والتي تشمل على سبيل المثال وليس الحصر ـ الطلاق التعسفي، والزواج القسري، والجرائم الأسرية ضد النساء، والختان، والافتئات، والتمييز والتفاوت بحق النساء. وحيث أن مثل هذه الممارسات الاجتماعية تدعم التعسف البطريقي الذكوري في هذه البلدان فإن ذلك يدفع ببعض المفكرات من النساء المسلمات مثل: إرشاد منجي، وتسليمه نسرين، وإيان حرسي، ونجلاء كيليك، وأمينة ودود، وأسماء برلاس، ورفعت حسن إلى التأفف، والشكوى، والرفض. وأتاحت مناخات حرية التعبير التي تميز الغرب، وتقنيات العولمة الإعلامية والمعلوماتية، وبخاصة الفضائيات الإعلامية، والإنترنت السبل الوافرة لهؤلاء الرافضات من النساء لكي يشاركن في المؤتمرات الدولية، وبخاصة (مؤتمرات اليونسكو عام 2007م) للوصول إلى مكانات ثقافية مرموقة في هذه البلدان بحيث أصبحن، وأصبحت طروحاتهن محط اهتمام الدوائر النسائية والثقافية والإعلامية الغربية. وبخاصة وأنهن شاركن خلال هذه الطروحات في الهجوم الفقهي- الإيديولوجي ضد الجماعات الإسلامية المتشددة مثل تنظيم القاعدة، وأصبح ينظر إليهن من قبل الدوائر الغربية على أنهن من المشاركات بقوة في (الحرب على الإرهاب). فحظين نتيجة لذلك كله بدعم

سياسي وإعلامي كبيرين في بلدان غربية متعددة.

ويمكن القول أنهن يشكلن نسوية إسلامية، بمعنى أنهن يستخدمن منهجا هيرمينوطوقيا في إعادة قراءة التاريخ الإسلامي والنصوص الدينية وتأويلها وتأسيس حقوق النساء والمساواة من خلالها. فضلا عن تحديد معالم رؤية تحررية نسوية مستمدة من القرآن والأحاديث النبوية بحيث لا تخرج أصحابها أو صاحباتها من حدود الدين والإيمان. فإقبال النساء على التعليم والدراسات العليا، والعمل خارج المنزل، والمشاركة في قضايا المجتمع وشؤونه العامة، وإقبالهن على قراءة الكتب والمؤلفات الإسلامية التي أصبحت تغزو المكتبات في العالم الغربي والعربي أتاح لهن فرصا كبيرة للتعمق في المصادر الإسلامية، وبخاصة في البلدان الغربية. وبسبب المشكلات الخاصة بالأقليات المسلمة في بلاد الغرب، وضغوطات الاندماج في المجتمعات المضيفة، والتوترات التي تصب الأسرة وعلاقاتها في هذه المجتمعات، ولجؤ الرجال إلى التفسيرات الدينية السائدة والتي تصب في مصلحتهم في الدرجة الأولى، وتؤدي إلى تهميش النساء، كل ذلك جعل النساء المثقفات تتفكرن في المسلمات الثقافية القديمة، وبخاصة أنها قد تتعارض مع واقعهن الجديد، وإنجازاتهم التي قد تتفوق في بعض الأحيان على إنجازات عديد من الرجال.

وبدأت عديد من هؤلاء النسوة ينتقدن بشكل صريح الممارسات القاسية العقيمة ضد النساء المسلمات في بلاد المهجر، وفي بعض البلدان الإسلامية الفقيرة. فبالإضافة إلى الممارسات القاسية بحق الأطفال تحت ستار التربية، وإدعاء الرجال أن الدين يسمح لهم بذلك، هناك ممارسات تعسفية أيضا بحق النساء، ترجع إلى التفسيرات البطريقية الذكورية للإسلام، لا إلى الإسلام نفسه ـ وهو دين العدالة

والمساواة. ذلك أن البنية البطريقية للمجتمع العربي ولكثير من المجتمعات الإسلامية فرضت على الإسلام خلال مراحله التاريخية نمطا ذكوريا سلطويا، رسخ بعض المواقف والممارسات المتحيزة ضد المرأة المسلمة، وبخاصة التميز بين الرجل والمرأة، وتفضيل الذكور، والطلاق التعسفي، والزواج القسري، وغبن النساء في التعليم والعمل، والمشاركة في الحياة العامة، والقسوة مع الأطفال تحت ستار التربية.

من جهة أخرى عملت عوامل جاذبة في بنية المتجمع والثقافة في الدول الغربية على تدعيم هذا التوجه النقدي لأوضاع المرأة المسلمة لدى هؤلاء النسويات. فوسائل حرية الرأي والتعبير والقيم، والمؤسسات التي تقف خلفها، ومناخات الحرية والانفتاح، وتقنيات العولمة، وبخاصة الفضائيات والإنترنت، ورسوخ الفكر الليبرالي، والعلمانية، إضافة إلى قوة تأثير منظمات المجتمع المدني النسوية تعمل جمعها على دعم تزايد انتشار هذا التيار النسوي. أضف إلى ذلك فإن اصطدام هذا التيار النسوي إيديولوجيا وفقهيا مع الحركات الإسلامية المتطرفة يوفر لها مزيدا من الدعم الإعلامي والسياسي في البلدان الغربية. وبالتالي يصبح من الضروري دراسة وتفهم هذا التيار النسوي الصاعد في انتشاره وتزايد قوته، ويشرح فهمي جدعان ذلك بقوله:

"تلك آراء أو عقائد أو أوهام، سائرة... لم يعد ثمة قبل لأحد أن يخفيها... وليس ثمة اليوم وغدا مجتمعات أو حدود مغلقة. والحرية الفكرية تفرض أحكامها في كل مكان، وليس لها من راد سوي الحرية الفكرية النقدية أو المضادة، والفهم والعلم والشفافية، والصدق.. الاختلاف واقع صارم مرير، ولا علاج له إلا بالمعرفة والوعي والمناقشة والنظر النقدي. وحين يتعلق الأمر بقضايا الإسلام ومشكلاته

ومصائره تصبح المعرفة والجـدل النقدي والمكاشـفة هـي بـدائل الإفتـاء الحـاد الأقصى-
والتحريم، والاحتقار، وإقصاء المخالفين أو مناصبتهم العداء الذي لا يرحم [1].".

ويتضح من تحليلات الكتاب إن النسـوية الإسلامية المعـاصرة تتكـون مـن ثـلاث
اتجاهات رئيسية يقف كل منها موقفه الخاص من الدين والثقافة الدينية، ليؤسس لنمط
جديد من العلاقات الجندرية يضمن العدالة بين الجنسين وحصول المرأة على حقوقها في
مجتمع ليبرالي متقدم قائم على العدالة. وهذه الاتجاهات النسوية الثلاثة هـي: النسوية
الإصلاحية، والنسوية التأويلية، والنسوية الرافضة. أما منظور النسوية الإصلاحية – والـذي
رافق بـدايات عصر- النهضة - فيمثله رفاعة الطهطاوي، ومحمد عبـده، وخـير الـدين
التونسي، وقاسم أمين، وليلى أحمد (التي كانت تتوجه إلى ضرورة تعليم المـرأة)، وزينب
فواز التي بشرت بعدد من المطالب الأخرى لإنصاف المرأة بحصولها على حقوق المشاركة
السياسية، وملك حسني ناصيف، ونظيرة زين الدين. كما تشكلت في هـذه المرحلـة عـدة
جمعيات نسائية لتدعيم هذه المطالب بالدعوة والتنوير من خلال المحاضرات، والمجـالس
الأدبية، وكتابة المقالات الصحفية.

أما النسوية التأويلية فقد برزت مـع عالمـة الاجتماع المغربيـة فاطمـة المرنيسي-
والطبيبة العربية نوال السعداوي، وطارق رمضان ورفعت حسن، وفاطمـة بـرلاس وأمينـة
ودود في عدد من بلدان المهجر في الغرب. وتعتبر المرنيسي أول مـن أبـرز نسـوية إسلامية
قائمة على التأويل وإعادة قراءة النصوص والواقع التاريخي

---

[1] فهمي جدعان، خارج السرب: بحث في النسوية الإسلامية الرافضة وإغراءات الحرية، ص، 16.

للتأسيس لحصول النساء على حقوق متساوية وعادلة. ذلك أن في القرآن الكريم من آيات العدالة الاجتماعية المتعلقة بالنساء قدرا أكبر بكثير من أي نوع آخر من العدالة. وقد وضع القرآن القواعد الأساسية لحقوق الإنسان التي تضمن المساواة بين جميع البشر. فالتفاوت بين الناس، وكل أشكال التمييز، وعدم المساواة بين الرجل والمرأة تعود إلى ظروف تاريخية وثقافية من صنع الإنسان، وليس من صنع الدين.

ويؤكد هذه المنظور على أن حقوق النساء جزءا من الحقوق الإنسانية العامة التي تضمن تعزيز حرية الدين، والتعبير، والتعلم والعمل، والعيش بكرامة وأمان. وأن النساء في التاريخ الإسلامي كان لهن أدوارا مفصليه في تدعيم الدين الإسلامي ونشره، و تمكينه؛ وبالتالي فإن الإسلام لا يضطهد النساء، وإنما القراءة الذكورية له هي التي تفعل ذلك.

أما ما يتعلق بوضع الجاليات الإسلامية في البلدان الأوروبية فيرى أقطاب هذا المنظور، وبخاصة طارق رمضان، ورفعت حسن أن من المهم اندماج المسلمين في هذه المجتمعات في مجالات تعلم اللغات الأوروبية والحصول على التدريب المهني، والعمل، والمشاركة السياسية مع الاحتفاظ بثوابت الهوية والخصوصية الإسلامية. ويمثل هذا الموقف بشكل خاص طارق رمضان في كتابه "المسلمون في الغرب". بالإضافة إلى رفعت حسن، وأمينه ودود، وإرشاد منجي.

أما النسوية الرافضة فإنها ترفض بعض طروحات الدين كما ترفض الثقافة الدينية، وتدعو للاندماج الكامل للأقليات المسلمة ونبذ النقاب والحجاب، ونشر العلمانية في المجتمعات الإسلامية القائمة على فصل الدين عن السياسة. وتستخدم ممثلات هذه التيار طريقة العنف اللغوي لمهاجمة الحركات الإسلامية المتطرفة،

ومهاجمة الظلم السياسي والاجتماعي للمرأة في البلدان الإسلامية غير العربية، والدعوة إلى العلمانية التامة لضمان المساواة في الحقوق بين جميع المواطنين. ويمثل هـذا الموقف بشكل خـاص البنغالية تسليمة نسرين، بالإضافة إلى الصـومالية إيان حـرسي علي، والأوغندية إرشاد منهجي، والتركية نجلاء كيليك.

وبعد تحليل متأن لطروحات كل منظور نسوي من هذه المنظورات الثلاثة ينتقد جدعان المنظور النسوي الرافض، ويتعاطف مع المنظور التأويلي الـذي يسعى للتأسيس لحقوق النساء بالاعتماد علـى القرآن والسنة. ففـي القرآن الكريم مـن آيـات العدالة الاجتماعي المتعلقة بالنساء قدرا أكبر بكثير من تلك الخاصة بأي نوع آخر مـن العدالة - كمـا أشير من قبـل. وقد وضع القرآن القواعد الأساسية لحقوق الإنسان التي تضمن المساواة بين جميع البشر [1]. وبالتالي فإن التفاوت، وأشكال التمييز، وأشكال عدم المساواة بين الرجل والمرأة تعود إلى ظروف تاريخية وثقافية. ويرقي ذلك إلى مرتبة منظور نسوي إسلامي إنساني جدير بـالزمن الـراهن وحاجاته، ومتطلباته. ويؤكد جدعان ـ إن مـنهج إعادة القراءة والتفسير أو التأويل لطالما كان النبراس الهادي في مقاربـة قضايا الإسلام في الأمس واليوم والغد.

وينتقد جدعان المنظور النسوي الرافض لكنه يحلل العوامل التي جعلتـه ممكنـا، ومسموعا، حين يؤكد:

"تجسـد نسـويات الـرفض للإسلام إفرازا مـن إفرازات الحريـة في الفضاءات المفتوحة، وتعرض مثالا صارخا لما يمكن أن يصدر عن تيار منحصر اليوم في

---

[1] فهمي جدعان، خارج السرب ... ، ص 53.

الفضاء الحر من مدينة الإسلام الكونية ـ يجرؤ على مساءلة النص الديني على نحو غير مألوف، بل صادم. لكن هذه الموجه ـ التي يعزز من أمرها، بكل تأكيد، النفاق الغربي، إذ يخص رموزها بالدعم والترويج والتكريم ـ يمكن أن تشتد وتتعاظم إذا لم تقابل بالتعايش والحوار بنهج عقلاني سليم"(1)

العولمة الثقافية وتدعيم التيارات النسوية العربية والإسلامية

تلتقي تحليلات الكتاب مع مقولات نظرية العولمة والعولمة الثقافية في إدراك دور العولمة الثقافية الطاغي بمضمونها الليبرالي، وتقنياتها المتقدمة، وبخاصة الفضائيات الإعلامية، ومواقع الإنترنت، وحرية التجارة وفتح الأسواق بين الدول بحيث أصبح العالم كله سوقا واحدة للمنتجات المادية والمنتجات الثقافية على حد سواء. ويرتبط بذلك مواجهة البلدان ذات الخصوصية الثقافية الحساسة بالتحدي لسيادتها الثقافية على مواطنيها. فالفضاء المعلوماتي لم يعد حكرا لسيطرة السلطات السياسية في هذه البلدان، وإنما أصبح مفتوحا على مصراعيه بلا حدود بفضل تزايد انتشار الفضائيات، ومواقع الإنترنت. مما يضطر الدولة في هذه البلدان للقبول بدرجة من المشاركة في السيادة الثقافية على مواطنيها مع قوى ومؤسسات عالمية وإقليمية ، بالإضافة إلى الشركات متعددة الجنسيات المهيمنة في مجالات الإعلام والاتصال.أما تأثير كل ذلك على النسوية الإسلامية فكان بارزا في فصول الكتاب حيث يتضح إن فضاءات الحرية في المجتمعات الغربية التي لجأت إليها عديد من النسويات المسلمات والانفتاح الإعلامي فيها فتح المجال واسعا أمامهن للعمل والتنقل

---

(1) فهمي جدعان، خارج السرب ... ، ص 251.

بحرية، ونشر ومناقشة أفكارهن وآرائهن على أوسع نطاق ممكن.

والواقع أن العولمة الثقافية والظروف السياسية المصاحبة للحرب على الأرهاب يمكن أن تدعم هذه التيارات الفكرية وتزيدها حدة . مما يستدعي- كما يطالب مؤلف الكتاب- بالعمل على مناقشة وتقييم هذه التيارات والرد عليها بعقلانية في مناخ من الحرية والهدوء.

الاندماج الاجتماعي في البلدان الغربية المضيفة والنسوية الإسلامية

يواجه العديد من الشباب المسلم في فرنسا، وهولندا واستراليا وكندا وإيطاليا، واليونان، وعديد من المجتمعات الأوروبية الأخرى مشكلة العيش في المجتمعات المضيفة، والتعامل مع ثقافة جديدة غير مألوفة لهم من قبل مما يضع هؤلاء الشباب في موقف صعب، كما يؤدي إلى اتجاهات وممارسات سلبية نحوهم من قبل المجتمعات المضيفة. كما تنتشر بين قلة من هؤلاء الشباب أحيانا بعض الحركات الدينية المتشددة التي تحذرهم من مغبة الاندماج في المجتمعات المضيفة وتطالبهم بالانعزال عن هذه المجتمعات، ورفض ثقافاتها، بل ومعاداتها، بحجة الحفاظ على الهوية الدينية والخصوصية الثقافية الإسلامية. وقد تستقطب بعضهم إلى جماعات العنف والتطرف فيقومون بمحاربة هذه المجتمعات مما يسئ إلى صورتهم الإعلامية ويزيد في امتداد الحواجز والأسوار بينهم وبين المجتمعات المضيفة. وقد وجدت عديد من النسويات الرافضات - وبخاصة نجلاء كيليك، وإيان حرسي علي- في ظروف هؤلاء الشباب المعيشية الصعبة، وأزمات الهوية التي يعيشونها - ما يكفي لتبرير تقديم أفكار وطروحات رافضة، وصادمة تطالب هؤلاء الشباب من خلالها

بعدم الاهتمام بالخصوصية الثقافية التي تركوها خلفهم عندما هجروا أوطانهم، وضرورة الاندماج الكامل في المجتمعات المضيفة لتحقيق النجاح المهني والمادي، والتمتع برغد العيش الذي تتيحه هذه المجتمعات لمن ينجح ماديا فيها. فاصطدموا نتيجة لذلك بطروحات الحركات الإسلامية المتشددة ورموزها من الرجال المتشددين، الرافضين للمجتمعات المضيفة وثقافاتها بالرغم من أنهم اتخذوا من هذه المجتمعات ملاذا لهم يبثون فيه أفكارهم ودواعيهم، بعد مطاردتهم في مجتمعاتهم الأصلية التي نبذتهم لتطرفهم. وهم يناصبون الاندماج الكلي أو الجزئي في المجتمعات المضيفة صريح العداء، كما يناصبون النساء وحقوقهن صريح العداء أيضا. ويمتد هذا العداء إلى مجتمعاتهم الأصلية التي تركوها وليس إلى المجتمعات المضيفة فقط .

وبالرغم من أن الكتاب لا يضع ضمن أهدافه دراسة وتحليل موضوع الاندماج الاجتماعي للأقليات المسلمة في البلدان الأوروبية إلا أنه تعرض في أكثر من موقع لتداخل هذا الموضوع مع النسوية الإسلامية، وبخاصة التيار الرافض منها، وتأثيراته المدعمة لهذا التيار. ومن المهم أن يحظى هذا الموضوع بالاهتمام البحثي والفقهي من قبل مراكز الأبحاث العربية والإسلامية بحيث يتم تقديم منظور إسلامي معتدل للاندماج، يدعم حاجة ورغبة الشباب المسلم المهاجر لتعلم لغة المجتمع المضيف، والحصول على التدريب المهني المناسب للحصول على وظيفة ودخل مناسبين، والتعامل بانفتاح وتسامح مع عادات وتقاليد وقيم الناس في هذا المجتمع المضيف، مع التمتع بحرية إقامة شعائره الدينية الخاصة، والاحتفاظ بمشاعر الفخر بأصوله ومعتقداته ضمن دوائر خاصة، تراعي احترام واختلاف الآخرين، وخصوصيتهم. وهذا ما يميز واقع غالبية المهاجرين العرب والمسلمين في البلدان

الغربية، حيث تمكنوا من الاندماج المناسب، وتحقيق النجاح المادي في هذه المجتمعات. كما يميز الجماعات الكورية الجنوبية المهاجرة، وكذلك الجماعات الفيتنامية، والهندية، وعديد من الجماعات الأوروبية الشرقية التي نجحت في الاندماج في المجتمعات المضيفة مع المحافظة على ثوابت خصوصياتها الثقافية، فحصلت على تقبل واحترام هذه المجتمعات المضيفة، وتمتعت بمناخات الحرية، ومستويات المعيشة المرتفعة التي لطالما صبوا إليها.

ثقافة المشاريع الصغيرة وتدعيم مكانة المرأة المسلمة

منذ صعود نجم فاطمة المرنيسي وكتاباتها حول السيدة خديجة بنت خويلد - زوجة الرسول الكريم - ودورها الريادي في مجالات التجارة والأعمال الاقتصادية، بالإضافة إلى دورها في دعم ومؤازرة الدعوة الإسلامية منذ بداياتها المبكرة، صدرت عدة تحليلات ومناقشات حول دخول المرأة المسلمة ميادين العمل والإنتاج وأثر ذلك على تحسين مكانتها في الأسرة، وفي الفضاء العام بما يمكنها من تدعيم مشاركتها السياسية في شؤون المجتمع أيضا. وأكدت إرشاد منجي بشكل خاص- بالاستناد إلى كتابات فاطمة المرنيسي وملاحظاتها الميدانية -على تأثير هذه المشاريع على حياة النساء المسلمات في بنغلادش، ذلك إن عمل المرأة في التجارة مباح في الإسلام وهو وسيلة لتمكينها اقتصاديا واجتماعيا. كما أن اقتصاد السوق المرتبط بالعولمة والذي بدأ بالانتشار منذ منتصف التسعينات من القرن الماضي إثر التوقيع على اتفاقية الجات (جولة الإوروغواي 1993- 1994م)، وتركيز منظمات المتجمع المدني الإسلامية والدولية على هذه المشاريع جعل من ثقافة المشاريع

الصغيرة استراتيجية لا غني عنها لتحسين حياة آلاف النساء الفقيرات، وتدعيم مكانتهن الاجتماعية إلى جانب الرجل، وحصولهن على حقوقهن الشرعية والدستورية. ونجاح بنك الفقراء في بنغلادش بإدارة الاقتصادي المعروف محمد يونس في تدريب النساء الفقيرات مهنيا وتقديم القروض الميسرة لهن لإنشاء مشاريع صغيرة نجح أغلبها وازدهر - ساهم أيضا في تدعيم هذا التوجه الإصلاحي الليبرالي في الإسلام، الذي يقوم على فكرة أن التحرير الاقتصادي للمرأة هو بداية الإصلاح الاجتماعي في المجتمعات الإسلامية.

لكن إرشاد منجي وغيرها من النسويات المعتدلات يحذرن من المخاطر الآتية من القوي والجماعات الأصولية المتطرفة التي تمارس القمع ضد الرجل والمرأة، إذ أن هذه الجماعات تعمل بشتى الوسائل على تعطيل هذا الإصلاح، وقمع قيم المساواة، والاستقلال الذاتي للمرأة، وتمكينها لتقف على قدم المساواة مع الرجل في العمل والإنتاج وصياغة القرارات العامة. لذلك لا بد أيضا في رأي إرشاد منجي من تدعيم وسائل الإعلام لهذه المشاريع، ولمكانة المرأة المسلمة في المجتمع للوقوف في وجه طروحات الجماعات الأصولية المتطرفة، ومواقفها القمعية من المرأة والرجل، والمجتمع المعاصر. التحرير الاقتصادي للمرأة -إذن- هو خط المجابهة الأول من أجل الإصلاح الليبرالي في المجتمعات الإسلامية، ولذلك فإن وسائل الإعلام الجماهيرية هي التي تقوم بدور أساسي في تدعيم الاجتهادات الجديدة ونشرها بين الرجال والنساء على حد سواء - تؤكد إرشاد منجي. فإذا تضافرت جهود القوى الوطنية، والمؤسسات العالمية وبخاصة مؤسسات هيئة الأمم المتحدة والمؤسسات التنموية العالمية لتمكين النساء المسلمات الرائدات من امتلاك وإدارة محطات فضائية

وتلفزيونية خاصة بهن، فإن ذلك سيؤدي إلى تدعيم الصورة الإيجابية للمرأة المسلمة بوصفها "سيدة أعمال"، أو "مديرة مشروع". كما سيؤدي إلى تدعيم هذه الاجتهادات الليبرالية الإصلاحية من خلال النقاش والتحليل، وتقييم النتائج، والتركيز إعلاميا على قصص النجاح المرتبطة بهذه الاجتهادات.

تفسير التخلف وأزمة التنمية في المجتمعات الإسلامية والتيارات النسوية الإسلامية

تميل بعض النسويات إلى تفسير التخلف واستمرار أزمة التنمية في البلدان الإسلامية من خلال منظور أحادي اختزالي يركز على الأخلاق الجنسية بوصفها علة هذا التخلف، وذلك ما تعتقده أيان حرسي علي ، الصومالية، أحدى رموز تيار الرفض النسوي. حيث تشرح في محاضرتها وكتاباتها: "...إن المرأة المسلمة تتم محاصرتهم من قبل المجتمع ومؤسساته... وتسجن في قفصها، وتجرد من كامل الحرية الفردية، وتظل موضع شك وحذر ومصدر قلق وخوف، ويحرم المجتمع من ثمار فعلها، إذ تنحصر ـ وظيفتها في الأعمال المنزلية، وفي الضجر اليومي"[1]. مما يقلل من دورها الإنتاجي في المجتمع، أو يمنعه تماما، أما الرجل فيشخص من خلال هذا المنظور على أن من أهم انشغالاته الحياتيه إخضاع المرأة، والسيطرة عليها، واستغلالها، مما يضعف أيضا قدراته الإبداعية ويقلل من دوره الإنتاجي في المجتمع. والتخلف في المجتمع ، وعدم النمو نتيجة محتومة لهذه الأخلاق.

وهناك كتابات أخرى سابقة على كتابات إيان حرسي علي أخذت بعين

---

[1] فهمي جدعان، خارج السرب، ص ص 236-237.

الاعتبار الموقف مـن المـرأة، وطرق التربيـة في الأسرة العربيـة وتأثيراتهـا عـلى التنميـة في المجتمع قُدمت من قبل المفكر العربي المعروف هشام شرابي في كتابه الأول المنشور عـام 1972م، بعنـوان "مقـدمات لدراسة المجتمـع العربي"، وفي كتبه اللاحقـة حـول "البنيـة البطريقية للمجتمع"[1] حيث يوضح في هذه الكتب أطروحته الأساسية وهـي أن طـرق التربيـة في الأسرة العربيـة القائمـة عـلى العقـاب الجسـدي. والعنـف اللفظـي، والتـوبيخ، وتفضيل الذكور على الإناث، وسحق الأنا الفردية للأطفال من الجنسين كل ذلك يؤدي إلى إنتـاج نمـط شخصيته عند الفـرد البـالغ غـير مناسب للتنميـة يتميـز بالميـل للمسـايرة، والاتكالية، والعجـز عـن الإبداع، وعـدم الاستقلالية. وكلهـا خصائص تـؤدي إلى مقاومـة التجديد، وقلة الاختراعات، والاكتشافات، وضعف الإنتاجيـة، وضعف الالتـزام بالقانون الذي يعتبر أساس العقلانية الوظيفية في المؤسسات العامة، وفي الإجراءات الإدارية.

كما أن الموقف من المرأة ـ كما يتضح من كتابات ـ شرابي يهدد طاقات المجتمـع وبخاصة طاقات الذكور، ويكبل المرأة بأغلال من العادات والتقاليد الذكورية التـي تمنـع، أو تقيد نشاطها خارج المنزل، وتعيق دورها الإنتاجي في المجتمع. والإحصاءات الوطنيـة التي تعكس الواقع المعاش تؤكد ذلك إذ إن نسبة النساء من القوى العاملـة لا تزيـد عـن 15% في أغلب المجتمعات العربية، وفي بعض المجتمعـات الإسلامية قـد تزيـد عـن ذلك قليلا. وفي كل الأحوال فهي تعتبر من النسب

(1) راجع : هشام شرابي، مقدمات لدراسة المجتمع العربي ، ط2، بيروت، الأهلية للنشر، 1975 ؛ وكتاب : النظام الأبوي وإشكالية تخلف المجتمع العربي ، بيروت، مركز دراسات الوحدة العربية 1993 م .

المتدنية عند مقارنتها بتلك الخاصة بالبلدان غير الإسلامية مثل الهند، والفلبين. وقد انتقد هشام شربي في حينه على أنه يقدم منظورا نفسيا اختزاليا للتنمية في المجتمع العربي، وأنه لا يأخذ بعين الاعتبار العوامل البنيوية المتعلقة بطبيعة الاقتصاد والمجتمع، والعوامل الخارجية التي تؤدي أدورا متفاعلة مؤثرة في التنمية.

لكن موضوع التنمية أكثر تعقيدا من ذلك فهناك عددا من النظريات السوسيولوجية التي تفسر التنمية، أو غيابها على مستوى المجتمع بشكل عام من خلال متغيرات وعوامل اقتصادية واجتماعية كلية وهي: نظرية التحديث، ونظرية التبعية، ونظرية النظام العالمي الحديث، ونظرية العولمة. فنظرية التحديث مثلا ترى أن النمو الاقتصادي الصرف هو الأداة الأساسية لتحقيق التنمية في البلدان النامية، وبخاصة حين يستند إلى قاعدة صناعية متجددة. مما يستدعي توجيه الجهود لتحقيق النمو المستمر في الناتج القومي الإجمالي، ومتوسط دخل الفرد من هذا الناتج. لكن هذه النظرية ترى أيضا أن سبب التخلف في هذه البلدان يعود إلى حد ما إلى المؤسسات والأنماط التقليدية التي تتميز بالتشدد، ونبذ التجديد، وشيوع الغيبية والقدرية في التفكير والممارسات. وكلها ـ كما ترى النظرية ـ تنمي اتجاهات وقيم لا عقلانية لدى الأفراد تبعدهم عن الادخار، والاستثمار، والتفاني في العمل لزيادة الإنتاجية، وتحقيق النجاح المادي، والإلتزام بالقانون. ويبدوا أن هشام شرابي وبعض رموز النسوية الإسلامية وبخاصة إيمان حرسي علي، ونجلاء كيليك، وأمينة ودود قد تأثروا بطروحات هذه النظرية ومفاهيمها.

أما نظرية التبعية فتعارض مقولات نظرية التحديث فهي تفسر التخلف وعدم النمو في البلدان النامية من خلال مفهوم التبعية للغرب الرأسمالي حيث ترى أن

التخلف وعدم النمو في البلدان النامية يعود أساسا إلى الشروط غير المتكافئة للعلاقة بين هذه البلدان والغرب الرأسمالي حيث تعمل هذه الشروط على استمرار استنزاف الفائض من البلدان النامية وعدم السماح بتراكمه في هذه البلدان ليتحول إلى استثمارات ومؤسسات مستدامة. كما تنتقد هذه النظرية دور الشركات متعددة الجنسيات في البلدان النامية لأن هذه الشركات تقوم بتحويل أغلب أرباحها إلى مراكزها الرئيسية[1] في البلدان الصناعية ولا تستثمر في البلدان النامية إلا نسبة ضئيلة من الإرباح التي تحصل عليها من هذه البلدان.

أما نظرية النظام العالمي الحديث فترفض ثنائية التقليدي الحديث، ومقولات نظرية التبعية وترى أن دول العالم تشكل وحدة واحدة متفاعلة بالرغم من أن هذه الدول تشغل مكانات طبقية متباينة في هذا النظام: فهناك دول المركز التي تشغل المكانة العليا في هذا النظام، ودول الأطراف أو الهامش، وتشغل المكانة الدنيا فيه، والدول شبه الهامشية وتشغل مكانة متوسطة في هذا النظام. وبالتالي فإن وحدة التحليل في هذه النظرية ليس المجتمع النامي كوحدة مستقلة، وإنما النظام العالمي ككل. وترى هذه النظرية أن ما يحدد المكانة الطبقية لدولة من الدولة داخل النظام العالمي هو نمط الإنتاج السائد فيها، وقوة جهازها الحكومي، وكفاية مدنها وبورجوازيتها الوطنية.

وتعمل نظرية العولمة على توضيح أن العالم بعد التوقيع على اتفاقية الجات (جولة الأوروغواي 1993-1994م)، وبعد إنشاء منظمة التجارة العالمية عام

---

[1] راجع: محد الدين خمش ، الدولة والتنمية في إطار العولمة ، 2004.

1995م، وحصول 152 دولة من دول العالم على عضويتها حتى منتصف عام 2010م، أصبح سوقا واحدة مفتوحة بدون حدود، تنظم من خلال منظمة التجارة العالمية. وتطرح النظرية أن التجارة هي محرك النمو في دول العالم مما يستدعي اهتمام كل دولة بتطوير قاعدتها الإنتاجية لأغراض التصدير، وتجويد منتجاتها لتصل إلى مواصفات شهادات الآيزو العالمية للجودة والتميز بحيث تفتح أسواق العالم لهذه المنتجات مما يزيد من دخل الدولة ينعكس إيجابيا على متوسط دخل الفرد من الناتج المحلي الإجمالي، وعلى مستوى المعيشة للأسر والأفراد.

وتركز نظريات العولمة الثقافية على العوامل الحضارية ـ القيمية ودورها في النمو أو التخلف. فنظرية صراع الحضارات التي قدمها صاموئيل هانتجتون في كتابه المشهور (صدام الحضارات وإعادة صنع النظام العالمي) ترى أن التركيز على الخصوصية الثقافية من قبل بلدان الجنوب يجعلها ترفض الحضارة الغربية، وتناصبها العداء، مما سيؤدي إلى استمرار التخلف في هذه البلدان. وتطرح نظرية حوار الحضارات التي قدمها فرانسيس فوكوياما في كتابه المشهور (نهاية التاريخ وخاتم البشر) رؤية مغايرة فهي ترى أن جميع البلدان غير الرأسمالية ـ وبدرجات متفاوته ـ بدأت بعد إنهيار الاشتراكية وصعود نجم الرأسمالية - الليبرالية تتجه في تطورها نحو النمط الرأسمالي الليبرالي السائد في الغرب. وبالتالي فإن علاقة هذه المجتمعات مع الحضارة الغربية هي علاقة تقبل وتعاون مما ييسر لهذه المجتمعات تحقيق مستويات ملحوظة من النمو والرفاهية المعيشية، والعدالة الاجتماعية، والحريات الفردية.

وسيتم في الجزء القادم من هذا الكتاب مناقشة مفاهيم ومقولات هذه

النظريات التنموية في ضوء خبرة المجتمع العربي، وظروفه التاريخية الخاصة قبل وبعد الانضمام إلى قطار العولمة .

نظرية التنمية والتحديث وعوامل تخلف بلدان العالم النامي في ضوء خبرة المجتمع العربي

توضح مراجعة الأدبيات حول التنمية أن مفهوم التنمية الذي تبناه الفكر الغربي والذي طورت مقاييس التنمية الكمية في ضوءه يركز على تحقيق نمو مستمر في الناتج القومي الإجمالي (GNP) ، وما ينتج عنه من تحقيق نمو مستمر في دخل الفرد الإجمالي (GNP/CAPITA)، وما يؤدي إليه ذلك من تحسن في ظروف المعيشة للمواطنين في البلدان غير الغربية التي عرفت بالبلدان النامية (ومن ضمنها البلدان العربية)، أو بلدان العالم الثالث، التي عرفت حديثا ببلدان الجنوب[1]. ويلاحظ أن مفهوم التنمية هذا يختلط إلى حد كبير بمفهوم النمو الاقتصادي في كتابات عديد من المفكرين الغربيين، ويختلط كذلك بمفهوم التحديث، أو التغريب مع العلم أ ن هناك اختلافات جوهرية بينهما.

وقد استخدم مفهوم التنمية هذا في صياغة عدد من النظريات الغربية التي تشكل في مجموعها جوهر الفكر التنموي الغربي مثل: نظرية التحديث (Modernization Theory)، ونظرية النظام العالمي الحديث World System)

---

1) UN , Economic Development in selected Countries: Plans, Progress, and Agencies, New York: , UN,, 1947, P.Xv; and Gerald M. Meir, and Robert E. Baldwin, Economic Development: Theory, History, and Policy, New York: John Wiley, 1963, PP. 1-16.

(Theory ، وقد أثرت مفاهيم هـذه النظريـة علـى الصياغـة الداخليـة لنظريـة التبعيـة (Dependency Theory). وعلـى الـرغم مـن اخـتلاف نشـأة نظريـة التبعيـة واخـتلاف توجهاتها الأيدلوجيـة إلا أنها تسـتمد كثيـرا مـن مقولاتهـا مـن كتابـات مفكريـن غـربيين يساريين وتركز مثلها على الجوانب الاقتصادية ، وبخاصة تـراكم الفائض الرأسمالي الـذي يؤدي غيابه، أو هدره، إلى استمرار تخلف البلدان النامية وضعف نموها. أما نظريـة العلاقـة بين الحضارات (Cultural Relations) التي واكبت نشؤ وتطور العولمـة – كما أشير سابقا - فتنقسم إلى فرعين؛ الفرع الأول طوره فرانسيس فوكوياما الـذي يؤكد أن مجتمعات العالم النامي تسير جميعها نحو الديمقراطيـة الليبراليـة. والفـرع الثـاني طـوره صامـوئيل هانتجتون الـذي يؤكـد أن العلاقـة بـين الحضـارات الناميـة والحضـارة الغربيـة المتقدمة علاقة تصادم تعيق سير المجتمعات النامية نحو الديمقراطية الليبرالية.

وتقدم هذه النظريات جميعها عددا من المقولات التي تستند إلى مفهوم التنمية هذا والتي تعمل على تفسير عمليـة تحقيـق ـ أو عدم تحقيـق ـ التـراكم الرأسمـالي وزيـادة الإنتاجية في البلدان النامية، سواء عن طريق زيادة الموارد المتاحة، أو عن طريق استخدام أساليب جديدة في العمل ما يؤدي إلى زيادة القدرة الإنتاجيـة للمجتمع زيـادة مسـتمرة متواصلة وذات فاعلية داخلية متجددة.

ومن جهة اخرى، توضع مراجعة الأدبيات أن هذه المقـولات التـي اسـتخدمت في عديد من التحليلات التنموية قد لا تنطبق على واقع المجتمع العربي وخبراتـه التاريخيـة ، وبخاصة قبل الانضمام إلى قطار العولمـة منـذ منتصف التسـعينيات مـن القـرن المـاضي . فمقولات نظرية التحديث طوررت في ضوء التجربة التاريخية التي

غيرت المجتمعات الغربية ونقلتها من الإقطاع إلى الرأسمالية الحديثة مماحقق لها التقدم والسيطرة. ومن أهم جوانب هذه التجربة عمليات التحضر، والتصنيع، وتطوير التقنية الحديثة، وتحديث الشخصية. وقد تفرعت هذه النظرية إلى مدخلين أساسيين هما: مدخل التصنيف الثنائي وتفترض النظرية أن هذه العوامل ستجعل المجتمعات النامية تسير بالضرورة في نفس خط المجتمع الأوروبي الغربي لتصل في النهائية إلى صورة مشابهة لهذا المجتمع، مما أدى إلى إهمال الخصوصية الوطنية لعملية التطور في هذه المجتمعات.

ويعد المدخل التصنيفي- وهو أحد تفرعات نظرية التحديث - الأداة الكلاسيكية التي استخدمت بعيد التقاء الرأسمالية الغربية بالمجتمعات غير الغربية ومن ضمنها المجتمعات العربية. وقد استمر استخدام هذا المدخل التصنيفي لتحليل عمليات التنمية والتغير في هذه المتجمعات غير الغربية حتى مطلع الستينيات من القرن الماضي . وجنح هذا المدخل إلى وضع المجتمعات النامية في مجلمها ـ بالرغم من الاختلافات الكبيرة فيما بينها ـ ضمن فئة عريضة واحدة أو صنف، أو نموذج واحد. وأطلق على هذه الفئة العريضة أو النموذج المثالي، اسم "المجتمعات النامية". وكان هذا النموذج المثالي يقارن باستمرار بشكل صريح، أو ضمني، بالنموذج الآخر المقابل، والمغاير تماما، الذي يحوي المجتمعات الغربية المتقدمة .

ويتضح من خلال المقارنة بين هذين النموذجين أن المجتمعات النامية تحتوي ما هو مختلف، أو مغاير، لنموذج المجتمعات الغربية، أو ما هو أدنى مرتبة منه من حيث التكنولجيا والمؤسسات وأنماط الشخصية، فالمجتمعات النامية مجتمعات زراعية عموما وفقيرة، وغير مصنعة، وتستخدم أدوات إنتاجية بسيطة مما يعيق

نموها وتقدمها إلى مستوى مشابه، أو قريب، من مستوى المجتمعات الغربية الصناعية، الغنية، التي تستخدم التكنولوجيا الحديثة.

وقام تالكوت بارسونز في نهاية الستينيات بإعادة صياغة مفاهيم ومقولات هذا المدخل التصنيفي بعد أن تعرضت هذه المقولات لانتقادات واسعة. واهم ما قدمه بارسونز مفهوم "التكيف التطوري للمجتمع" الذي يقارن من خلاله بين المجتمع النامي، أو التقليدي، والمجتمع الغربي الصناعي الحديث.فالمجتمع الغربي يقيم الأفراد بناء على الإنجاز الفردي، في حين يقيم المجتمع التقليدي الأفراد بناء على معايير موروثة مهملا الإنجاز الفردي. ويوضح أن الجتمع الغربي الصناعي يشجع على التنافس ويحض عليه، اما المجتمع التقلدي فلا يفعل ذلك[1].

أما المدخل السيكولوجي الذي يستمد أغلب مفاهيمه ومقولاته من تحليلات ماكس فيبر لدور القيم البروتستانتيه في النمو الاقتصادي في المجتمع الغربي فإنه يشترك مع المدخل التصنفيفي في استخدام النماذج المثالية والمقارنة بينها، وإبراز ما يعيق وصول المجتمعات النامية إلى صورة مشابهة للمجتمع الغربي. إذ يضع هذا المدخل أنماط الشخصية في المجتمعات النامية ضمن فئة عريضة، أو نموذج مثالي، يطلق عليه اسم "الشخصية التقلدية". ويفترض هذا المدخل ان الشخصية التقلديية تتميز بالتواكل والخضوع للغيبيات، والارتباطية، والإزدواجية في الشعور والسلوك،

---

(1)Talcott Parsons , " Comparative Studies and Evolutionary Change ", in Ivan Vallier ,(ed), Comparative Methods in Sociology , Berkley ,University of California Press ,1973.،

وأيضا : أفيرت هاجن ، إقتصاديات التنمية (مترجم) ، عمان ، مركز الكتب الأردني ، 1988

وعـدم الثقـة بـالعلم ومنتجاتـه التكنلوجيـة، والضـعف في اسـتعياب العلـم الحـديث والتكلوجيا الحديثـة، في حـين تتميـز الشخصـية الحديثـة بصـفات معاكسـة، فهـي تتميـز بالاعتماد على الـذات، والإيمـان بالمحسـوس، والإنجازيـة، والثقـة بـالعلم ومنتجاتـه لحـل المشكلات المختلفة.

وقـام دافيـد ماكليلانـد باسـتخدام هـذه المفـاهيم والمقـولات للمقارنـة بـين المجتمعات وتفسير مستويات التنمية بينها مـن خـلال عامـل نفسي- واحـد حـافز أسـماه "الحاجة إلى الإنجاز"، وسمي المجتمع الـذي يحقـق التنميـة الاقتصـادية أسرع مـن غـيره نتيجة لتزايد عدد الأفراد الذي يملكون هـذا الحـافز ب "مجتمـع الإنجـاز" . وسـار أفـيرت هاجن في هذا الخط ذاته مستخدما هذا العامل النفسي للمقارنة بين المجتمعات وتفسـير التنمية في هذه المجتمعات . وعمل إليكس إنكليس ودافيد سـميث عـلى مقارنـة درجـة وجود "متزامن التحديث" (Modernity Syndrome) بين الأفراد في عدد من المجتمعات النامية ومن ضمنها تركيا، ومصر، ولبنان، موضحان دور هذا المتزامن - الذي يوجد بشكله المثالي في المجتمعات الغربية - في النمو الاقتصادي في هذه المجتمعات[1]

وتعد الاتجاهات النظرية الحديثة التـي ظهـرت في ميـدان التنميـة مثـل نظريـة التبعية، ونظرية النظام العالمي الحـديث ونظريـة العلاقـة بـين الحضـارات التـي سـبقت الإشارة إليها تطورات داخل النظرية الغربية العامة للتنمية. وهي تطورات ترتبط بشـكل أو بآخر بنظرية التحديث من حيث اللجوء إلى مفهوم ذي طابع اقتصادي

(1)Allex Inkeles and David Smith , Becoming Modern : Individual Change in Six Developing Countries ,Cambridge , Harvard University Press,1974 .

خالص للتنمية، لكنها تختلف عن نظرية التحديث من حيث الموقف من التجربة الأوروبية الغربية وبخاصة في حالة نظرية التبعية. فنظرية التبعية ترفض النظر إلى التجربة الأوروبية في التنمية على أنها المثال الذي يجب أن تحتذيه البلدان النامية لتحقيق التنمية، كما ترفض النظر إلى العلاقة التاريخية التي ربطت البلدان الغربية بالبلدان النامية والتي أخذت أشكال الاستعمار، والاستغلال، واحتكار الفائض الرأسمالي ـ على أنها عامل مساعد في تنمية المجتمعات غير الغربية، كما تدعي نظرية التحديث. فنظرية التبعية تؤكد أن هذه العلاقة أعاقت ، بل وخنقت، في عددد من الحالات التطور الطبعي للاقتصاديات المحلية في المجتمعات غير الغربية، وبخاصة في أفريقيا، وأمريكا اللاتينية . فقد عمل الاستعمار الغربي لهذه البلدان على تحويلها إلى أسواق لمنتجات الدول الغربية، وأدخل الاضطراب إلى اقتصادياتها بدفعها إلى إنتاج مواد أولية تخدم أهداف السوق العالمية وليس السوق المحلية.

أما نظرية النظام العالمي الحديث فترفض بشكل قاطع ثنائية المجتمع التقليدي ـ المجتمع الحديث التي تقوم عليها نظرية التحديث ـ وتؤكد بدلا عن ذلك أن هذين النمطين العريضين وحدتان مترابطتان في نظام واحد متفاعل، متكامل. لكن نتيجة هذا التفاعل غالبا ما تكون لمصلحة الوحدات الأقوى، فالنمو في هذه الوحدات التي تشغل مكانة مركزية عليا داخل النظام العالمي غالبا ما يكون على حساب التراجع، أو عدم النمو، في الوحدات الأضعف التي تشغل مكانة هامشية، أو محيطية، دنيا، أو وسطى داخل النظام العالمي.

وهناك مداخل نظرية متعددة لفهم قضايا التخلف تناقش عادة تحت العناوين التالية: مدخل التحضر، ومدخل المراحل التاريخية، والمدخل الاقتصادي، والمدخل

العنصري ، والمدخل الماركسي، والمدخل الديمغرافي، والمدخل التكاملي متعدد النظم، وتعد هذه المداخل النظرية الفرعية في مجلمها تفرعا، أو تطويرا، لنظرية التحديث.

وسأعمل في هذا الجـزء مـن الكتـاب عـلى توضيح المقولات الرئيسـية لنظرية التحديث ، و لنظرية التبعية، ولنظرية النظام العالمي الحديث، ولنظرية العولمة مـن خلال مراجعة لأهم أعلام هذه النظريات وكتابتهم . **كما سأعمل على تقييم قدرة هذه النظريات على تفسير عمليات التنمية والتحديث في المجتمع العربي في ضوء متطلبات العولمة ومؤسساتها .**

مقولات نظرية التحديث

تستند نظرية التحديث إلى المقولات التالية:

1- رفض مراحل تطور المجتمـع الإنسـاني التـي تقـول بهـا الماركسية، وهـي: المشاعية، والعبودية، والإقطاعية، والرأسمالية، والاشتراكية وطرح مراحل أخرى بديلـة اختزلت في مرحلتين رئيسيتين، هما: مرحلة التقليدية أو التخلف، ومرحلة الحداثة أو التقـدم. فالمجتمع الإنساني يتغير عابرا خطا مستقيما من التقليدية إلى التحديث.

2- رفض محركات التـاريخ التـي تقـول بهـا الماركسية، وبخاصـة قـوى الإنتـاج، والصـراع الطبقي، وطرح محركات جديدة هي قوى التحديث الغربية التي تغير في مؤسسـات المجتمع التقليدي وتقدم نموذجا يمكن تقليده ، وتدعم النخبـة ، أو الصفوة المحليـة التي تهيأ الظروف للأنطلاق نحو التحديث.

3- لا يعـود سـبب التخلـف في البلـدان الناميـة إلى خضـوعها للاسـتعمار وإنمـا يعـود إلى المؤسسات التقليدية التي تتميز بالقدرية، و الغيبية، والتي تنمي اتجاهـات وقـيم لا عقلانية لدى الأفراد. وهي قيم ذات أثـر سـلبي عـلى التنميـة مـن حيـث أنهـا تبعـد الأفراد عن الإدخار، والتفاني في العمل لتحقيـق النجـاح المـادي، وتـوجههم بـدلا عـن ذلك نحو الاستهلاك والإغراق فيه، واحتقار العمل اليدوي والابتعاد عنه.

4- إن عملية التغـير الاجتماعـي التـي لوحظـت في أوروبـا الغربيـة والتـي اشـتملت عـلى التحضر، والتصنيع وتحديث الشخصية هي العملية التي تلاحظ الآن في بلدان الشرق الأوسط العربية، وستؤدي هذه العملية إلى تكرار التجربة الغربية في تحويل المجتمع التقلدي إلى مجتمع حديث.

5- تمر مجتمعات الشرق الأوسط العربية، والمجتمعات النامية بشـكل عـام، بمـا يمسى- بــ "المرحلة الانتقالية"، وهي مرحلة تعقب ابتعاد هذه المجتمعات عن الحالة التقليدية وترافق دخولها إلى العالم الحديث المصنع. وتتميـز هـذه المرحلـة الانتقاليـة بتواجـد المؤسسـات الاجتماعيـة، والسياسـية، والاقتصـادية التقلديـة جنبـا إلى جنـب مـع المؤسسات الحديثة الآخذة بالنمو والتعاظم، والتي لا تلبـث أن تسـتبدل المؤسسـات التقليدية وتمحوها بالتدريج.

6- ستصل جميع المجتمعات الإنسانية ـ بما أنهـا تخـض لـنفس عمليـات التغيـير المدعمـة بعمليات التحديث المشار إليها سابقا ـ إلى وضع حضاري يشبه الوضع الحضاري في المجتمع الصناعي الغربي مـن حيـث سـيادة العلمانيـة والعقلانيـة المرتبطـة بالنظـام الصناعي الذي يفرض علاقاته البراجمانية المميزة ويؤدي إلى دخول المجتمع

مرحلة المشاركة الجماهيرية والرعاية الاجتماعية التي تعطي الفرد مجالات رحبة لممارسة حريته في ختيار الأدوار الاجتماعية التي يرغب أن يعيشها في حياته، كما تحقق له درجة كبيرة من الرفاه الاجتماعي.

7- آلية التنمية الأساسية هي السوق وليس التخطيط الحكومي، وبالتالي فإن حل مشكلة التخلف الاقتصادي في البلدان النامية يعتمد على القطاع الخاص الذي يجب أن يتمتع بحرية كاملة في الاستثمار واستخدام تقنيات حديثة لرفع الكفاية الإنتاجية، واستخدام الأرباح المتحققة لإحداث مزيد من التوسع في الاستثمار.

8- النمو الاقتصادي الصرف هو الأداة الأساية لتحقيق التنمية في البلدان العربية مما يستدعي توجيه الجهود لتحقيق النمو المستمر في الناتج القومي الإجمالي ومتوسط دخل الفرد دون اهتمام كبير بظروف هذه البلدان السياسية والحضاري.

9- المشاركة الشعبية الواسعة غير مطلوبة لتحقيق النمو الاقتصادي في البلدان النامية، إذ يكفي ازدياد عدد الأشخاص الذي يتميزون بالشخصية الإنجازية لتحقيق التقدم الاقتصادي. فهذا النمط من الشخصية الذي تنتجه مؤسسات التحديث يتبنى القيم الحديثة ويعمل على التجديد والابتكار، ويستبدل بالتدريج نمط الشخصية التقليدية المتسلطة، وغير المبدعة، التي تسود في المجتمع التقليدي وتؤدي إلى استمرر تخلفه.

نظرية التبعية ومقولاتها

كان لكتابات عدد من مفكري أمريكا اللاتينية وعلماء الاقتصاد فيها، وبخاصة كتابات راؤول برابيشي، وفردناندو كاردوس أثر كبير في تطوير مفاهيم

هذه النظرية وصياغة مقولاتها، كما كان لكتابات مفكرين غربيين ذوي توجهات يسارية، مثل بول باران، وبول سويزي أثره أيضا في تدعيم هذه المقولات من خلال الأدلة التاريخية التي قدموها لتحليل العلاقة بين الرأسمالية الغربية والبلدان النامية. وعمل عدد من المفكرين العرب القوميين واليساريين على إغناء هذه النظرية بالتحليلات التاريخية للعلاقة بين العالم العربي والغرب الرأسمالي ، ومن أبرز هؤلاء سمير أمين، وجلال أمين، وعبد الخالق عبد الله[1]

وتفسر هذه النظرية التخلف وعدم النمو في البلدان النامية من خلال مفهوم التبعية للغرب الرأسمالي، حيث ترى أن التخلف وعدم النمو في البلدان النامية يعود إلى الشروط اللامتكافئة للعلاقة بين هذه البلدان وبين الغرب الرأسمالي. وهي شروط تعمل على استمرار استنزاف الفائض من البلدان النامية وعدم السماح بتراكمه في هذه البلدان. ويبدو ذلك بشكل خاص من خلال فهم دوس سانتوس للتبعية فهي: " **حالة تكشف أن اقتصاد بعض الدول يرتبط بنمو اقتصاد دولة أو دول أخرى وتوسعها. إذ تأخذ علاقة التشابك بين اقتصاد دولتين، أو أكثر، وبينهما وبين التجارة الدولية صفة التبعية عندما تستطيع بعض الدول الميهمنة، أو المسيطرة،**

---

[1] سمير أمين: التراكم على الصعيد العالمي: نقد نظرية التخلف، ط2، ترجمة حسن قبيسي، بيروت: دار ابن خلدون، 1978، ص 25-51؛ التطور اللامتكافئ: دراسة في التشكيلات الاجتماعية للرأسمالية المحيطية، ترجمة برهان غليون، بيروت: دار الطليعة ,1974 ؛ وجلال أمين، المشرق العربي والغرب: بحث في دور المؤثرات الخارجية في تطور النظام الاقتصادي العربي والعلاقات الاقتصادية العربية، بيروت: مركز دراسات الوحدة العربية، 1974 .

[1] عبد الخالق عبد الله ، " التبعية والتبعية الثقافية "، مجلة المستقبل العربي ، السنة 8 ، العدد 83، ص ص 15-24، بيروت : مركز دراسات الوحدة العربية، 1986.

أن تتسع وتنمو ذاتيا، في حين أن الدول الأخرى التابعة لا تستطيع أن تفعل ذلك إلا كانعكاس لتوسع ونمو الاقتصاد المهيمن"[1].

وتعد مقولات نظرية التبعية رفضا لنظرية التحديث، ذلك إن نظرية التحديث تسعى لإعادة إنتاج التجربة الرأسمالية الغربية في بلدان العالم الثالث دون اهتمام بالخصوصية البنائية والثقافية لهذه البلدان. ولم تؤد الماركسية التقليدية دورا في معارضة هذا المسعى، فهي تلتقي مع نظرية التحديث في عدد من المقولات الخاصة التي تنظر إلى الاستبداد، أو الركود، في بلدان العالم النامي على أنها معوقات للنمو والتطور في هذه البلدان. كما تتفق مع نظرية التحديث في ضرورة اختراف هذا الاستبداد، والركود، من الخارج دون إمعان النظر في النتائج العملية التي قد يسفر عنها ذلك بالنسبة للبلدان النامية.

وقد شكلت الطروحات والتوجهات الإيديولوجية التي قدمها مفكرو نظرية التبعية المقولات الأساسية التي تقوم عليها هذه النظرية. ومن الطبيعي أن تكون هذه المقولات متناسبة مع هذه الطروحات التي يقدمها هؤلاء المفكرون ويدافعون عنها، وهذه المقولات هي:

1- الأقاليم شديدة شديدة التخلف اليوم هي تلك التي كانت على علاقة وثيقة مع مراكز النظام العالمي إبان تشكل هذا النظام في بداية القرن السادس عشر الميلادي.

2- يؤدي تركيز الدولي الصناعية على الحصول على المواد الخام بأسعار رخيصة

---

(1) Dos Santos,Theodore, "The Structure of Dependence", American Economic Review ,vol.1x,No.2, 196

من الدول النامية إلى نشوء ما يعرف بأسم "الاقتصاد الثنائي" فيها، أي وجود شريحة اقتصادية محدودة تتميز بالكفاية التكنولوجية، بينما تبقى البنية الاقتصادية الكلية في الدول النامية على درجة كبيرة من التقليدية في أساليب العمل وأدواته. وفي حين توجه الشريحة الحديثة قدراتها المتميزة للأسواق الخارجية وتزدهر باستمرار نتيجة لذلك، تبقى أجزاء البنية الاقتصادية عاجزة عن سد الحاجات المحلية المتزايدة.

3- يتواطأ رأسماليو الدول النامية مع رأسمالي المراكز العالمية الغربية لتحقيق مصالحهم المشتركة على حساب تطور الدول النامية وتقدمها. فهم يعملون على ربط السوق المحلي بالسوق العالمي باستمرار ويعملون على عقلنة واقع التبعية لضمان الحصول على الدعم والتأييد الشعبي والسياسي لهذا الواقع.

4- لا يؤدي وجود الشركات متعددة الجنسيات في البلدان النامية إلى نمو هذه البلدان لأن هذه الشركات العملاقة تقوم بتحويل أغلب أرباحها إلى مراكزها الرئيسية في البلدان المتقدمة، وهي لا تستثمر في البلدان النامية إلا نسبة ضئيلة من الأرباح التي تحصل عليها من هذه البلدان النامية.

5- هناك سقف للتنمية في البلدان النامية لا يمكن تجاوزه، وبالتالي فإن هذه البلدان حتى وإن استطاعت تحقيق درجة من النمو الاقتصادي والاجتماعي لا يمكن أن تصل إلى مستوى البلدان الصناعية المتقدمة التي تعمل باستمرار على إبقاء البلدان النامية في وضع التابع حتى وإن تطلب ذلك استعمال المقاطعة الاقتصادية ، أو القوة العسكرية .

نظرية النظام العالمي الحديث ومقولاتها: التمهيد للعولمة

أدت التطورات النظرية في ميدان التنمية والتحديث مجددا إلى تجاوز تحليلات نظرية التحديث، وإلى تقديم تحليل معارض لنظرية التبعية، وبخاصة فيما يتعلق بطبيعة العلاقة بين المراكز الغربية والبلدان النامية والنتائج العملية لهذه العلاقة. وقد يعود ذلك إلى فشل نظرية التحديث في تقديم تفسير حقيقي للتخلف في البلدان النامية، وعدم قدرة نظرية التبعية على اقتراح آليات عملية تساعد على تحقيق النمو في هذا البلدان. فقد قدمت نظرية التحديث مفهوم "المتجمع التقليدي"، وأفاضت في شرح خصائصه، مفترضة في ذلك ان هذه الخصائص هي سبب التخلف وعلته. مهملة في الوقت ذاته الإطار السياسي الدولي وأثره على العمليات الداخلية في بلدان العالم الثالث. كما قدمت نظرية التبعية مفهوم "التبعية" واعتبرته المفهوم السحري الذي يؤدي إلى تفسير التخلف وتقديم آليات تؤدي إلى تجاوزه. وبالرغم من نجاح هذا المفهوم في معارضة مفاهيم نظرية التحديث ومقولاتها إلا أنه لم يقدم للبلدان النامية الحل المنشود، الذي طال الشوق إليه. فلم تقدم نظرية التبعية الآليات المناسبة لتحقيق النمو في البلدان النامية، ولم تفلح فكرة "فك الارتباط" مع المراكز الرأسمالية التي اقترحها سمير أمين على الرغم من جاذبيتها - في إيجاد آليات محددة لتقليل التبعية ، أو نفيها. فالارتباطات التجارية بين البلدان النامية والمراكز الرأسمالية تتميز بالتعقيد الشديد نظرا لتنوعها وتداخلها . أضف إلى ذلك أن الارتباطات السياسية بين فئات الصفوة في البلدان النامية وبين المراكز الرأسمالية في المجتمع الغربي تزيد هذه الارتباطات تعقيدا. كما أن حاجة البلدان النامية إلى التكنولوجيا المتقدمة التي تمتلكها المراكز الرأسمالية قد يجعل فك الارتباط مع المراكز

الرأسمالية أمرا ضارا، ومعوقا للنمو في البلدان النامية.

وقد وجد من يقلل من أهمية مفهوم "التبعية" في تفسير التخلف في البلدان النامية إذ يؤكد روبرت برينر أن الصناعة الأوروبية كانت قد توسعت بصورة أساسية في الأسواق الأوروبية المحلية، وأن التطور الرأسمالي الذي تلا ذلك في بلدان محددة في أوروبا الغربية، وبخاصة بريطانيا لم يحدث نتيجة لخلق سوق دولية وإنما نتيجة لتطورات متداخلة في العلاقات الاجتماعية جعلت إنشاء مثل هذا السوق الدولي ممكنا. ومع ذلك فقد استفادت بعض البلدان الأوروبية مثل إسبانيا والبرتغال من استنزاف ثروات المستعمرات في دفع عملية التطور الرأسمالي فيها وزيادة سرعته.

وفيما يتعلق باقتراح آليات للنمو في البلدان النامية تبرز نظرية النظام العالمي الحديث، وهي النظرية الأكثر حداثة في ميدان التنمية والتحديث. وقد اشتهرت هذه النظرية في السبعينيات من هذا القرن على يد إيمانويل والشتين[1]. وتركز هذه النظرية على طبيعة الإنتاج المحلي السائد معتبرة إياه المؤشرة الأساسي لدرجة النمو في المجتمع ، وعلى المكانة التي يشغلها هذا المجتمع داخل النظام العالمي. فهناك مجتمعات تشغل مكانة مركزية، مثل الدول الصناعية الحديثة كالولايات المتحدة الأمريكية ، والاتحاد السوفيتي (سابقا)، واليابان، وألمانيا، وكوريا الجنوبية ، والصين حديثا . وقد حصلت هذه المجتمعات على مكانتها عن طريق نمط

(1) Immanual Wallerstiein, The Modern World System: Capitalist Agriculture and The Origins of European World Economy in the Sixteenth Century, N.Y.: Academic Press, 1974.

الإنتاج السائد في هذه الدول وهو الإنتاج الصناعي الكثيف. وهناك الدول النامية التي يسود فيها الإنتاج الزراعي البسيط، وهي في غالبيتها العظمى تشغل مكانة هامشية، أو محيطية، أو تخومية. وهناك دول تحتل مكانة متوسطة، أو شبه محيطيه، مثل بعض الدول البترولية وعدد من دول أوروبا الشرقية.

والآلية التي تقترحها هذه النظرية لتغيير المكانة الطبقية لدولة من الدول داخل النظام العالمي هي الانتقال بالنمط الإنتاجي من الإنتاج الزراعي البسيط إلى الإنتاج الصناعي الكثيف. مما يعني أن هذه النظرية ـ على عكس نظرية التبعية ـ تطرح صورة متفائلة إلى حد ما للعلاقة بين دول المركز ودول المحيط - وقد رأينا كيف تطرح نظرية التبعية صورة متشائمة للعلاقة بين الدول النامية والدول المتقدمة . فالدول النامية حتى وإن حققت درجات ملحوظة من النمو فإنها ستبقى تابعة للبلدان الصناعية المتطورة، وهو ما أسماه أندريه جوندر فرانك "تنمية التخلف"، أو "التنمية التابعة".

وتمتاز هذه النظرية في استنادها إلى المقولات التالية:

1- رفض ثنائية التقليدي ـ الحديث والنظر إلى مجتمعات العالم على أنها تشكل وحدة واحدة متفاعلة بالرغم من كون هذه المجتمعات تشغل مكانات طبقية متباينة، والتأكيد بالتالي على أن وحدة التحليل ليست المجتمع النامي، وما فيه من قوى داخلية وإنما النظام العالمي ككل.

2- تحدد المكانة الطبقية التي تشغلها دولة من الدول نمط الإنتاج السائد فيها، وقوة جهازها الحكومي، وكفاية مدنها وبورجوازيتها الوطنية.

3- تحول النمط الإنتاجي في دولة من الدول النامية إلى النمط الصناعي الكثيف يؤدي إلى تحسن في مكانتها الطبقية داخل النظام العالمي الحديث.

وقام سمير أمين[1] بعيد انهيار المعسكر الاشتراكي وتفرد الولايات المتحدة الأميركية بالهيمنة على النظام العالمي بدمج مفهومي التبعية والنظام العالمي لصياغة مقولات جديدة لتفسر واقع العلاقة بين البلدان النامية والنظام العالمي وللتنبؤ بمسار هذه العلاقة، وأهم هذه المقولات ما يلي:

1- إن التوجه الراهن لتطور الرأسمالية يعمق الاستقطاب العالمي بين المراكز والأطراف، وبخاصة بعد انهياء المعسكر الاشتراكي. وهذا مصدر أساسي من مصادر الفوضى في النظام العالمي المعاصر. إذ ينتج هذا الاستقطاب العالمي تناقضا جديدا مميزا ناتجا عن تفاوت مستويات التنمية الاقتصادية والسياسية مما يؤدي إلى مزيد من الفوضى في هذا النظام.

2- للخروج من الفوضى العالمية لا تملك دول الأطراف إلا الاستمرار في محاولاتها لفك الارتباط مع النظام العالمي المهيمن، ويتم ذلك من خلال آليات محددة أهمها: تسييس الجماهير ديمقراطيا وتنظيمها، وتدعم الأنتلجنسيا الوطنية التي تقوم بدرو الوسيط الاجتماعي لصياغة مشروع حضاري بديل والنضال من أجل تحقيقه.

---

(1) سمير أمين، إمبراطورية الفوضى.

نظرية العولمة والعولمة الثقافية

نظرية العولمة الاقتصادية والتنمية في البلدان النامية

تعمل نظرية العولمة الاقتصادية على توضيح أن العالم كله بعد التوقيع على اتفاقية الجات (جولة الأوروغواي 1993-1994م)، وبعد إنشاء منظمة التجارة العالمية عام 1995م، أصبح سوقا واحدة مفتوحة بلا حدود، تنظم من خلال منظمة التجارة العالمية التي تضم في عضويتها عام 2010م غالبية دول العالم. وتطرح النظرية مقولة أساسية وهي: إن التجارة هي محرك النمو في دول العالم مما يستدعي اهتمام كل دولة بتطوير قاعدتها الصناعية، وتجويد منتجاتها، وخدماتها لتصل إلى مواصفات شهادات الآيزو للجودة والتميز بحيث تفتح أسواق العالم لهذه المنتجات فيزداد دخل الدولة الناتج عن تصدير السلع والخدمات، ومتوسط دخل الفرد فيها، مما يؤدي إلى تحسن ملموس في مستوى المعيشة للأسرة والأفراد[1].

نظرية العلاقة بين الحضارات المعاصرة ومقولاتها

من الكتابات الأساسية التي تحلل واقع البلدان النامية، أو بلدان الجنوب في علاقتها بالحضارة الغربية الحديثة كتابات صاموئيل هانتنجتون، وفرانسيس فوكوياما ـ كما أشير من قبل . وقد تبنى هانتنجتون فرضية (صراع الحضارات) مصورا العلاقة بين حضارات العالم، وبخاصة حضارات الجنوب والغرب الرأسمالي، على أنها عداء وصراع ليس من جانب الحضارة الغربية التي تتميز ـ كما يؤكد ـ

---

[1]راجع : مجد الدين خمش ، " العولمة والمجتمع العربي " ، مجلة العلوم الاجتماعية ، المجلد 37 ، العدد 4 ، الكويت ، جامعة الكويت ، 2009 م.

بالتسامح، والإنسانية، وتقبل التعددية الثقافية، ولكن من جانب حضارات العالم غير الغربية التي تتميز بالاستبداد، والإنغلاق على ماضيها، وتراثها الثقافي وتجربتها الحضارية الخاصة بالرغم من الفشل الدائم لهذه التجربة في تقديم حلول حقيقية لمشاكلها المعاصرة. وتشمل هذه المشاكل الفقر، والبطالة، وتدني مستوى المعيشة ، وكثرة الإنجاب، والدكتاتورية ، والفساد.

أما فرانسيس فوكوياما فقد تبنى فرضية مخالفة لفرضية هانتنجتون، هي فرضية (أممية الرأسمالية)، وبخاصة في كتابه المعروف (نهاية التاريخ وخاتم البشر) الذي يقرر فيه أن مجتمعات العالم كلها - وبدرجات متفاوته في السرعة - تتجه في تطورها نحو النمط الرأسمالي الليبرالي الذي يسود في الغرب. ويمكن - في رأيه - لعديد من هذه المجتمعات أن يصل إلى علاقة تسامح، وتعاون بينها وبين الحضارة الغربية الحديثة تحقق هذه المجتمعات من خلال ذلك مستويات ملحوظة من الرفاهية الاجتماعية، والعدالة الاجتماعية، والحريات الفردية.

صاموئيل هانتنجتون - صراع الحضارات

يرى هانتنجتون أن المسؤل عن تخلف بلدان الجنوب وعدم نموها الاقتصادي والاجتماعي ليس الاستعمار، أو التبعية ، وإنما االشخصية القومية، أو الحضارية لشعوب هذه البلدان . فهذه الشخصية القومية وما تحتويه من عناصر متداخلة تحدد الاستعدادت الذهنية والتكنولويجة لهذه الشعوب، وبخاصة مدى تقبلها للتحديث والتطوير، وما يرتبط بذلك من مواقف معادية للحضارة الغربية الحديثة. وهو يؤكد أن هذه البلدان لا يمكن أت تصبح غربية حتى وأن إرادت ذلك، وسعت إليه، ويعود

ذلك لطبيعة الروح الحضارية فيها وما تنتجه من حركات محلية دينية وغير دينية تناصب الغرب العداء الصريح كما هو الحال بشكل خاص بالنسبة للحضارتين الكونفوشية والحضارة الإيرانية. ويتنبأ هانتنجون ـ بالإستناد إلى أدلته وتحليلاته ـ أن العلاقات بين الحضارات المعاصرة ستتسم خلال العقود القادمة بالصراع وليس التعاون[1].

وبما أن حضارات العالم تقف موقف المشاكسة، والعداء للحضارة الغربية المعاصرة يقترح هانتنجتون أن على الحضارة الغربية نتيجة لذلك أن تتوقف عن التعاون مع هذه الحضارات المعادية، وبخاصة في مجالات حل النزاعات المحلية في البلدان النامية، وعدم تصدير التكنولوجيا الحديثة إلى هذه الحضارات. كما يتقرح أن تركز الحضارة الغربية على توحيد الغرب اقتصاديا وسياسيا، وتطوير إمكانياته ماديا وروحيا، وهي الإمكانات التي أعطت الحضارة الغربية تميزا لم تحققه أية حضارة اخرى قديمة أم معاصرة. وهو تميز يقوم على الخصائص التالية: الإرث الحضارة الكلاسيكي، أو اليوناني (وكان للعرب والمسلمين دور واضح في حفظ هذا التراث ونقله إلى اوروبا)، والمسيحية الغربية التي ساهمت في تشكيل هوية الغرب، والعلمانية أو الفصل بين ما هو مقدس وما هو دنيوي، وسيادة القانون، والتعددية الاجتماعية، والمجتمع المدني، والتمثيل النيابي الديمقراطي، وحقوق الإنسان، والفردية الإنجازية.

ويؤكد هانتنجتون إضافة إلى ذلك أن هذه الخصائص التي أعطت الحضارة

(1).صاموئيل هانتنجتون ، صدام الحضارات وإعادة صنع النظام العالمي (مترجم) ، 1994 م .

الغربية تفردها، وتميزها من الصعب أن تتحقق في الحضارات المعاصرة الاخرى، وبالتالي لن تستطيع هذه الحضارات أن تصل إلى مستوى الغرب وإن حققت بعض التحديث والتطوير ـ ما عدا الحضارتين اليابانية والهندية ـ اللتين استوعبتا، ووطنتا عددا من هذه الخصائص فتحولتا إلى حضارات غربية متقدمة خارج حدود الغرب الجغرافية.

فرانسيس فوكوياما ـ أممية الرأسمالية

يرى فوكوياما على عكس هانتنجتون ـ أن مجتمعات العالم جميعها تسير نحو الديمقراطية الليبرالية، ولكن بسرعات متفاوته، وبخاصة بعد انهيار الاتحاد السوفياتي، والتجربة الاشتراكية بشكل عام الذي نتج عنه انتصار ساحق للديمقراطية الليبرالية[1]. وتمر المجتمعات ـ في رأية ـ بمرحة سابقة على الديمقراطية الليبرالية يسود فيها الاستبداد، والقمع، والتخلف، ويعطي مثلا لهذه المرحلة ما كان سائدا في بلدان الاتحاد السوفياتي سابقا.

ولكي تتخلص المجتمعات من سلبيات هذه المرحلة وتنتقل إلى مرحلة الديمقراطية لا بد من توفر شروط سياسية وغير سياسية هي الشروط الاجتماعية الحضارية. ويعطي فوكوياما لهذه الشروط الأخيرة اهمية كبيرة في تحقيق التحول الديمقراطي في المجتمعات. وأهم هذه الشروط الاجتماعية ـ الحضارية ما يلي:

- تطور البنية الاجتماعية نحو التأكيد على المساواة بين الأفراد، وتقليل الفوارق

(1) فرانسيس فوكوياما ، نهاية التاريخ وخاتم البشر ، مترجم ، ط1 ، القاهرة ، مركز الأهرام للترجمة والنشر ، 1996 .

الطبقية، والطائفية، والإقليمية بينهم، وإنتاج عادات ومفاهيم ذهنية مرتبطة بمثل هذا التطور ومدعمه له.

- قيام المجتمع النامي بإيجاد وتدعيم مراكز السلطة الوسيطة التي تتوسط بين الأفراد والدولة، أي إيجاد مجتمع مدني نشط، وفعال، يتمكن الناس من خلاله من ممارسة حرياتهم دون ضرورة للاعماد على الدولة فقط.
- عدم المبالغة بالتميز القومي، أو خصوصية الهوية الذي قد يدفع المجتمع النامي إلى العزلة الحضارية، وإلى ممارسة التعصب الثقافي، مما يجعله يرفض اقتباس وتعلم ممارسات حضارية جديدة وحديثة .
- الوصول إلى تفسيرات مستنيرة للنصوص الدينية تحل محل التفسيرات القديمة، فغالبية القيم الدينية في الأديان المختلفة تدعم المساواة والعدالة الاجتماعية، والتسامح، وهي أيضا من القيم الأساسية للديمقراطية الليبرالية. وبالتالي من المهم التأكيد في التفسيرات الجديدة على مثل هذه القيم.

ويرى فوكوياما أن هناك أديان تعيق الوصول إلى الديمقراطية الليبرالية مثل الهندوسية التي ترفض التسامح والمساواة، أما الديانات السماوية التي تؤكد على التسامح والمساواة، والعدالة الاجتماعية مثل الإسلام المعتدل فإنها تحبذ الشورى والمشاركة، وتلقتي في ذلك مع قيم الديمقراطية الليرالية. وهو يقف موقفا نقديا من الحركات الدينية المتطرفة التي تمارس العنف والإرهاب ضد الدولة، وضد المجتمع بجماعاته وأفراده، وتطرح نموذجا استبداديا للحكم مناقضا للديمقراطية.

- توجه الصفوة السياسية والاجتماعية المخلص لدعم القيم والممارسات الديمقراطية

الليبرالية في الحياة اليومية بحيث تصبح هـذه الصفوة قدوة لعامـة النـاس. ومـن هـذه الممارسات: حرية التعبير، والحريـات الشخصـية، وحريـة الاجـتماع، وتكـوين الأحـزاب والمشاركة السياسية في الحكم.

ويؤكد فوكوياما على الدور الحاسـم لهـذه العوامـل الاجتماعيـة أو الحضـارية في نقل المجتمعات الناميـة إلى مرحلـة الديمقراطيـة الليبراليـة. فـاختلاف الشـعوب في هـذه العوامل يفسر كيـف أن الدسـاتير المتماثلـة قـد تـؤدي مهمتها بكفـاءة، وسلاسـة في دول معينـة، ولا تؤديهـا بكفـاءة في دول أخـرى. كـما يفسرـ السـبب في رفـض الشـعب نفسـه للديمقراطية في عصر ما، وتبنيه إياها دون تردد في عصر آخر.

نقد نظريات التنمية والتحديث في ضوء خبرة المجتمع العربي

على الرغم من وجاهة المقولات التي طرحتها هذه النظريـات جميعهـا وحيادهـا النسبي إلا أنهـا تبقـى قـاصرة عـن تقـديم تحليـل حقيقـي لواقـع التنميـة والتحيـدث في المجتمع العربي المعاصر. وهذا ينطبق، وربما يشكل أكثر حدة عـلى المقـولات التـي قامـت عليها نظرية التحديث، كما ينطبق على بعض المقولات التي قامـت عليهانظريـة التبعيـة. فالمجتمع العربي بشكل عام لم يعرف الإقطاع المـنظم كـما عرفتـه أوروبـا الغربيـة. وهـذا يعني أن هذا المجتمعفي تطوره يصل إلى وضع حضاري يتشـابه مـع النمـوذج الغـربي في بعض الجوانب المحددة مثل التصنيع واستخدام التكنولوجيا، لكن نظرا لبناءاتـه الثقافيـة الخاصة قد يصل إلى وضع حضاري يتناسب مع تجربته الخاصة.

ومن جهة أخرى، فقد أوضحت التجربة أن المجتمع قد لا يسير بالضرورة

في خط عمودي مستقيم صعودا نحو التحديث طيلة الوقت، إذ إن المجتمع قـد يصل إلى وضع أو مرحلة، حضارية معينة ثم يتوقف، وقد يعود أحيانا إلى نقطة قريبـة مـن نقطة البداية، ليسير بعدئذ في مسار جديد تحدده الظروف التاريخيـة الخاصـة بهـذا المجتمـع. فتجارب النمو تـرتبط بعوامل متعـددة بعضها داخلـي يتعـلق بحجم السـوق وطبيعـة الأنشطة الإنتاجية والتقنية المستعملة فيها، وبعضها خارجي يتعلق بالعلاقات مـع القـوى الإقليمية ، ومع قوى المراكز المتقدمة.

أما بالنسبة لمقولة المرحلة الانتقالية التي قامت عليها النظرية التصنيفية فإنها في المجتمع العربي قد لا تكون انتقالية أبدا ، فهذا الوضع الانتقالـي قـد يكتسـب مـع الـزمن صفة الثبات والديمومة. فالمؤسسات التقليدية كالعائلة الممتدة ، والروابط الأسرية ـ وهي ليست من مؤسسات التحديث التي حددتها النظريـة التصنيفيـة ـ أدت دورا ولا تـزال في تحديث وتنمية المجتمع العربي. وتجربة المجتمع اللبناني تقدم الدليل الميداني عـلى قـدرة هذه المؤسسات على تكييف نفسها لمتطلبات الاقتصاد الحديث حيث ساهمت الشركات الأسرية بدور كبير في تطوير القطاع الخاص اللبناني . كما توضح بيانـات مـن دول الخليج العربي قدرة المؤسسات التقليدية على تكييف نفسها وفقا لمتطلبات المجتمع الحـديث [1] مما يشير إلى أن المجتمع العربي في تطوره قد يتجه نحو نموذج حضاري خاص بـه، نمـوذج أقرب إلى النموذج الياباني ، أو الكوري الجنوبي منه إلى النموذج الغربي الخـالص. فـدور الحكومات العربية

---

1) جهينة سلطان العيسى، " تأثير صناعة النفط على تحديث إتجاهات وقيم العمال: دراسة ميدانية ، مجلة دراسات الخليج والجزيرة العربية ،السنة 6 ، العدد،22، الكويت ، جامعة الكويت ،1980..

المعاصرة في التنمية يذكرنا ولا شك بالدور الـذي قامـت بـه الحكومـة اليابانيـة في بدايـة تطور المجتمع الياباني، وما قامت به الحكومة الكورية الجنوبية في بدايـة تطور الاقتصـاد الكوري . أضف إلى ذلك، أن المجتمع الياباني أبدى إعجابا وولعا شـديدن في بدايـة تطوره بالتكنولوجيا الغربية، لكنه رفض العادات الغربية، مما أنتج حركة في اتجاه إحيـاء التـراث الياباني والتمسك به، إلى جانب حركة نحـو التصنيع، وهـذا يمكـن أن ينطبـق عـلى واقـع المجتمع العربي المعاصر.

وفيما يتعلق بالمجتمعات النامية، وبخاصـة الهنـد وبعـض المجتمعـات الآسـيوية الآخرى، فقد أوضحت الملاحظات التي قام بها جوزيـف جشـفيلد [1] خطـأ سـبع فرضيات يقوم عليها التحليل التصنيفي للمجتمعات، وهذه الفرضيات الخاطئة هي:

1- المجتمعات النامية مجتمعات جامدة.

2- الثقافة التقليدية كل متجانس من القيم والتوقعات السلوكية.

3- المجتمع التقليدي بناء اجتماعي متجانس.

4- التغيرات الجديدة بديل للتقاليد القديمة.

5- الأشكال التقليدية والحديثة في صراع دائم.

6- التقليدي والحديث نظامان متعارضان، يلغي أحدهما الآخر.

7- عمليات التحديث تضعف الأبنية التقليدية.

([1]) Joseph Gusfield ,Tradition and Modernity : Misplaced Polarities in the Study of Social Change ",
American Journal of Sociology ,No,72,1968. .

وتحدي لويد رودلف وسوزان رودلف [1] في دراستهما حول النظام الطبقي الهندي التعارض الذي يفترضه المدخل التصنيفي بين التقاليد والتحديث فهما يوضحان أن نموذج التحديث نموذج مثالي لا ينتمي إلى المجتمعات النامية. ويؤكدان أن المجتمعات النامية يمكن أن تتطور بقدراتها الذاتية ودون الحاجة للقوى الخارجية. وفهم التقاليد في البلدان النامية ـ في رأيهما ـ يؤدي إلى فهم أعمق لعملية التحديث، وعدم تعارضهما مع التقاليد [1].

ويسير ملتون سنجر في هذا الخط ذاته حين يؤكد أن الملاحظات العلمية الحديثة للديانات الآسيوية تشير إلى بعدها عن الجمود، وإنها لا تقف عائقا أمام التطور ذلك أن القيم التي تشتمل عليها هي قيم عامة، ومجردة ، تخضع لتفسيرات متجددة حسب الظروف السياسية والحضارية. ويوضح أن العلاقة الخاصة التي ربطت بين الزهد البروتستانتي والتطور الصناعي الرأسمالي والتي ركز عليها ماكس فيبر تمثل حالة خاصة من حالات التفاعل بين القيم الدينية والنمو الاقتصادي. وليس من الضروري أن تتكرر هذه العلاقة نفسها في الحضارات الأخرى غير الغربية.

وفي عام 1978 ركز تيرنر [2] على انتقاد كتابات دانيال ليرنز ـ أحد أبرز ممثلي النظرية التصنيفية ـ موضحا أن ليرنز يتخذ من المجتمع الغربي إطارا

([1]) Loyd Rodelph and Susanne Houber Rodelph , The Modernity of Tradition: :Political Development in India ,Chicago , University of Chicago Press,1967. .

([2]) Brain Turner , Marx and the End of Orientalism , London , Allen and Unwin ,1978. .

مرجعيا لتفسير تطور النامي ضمن الإطارالدولي. وهذا انتقاد جوهري ليس فقط لكتابات ليرنز وإنما لكتابات غالبية ممثلي الاتجاه التصنيفي أمثال دافيد ماكليلاند ، وانكليس وسميث، وروستو ، وكاهل- وقد سبق الإشارة إليها. وسيتضح لنا بعد قليل أهمية الإطار المجتمعي الدولي لفهم التنمية وتحليلها على مستوى المجتمع التقليدي، في إطار عولمة الأسواق.

أدرك الباحثون والدراسون فشل نظرية التحديث في الغرب بشكل سريع والدليل على ذلك ظهور نظريات جديدة منذ بداية الستينيات من القرن العشرين ترفض النظرية التصنيفية وتعمل على تجاوزها، لكن يبدو أن هذا الفشل لم يدرك بشكل عميق بعد في العالم العربي. فبالرغم من وقوع أغلب أجزاء الوطن العربي تحت الحكم الاستعماري الأوروبي المباشر إلا أن هذا الاستعمار لم يقع لأسباب اقتصادية، وإنما وقع لأسباب سياسية. فالعالم العربي قبل اكتشاف البترول لم يكن يملك- فيما عدا أجزاء محدودة منه ـ ثروات الهند أو امريكا اللاتينية. وبالتالي، فإن المستعمر الأوروبي ابتعد في أغلب الأحيان عن إجراء عمليات نقل واسعة للثروات الوطنية إلى المركز كما حصل في النهد مثلا.

وكانت المنطقة العربية ومنطقة الشرق الأوسط عموما قد دخلت مرحلة الركود الاقتصادي العميق بدءا من بداية القرن الرابع عشرـ الميلاد إثر تحول طرق التجارة الدولية إلى رأس الرجاء الصالح ومنه إلى بلدان أوروبا المختلفة. وقد تمثل هذا الركود في ضعف التجارة ونضوب الموارد المالية التي كانت تأتي بها، وتآكل النظم الإنتاجية الزراعية والحرفية، وتدهو الأمن ووسائل المواصلات، وانتشار

الأوبئة والمجاعات[1].

وأهم طرق التجارة الدولية التي جلبت كثيرا من منتجات الهند والصين إلى العالم الإسلامي ومنه إلى بلدان أوروبا وبخاصة إلى جنوا والبندقية على البحر الأبيض المتوسط طريقين هما: الطريق البري الطويل عبر سفوح آسيا الوسطى من الصين إلى البحر الأسود ومن هناك إلى بلدان أوروبا. والطريق البحري ـ البري من الهند إلى رأس الخليج العرب، ومن ثم بطريق البر إلى بغداد ودمشق، ومدن الأراضي المقدسة، ومن هناك بـرا أو بحـرا إلى الإسكندرية والقاهرة ثم إلى الموانئ الأوروبية على البحر الأبيض المتوسط.

وعملت الموارد المالية المتدفقة ـ التي كانت تجلبها التجـارة الدوليـة إلى مـدن وثغور وموانئ المجتمع الإسلامي ـ إلى إزدهار هذا المجتمع بجميع فئاته. فكانـت القبائـل البدوية تحصل على دخل مالي جيد نتيجة لما كانت تقدمـه مـن خـدمات لقوافل التجار مما كان يؤمن لها ـ إضافة لما كانت تحصل عليه من تربية المواشي ـ إكتفاءا ذاتيا استمر طوال قرون. ووفر هـذا للمزارعين وسكان القـرى التـي تقـع عـلى أطـراف الصحراء، أو بالقرب منها، ظروفا آمنة لزراعة الأرض بنشاط وتسويق منتجاتها في المدن القريبة بحيث أمن ذلك لسكان القرى دخلا ماليا متجددا، وأمن في الوقت ذاتـه لسكان المـدن وفرة في الغذاء والمنتجات الاستهلاكية الأخرى مكنتهم مـن التفـرغ للحـرف والصـناعات والعلـوم. ودعمت المواد الأولية التي كان يجلبها التجار مكانـة هـذه الحـرف والصـناعات والعلـوم وقدمت لها الشروط اللازمة لتوسعها

---

[1] Majduddin Khamesh , Jordan and the World System : Development in the Middle East , West Germany , Verlag Peter Lang ,1984 ,pp.24-25. .

وتطورها.

أما التجار فكانوا أكثر الفئات الاجتماعية إزدهارا وثروة نتيجة لارتباطهم المباشر بالتجارة الدولية ونشاطاتهم المتعددة. وعملت قدرتهم المالية هذه على تقريبهم من القادة العسكريين والسياسيين ومن الخلفاء والسلاطين، والوزراء الذين اعتمدوا على المكوس والضرائب التي يجنونها من هؤلاء التجار لدعم خزينة الدولة، وتوفير الموارد المطلوبة لتجهيز الجيوش وتمويل الحملات العسكرية، مما امن للعالم الإسلامي قدرات عسكرية فعالة ـ دفاعيا وهجوميا ـ حافظت على حدود هذا العالم من الاختراق حتى نهايات القرن السادس عشر ـ إذا ما استثنينا الغزوات الصليبية والمغولية التي تمكن العالم الإسلامي في النهاية وبقدراته الذاتية من دحرها والتخلص منها.

وبشكل عام يمكن القول بالتالي أن التجارة الدولية شكلت النشاط الإنتاجي الأساسي الذي مول جميع الأنشطة الاخرى في المجتمع سواء اكانت سياسية، أم اجتماعية. ومن هنا يتضح الأثر الفادح الذي يمكن أن يتركه انهيار هذه التجارة ليس بالنسبة للتجار فقط وإنما بالنسبة لجميع فئات المجتمع ومؤسساته الأخرى، بما في ذلك مؤسساته السياسية. وهذا ما حصل فعلا، فما أن قام البرتغاليون باكتشاف مضيق رأس الرجاء الصالح في عام 1498م، حتى أقاموا صلات تجارية مستقلة مع الهند عملوا من خلالها على نقل البضائع والسلع والمنتجات الهندية عبر خط بحري مباشر خاص بهم ـ مستقل عن الخطوط العربية الإسلامية ـ إلى الموانئ الأوروبية في جنوا والبندقية مما أدى إلى تحقيقها الأرباح وتركيزها مما ساهم في أزدهارها المالي والتجاري على حساب المدن والموانئ العربية والإسلامية التي بدأت بالتراجع

والإنحسار.

ولم تتأثر المدن والموانئ الإسلامية فقط نتيجة نضوب موارد التجارة الدولية إثر إقامة الطريق البحري الأوروبي بين الهند وأوروبا وإنما امتد التأثير إلى جميع فئات المجتمع التي ارتبطت بشكل مباشر أو غير مباشر بهذه التجارة. فقدت القبائل البدوية جزءا أساسيا من دخلها مما دفعها إلى غزو القرى والمناطق الزراعية، وأحيانا المدن القريبة من الصحراء، للحصول على حاجاتها. فاضطرب الأمن، وتراجعت سلطة الدولة، وضعفت الزراعة مما مهد لحدوث المجاعات في المدن نتيجة نقص الأغذية، والمنتجات الاستهلاكية فيها. وخسر الحرفيون والصناع والعلماء موردا أساسيا من دخلهم المالي، وموارد المواد الأولية التي يستخدمونها في نشاطاتهم مما أدى إلى ركود هذه النشاطات وتراجعها.

ولم تلبث هذه التأثيرات المدمرة أن وصلت إلى مؤسسات الدولة ذاتها بعد أن تناقصت موارد الخزينة بشكل لا يمكن تعويضه مما أدى إلى توقف المشاريع التي تمولها الدولة والتي كانت تدعم المجتمع المدني، وبخاصة الفقراء فيه. وأدى ذلك أيضا إلى تراجع قدرة الدولة على تجهيز الجيوش وتمويل الحملات مما أضعف القدرات الدفاعية للعالم الإسلامي خارجيا وداخليا.

وقد وصل هذا الركود ذروته في القرن الثامن عشر حين بدأت الدولة العثمانية (ممثلة العالم الإسلامي آنذاك) بالاستدانة من الدول الأوروبية مرة تلو المرة دون أن تنجح في التخلص من هذا الركود. ومهد ذلك لقيام مجموعة من الدول الأوروبية بالتدخل في اقتصاد الدولة العثمانية والعمل على تخفيض قيمة العملة العثمانية، وإعطاء امتيازات خاصة جدا للتجار الأوروبيين في أنحاء متفرقة من

الإمبراطورية العثمانية. وميز هذا النمط من الاستدانة أيضا فترة حكم الأسرة الخديوية في مصر في القرن التاسع عشر وجزءا من القرن العشرين. مما مهد لوقوع غالبية البلدان العربية في قبضة الدول الأوروبية المستعمرة، وتفكك الدولة العثمانية واقتسام ممتلكاتها بين عدد من الدول الأوروبية وبخاصة روسيا، وبريطانية، في بدايات القرن العشرين.

ولم يكن اهتمام بريطانيا طوال القرنين الثامن عشر والتاسع عشر بالمنطقة العربية نتيجة لثرواتها، أو غناها بالموارد ـ وهي في معظمها صحراء قاحلة ـ وإنما نتيجة لموضعها الاستراتيجي على طريق الهند. حيث أصبح الطريق إلى الهند يمر عبر مصر بعد فتح قناة السويس مما زاد من أهمية مصر خاصة بالنسبة لبريطانيا. وتوضح تحليلات دودويل أن بريطانيا كانت تقيم موقفها من حركة محمد علي في مصر ـ في ضوء تأثيرها على الطريق إلى الهند ويؤكد عبد الوهاب بكر أيضا أن أهمية مصر الاستراتيجية طوال القرن التاسع عشر كانت تنبثق من كونها منطلقا للتجارة العابرة بين الهند وآسيا[1]. وقد يكون هذا الاهتمام مرتبطا أيضا بمحاولات الدول الأوروبية إزعاج الاستقرار الداخلي للدولة العثمانية تمهيدا لإضعافها، ثم اقتسامها ـ وهو ما حدث فعلا كما أشير من قبل. وعلى الرغم من ذلك فقد حدثت عمليات استغلال وتشويه لبنية الاقتصاد المصري، فاختراق السوق

---

(1) H Dodwell, The Founder of Modern Egypt , Muhammed Ali , Cambridge University Press, 1937 .

وأيضا :عبد الوهاب بكر، " ملاحظات على الحياة الاقتصادية في ولاية مصر خلال القرنين الثامن عشر والتاسع عشر "، في عبد الجليل التميمي ، الحياة الاقتصادية للولايات العربية ومصادر وثائقها في العهد العثماني ، تونس ،مركز الدراسات والبحوث عن الولايات الإسلامية، 1986.

المحلية وعدم السماح بتراكم فائض الإنتاج داخليا أبقى نمط الإنتاج المحلي متخلفا إلى جانب نمط إنتاج رأسمالي محدود لكن ذي توجه خارجي.

والعملية ذاتها تقريبا تمت في سوريا وفي أجزاء أخرى من الدولة العثمانية في القرن العشرين. ففي سوريا نتيجة لاستنزاف فائض الإنتاج بطرق شتى وعدم تراكمه داخليا تراجعت الحرف في دمشق وحلب تراجعا مدمرا بعد تعافيها النسبي من الآثار المدمرة لتحول طرق التجارة الدولية عن المنطقة العربية. فقد ذكر قنصل فرنسي ـ في تقرير له أعده سنة 1845 أن عدد الأنوال في حلب هبط إلى (1500)، وفي دمشق إلى (1000) مقابل إجمالي العدد السابق للمدينتين وهو (12000) نول. مما أفقد عشرات الألوف من النساجين، وبعض الحرفيين، عملهم، وحطم النقابات التي كانت تؤدي دورا مهما في حياة المدن السورية. ورافق هذه العمليات تدفق السلع المصنعة من أوروبا التي أغرقت الأسواق السورية برخص أسعارها وأدت إلى تراجع الإنتاج المحلي من أوروبا التي أغرقت الأسواق السورية برخص أسعارها.

وهذه العمليات ذاتها: الاختراق، والإغراق، ثم الإدماج في النظام الرأسمالي حدثت أيضا في أجزاء أخرى من البلدان غير الأوروبية. وتوضح تحليلات فرانسيس مولدر أن ذلك حصل في الصين خلال القرن التاسع عشر ـ أبان ضم الصين إلى تخوم النظام العالمي، كما توضح تحليلاته أن عدم ضم اليابان إلى تخول النظام العالمي ساعد على نموها وتطورها بشكل سليم لتصبح القوة الاقتصادية الهائلة التي نراها

اليوم [1].

إلى جانب هذه العمليات الثلاث وهي: الاختراق، والإغراق، والإدماج التي ميزت العلاقة بين النظام العالمي وبين المنطقة العربية بشكل عـام، يبقى الاستغلال العملية الأساسية التي ميزت وتميز العلاقة بين النظام العالمي والبلدان النامية بشكل عام. وتوضح البيانات الإحصائية المأخوذة عن فؤاد مرسي أن استثمارات المراكز الرأسمالية في البلدان النامية وصلت عام 1980 إلى (128) مليار دولار أمريكي، تناقصت عـام 1987م إلى (85) مليار دولار فقط. بينما وصلت العائدات التي حصلت عليها المراكـز الرأسمالية من البلدان النامية إلى (84) مليار دولار عام 1980، أي بفارق قدره 44 مليار دولار لمصلحة البلدان النامية. وقد وصلت هذه العائدات عام 1987 إلى (147) مليار دولار، أي بفارق قدره (62) مليار دولار لمصلحة المراكز الرأسمالية.

ومن جهة أخرى، فقد تكون العلاقة بين العالم العربي وأوروبا وبخاصة بعد وقوع أجزاء واسعة من العالم العربي تحت السيطرة الاستعمارية المباشرة علاقة تبعيـة سياسية، لكن في الوقت الحاضر، وبعد عقود من الاستقلال السياسي، فإن أغلب الدول العربية لا تنظر إلى علاقاتها مع أوروبا الغربية على أنها علاقة تبعية، وبخاصة في المجال السياسي وإنما تنظر إليها على أنها علاقة محايدة نسبيا، ومفيدة إلى درجة كبيرة فيما يتعلق بالحصول على التكنولوجيا اللازمة للتنمية في هذه البلدان العربية. وقد رأينا في صفحات سابقة كيف أن العالم العربي بشكل عام ينظر

[1] فؤاد مرسي ، الرأسمالية تجدد نفسها ، الكويت ، وزارة الثقافة والإرشاد القومي ، 1990.

باحترام وإعجاب إلى التكنولوجيا الغربية، فموقفه من هـذه التكنولوجيا موقـف إيجـابي لكن الموقف من القيم الثقافية وأنماط السلوك الغربية موقـف متنـاقض إذ تقبلـه عديد من الجماعات بينما ترفضه جماعـات أخـرى . وازداد هـذا الموقـف وضـوحا وحـدة بعد تنامي تيار العولمـة في بدايـة القـرن الواحـد والعشرـين . ولا يسـتطيع العـالم العربي، في الواقع، أن يعزل نفسه عن الغرب الصناعي فهو بحاجة مستمرة إلى التكنولوجيـا الغربية لتطوير القدرات الإنتاجية العربية إلى أن تستطيع هذه القدرات إنتاج تكنولوجيا خاصة بها لتلبية حاجاتها المختلفة وحاجات مواطنيها.

وينظر العالم العربي إلى مراكز النظام العالمي أيضا على أنها مصـدر للمسـاعدات المالية الإنمائية التي تدعم خطط التنمية فيها، وتدعم الناتج القومي الإجمالي فيها أيضـا ، وتدعم قضاياه السياسية ، وبخاصـة حـل القضية الفلسطينية ، وإقامـة الدولـة الوطنيـة الفلسطينية على التراب الوطني الفلسطيني . ومع ذلك فإن التبعية الاقتصادية موجـودة، فهي حقيقة قائمة مرتبطة بإنتاج المواد الخام في البلدان العربيـة وما تحتلـه هـذه المـواد من أهمية بالنسبة للبلدان الصناعية بشكل عام.كما أن هذه التبعية شـديدة الوضـوح في المجالات الزراعية ، والإليكترونية . وهذه التبعية ليست تبعية للغرب بالتحديد وإنما هـي تبعية للدول الصناعية بشكل عام بما في ذلك اليابان، والصـين. ويؤمـل أن تـتمكن الـدول العربية بعد انضمامها للعولمة من أن تنجح في تطوير قدراتها الإنتاجيـة الداخليـة والنفـاذ في الأسواق العالمية بما يقلل من هذه التبعية .

ويعود الضعف في القطاع الزراعـي العربي إلى جمـود الإنتاجيـة وعـدم نموهـا ، وبخاصة بالنسبة للحبوب، واللحوم، ومنتجات الألبان، كما يعود أيضا إلى

التزايـد الكبيـر في عـدد السـكان(حيـث يصـل عـدد سـكان البلـدان العربيـة في منتصف عام2010 م إلى 335 مليون نسمة)، والتزايد في حجم الطلب على هذه المنتجات نتيجة لارتفاع القدرة الشرائية لدى غالبية الفئات الاجتماعية في الوطن العربي ، وبخاصة الفئات الوسطى والعليا. لذا ينبغي أن تقوم السياسات المستقبلية في القطاع الزراعي على الاستفادة مـن بنود إتفاقية الجات لتنمية وتطوير عرض السلع الزراعية مـن جهة، وضبط جانب الطلب من خلال مجموعة مـن الآليـات الداخليـة والسـعرية المناسـبة مـن جهـة أخرى. وباختصار فإن معادلة الأمن الغذائي العربي معادلة لها بعدان: وهمـا: البعد الإنتاجي، والبعد التوزيعي ، فإذا اضطربت العلاقة بينهما اختل الموقف وتهدد هذا الأمن الغذائي . ويجب عدم التهاون في هذه السياسات في ضوء التزايد السريع في عـدد السكان في الوطن العربي ـ كما اتضح سابقا ـ وفي ضوء التوجه الاستهلاكي القوي الذي يميز غالبية فئات المجتمع.

أما بالنسبة للتصنيع فقد تميز بـالجمود سـواء فيما يتعلـق بحجـم الإنتـاج، أو تنوعه،أو القدرات التصديرية، إذ لم يغطـي الإنتـاج الصناعي حاجـة الـدول العربيـة مـن الآلات والسلع الأخرى المصنعة، وبالتالي لم تتمكن هذه الدول مـن تقليـل اعتمادهـا علـى المستوردات المصنعة في الخارج.

لذلك لا غرابة أن نجد نغمة اليأس واضحة في تقرير لجنة الجنوب الـذي قدمـه جوليوس نيريري[1] ، رئيس لجنة الجنوب منذ عام 1990، إذ يعكس هذا التقرير

---

(1) جوليوس نيريري، رئيس لجنة الجنوب، " تقريـر لجنـة الجنـوب: تحديـات أمـا الجنـوب "، بيـروت: مركز دراسات الوحـدة العربية، 1990، ص 89.

مدى التشاؤم العميق الذي يسيطر على دول الجنوب ـ ومنها البلدان العربية بعد عقود من التنمية التي لم تغير، أو تعدل، من وظيفة هذه البلدان في إطار التقسيم الدولي للعمل. فما زالت هذه البلدان في غالبيتها، منتجة ومصدرة للمواد الخام، ومستوردة ومستهلكة للسلع المصنعة، والسلع الزراعية والغذائية. ولا تزال هذه البلدان فقيرة وتابعة، ولم تزدد فيها درجة الاعتماد على الذات مما أدى إلى استمرار تبعية هذه البلدان وإلى ازدياد الفجوة بين الشمال والجنوب.

ويوضح التقرير. العوامل التي أدت إلى هذا الوضع الحزين ـ وهي عوامل تزيد درجة تبعية البلدان النامية، بلدان الجنوب ـ وانكشاف اقتصادياتها للمراكز الرأسمالية في آسيا وأوروبا . ومن أبرز هذه العوامل: الاستثمار الكثيف في الصناعات الاستخراجية، والمنتجات الأولية المعدة للتصدير، واعتماد إقامة المشاريع الإنتاجية على إساس تسليم المفتاح، ووفق تقنيات معقدة لا تنسجم مع حاجات هذه البلدان وإمكاناتها، ولا مع قدرات العلماء المحليين فيها، وتوظيف رؤوس أموال كبيرة لإقامة الصناعات الاستهلاكية والكمالية لإشباع حاجات فئات اجتماعية محدودة، وعدم تطوير المشاريع الإنتاجية للمنافسة عالميا.

وتبرز هذه العوامل بشكل واضح في حالة البلدان العربية، وبخاصة النفطية منها إذ أن الاستثمار الكثيف في الصناعات الاستخراجية أكثر ما يميز اقتصاديات البلدان النفطية العربية. وهي اقتصاديات محكومة بسبب هيكلها ذاته بالتبعية، والمحاصرة، والهيمنة نظرا لاعتمادها الأساسي على تصدير النفط، ونظرا لأهمية النفط كمصدر للطاقة الصناعية في بلدان المركز. وتعمد بلدان المركز هذه إلى إبقاء تدفق النفط إلى صناعاتها حتى وإن أدى ذلك إلى استعمال وسائل عسكرية يشار إليها

احيانا بـ "دبلوماسية السفن الحربية". ويعمل رجـال الفكـر فـي هـذه البلـدان عـلى بنـاء النماذج المستقبلية لاستشراف الأزمات المحتملة بهدف اختيار السياسات اللازمة لاستمرار تدفق النفط وعدم انقطاعه عن المراكز الغربية الصناعية.

وهكذا توضح التحليـلات التـي استرشـدت بالمقـولات الرئيسية لنظريـة التبعيـة إمكانية الاستفادة من هذه المقولات لفهم العلاقة المعاصرة بين البلـدان العربيـة والغـرب الصناعي. كما يوضح منهج المؤشرات المستخدم أن هذه البلدان تعـاني بشكـل خـاص مـن آثـار التبعيـة الاقتصاديـة. وقـد قللـت أزمـة الخليـج وحـروب الخليـج الأولى والثانيـة، ومـا رافقهما من انقسامات سياسية حادة في العالم العربي مـن سيطرة العـرب عـلى ثرواتهـم البترولية، وعطلت دور منظمتي الأوبك والأوابك اللتين مارستا درجة واضحة من السيطرة على إنتاج هذه الثروات قبل حروب الخليج ؛ مـما حـول العـرب مـن مقـرري أسعـار إلى متقبلي أسعار، وبخاصة بعد الأزمة المالية العالمية التي بدأت في نهاية عام 2008 م .

أمـا بالنسبـة لنظريـة النظام العالمي الحديـث فإنهـا في تركيزهـا عـلى العامـل الاقتصادي كمعيار لتقسيم الدول طبقيا داخل النظام العالمي وكأداة لضم هذه الدول إلى هذا النظام، أهملت العامـل السياسي ودوره المميـز في بعـض المجتمعـات الناميـة ومنهـا المجتمع العربي. وعلى الرغم من أن هناك اتفاقا على أهميـة العامـل الاقتصادي كمعيـار للتقسيم الطبقـي داخـل النظـام العالميـن فـإن هنـاك اختلافـا حـول دور هـذا العامـل الاقتصادي في البدايات الأولى لعملية ضم المناطق خارج أوروبا الغربية إلى النظام العالمي الحديث. ويؤكد إيمانويل والشتين في هذا السياق أن عمليات الضم هذه وقعت لأسباب اقتصادية، وبخاصة ما يتعلق بتوفير المواد الخام وما يتعلق بفتح

أسواق جديدة.

يتضح من هذا التحليل أن أداة الضم كانت اقتصادية على الأغلب، وعسكرية في بعض الأحيان. فالتجارة الخارجية إذن هي الأداة التي سهلت عملية الضم هذه. ويصدق هذا التحليل طبعا، ,إلى حد كبير، على العلاقة المعاصرة بين دول المركز ودول المحيط، فالتجارة الخارجية حاليا هي الأداة المستعملة لتدعيم هذا الضم وللمحافظة على التقسيم الطبقي الراهن للنظام العالمي الحديث.

إن الأدلة التاريخية المتوفرة لدينا توضح أن مثل هذا التحليل لا يصدق على البدايات التاريخية لعملية ضم العالم العربي إلى النظام العالمي الحديث التي بدأت مع نهاية القرن السابع عشر- فربط مصر- مثلا بالعالم الغربي تم أساسا لأسباب سياسية وعسكرية تتعلق بتأمين طرق المواصلات بين بريطانيا والهند أكثر من أن يكون قد تم من خلال التجارة الخارجية. وضم مصر إلى النظام العالمي تم بوسائل عسكرية صرفه بعد هزيمة محمد علي، وبعد تدمير قوته العسكرية، وقد حصل هذا أيضا في أغلب الدول العربية الأخرى التي خضعت للاستعمار فترة من الوقت.

وقد اتخذ رد فعل العالم العربي والإسلامي (الدولة العثمانية آنذاك) صورا متعددة أهمها المقاومة العسكرية التي لم تكن حاسمة أو فعالة نظرا للتفوق التكنولوجي لدول المركز. وكان هناك ردود فعل أخرى إيديلوجية وإدارية، أهمها إصدار السلاطين العثمانيين ما عرف بالتنظيمات في النصف الثاني من القرن الثامن عشر- التي هدفت إلى تحديث الجيش والإدارة العثمانية على النمط الغربي الحديث، لكن هذه التنظيمات، أو التجديدات لم تؤد إلى نتائج ملحوظة. وفي مصر كانت تجربة محمد علي أكثر حظا من تجربة السلاطين العثمانيين إذ أنها حولت مصر إلى

قاعدة صناعية متقدمة مقارنة بما حولها. وكان مـن الممكـن لهـذه التجربـة بالإضافة إلى تجربة خير الدين التونسي في تونس أن تؤدي إلى تنمية تملك مقومات النجاح في عصر ـ لم تكن التكنولوجيا الأوروبية قد وصلت فيه إلى التعقيد الذي وصلته فيما بعد. ولكن ضم مصر، والبلدان العربية الأخرى بالإضافة إلى الدولة العثمانية نفسها، فيما بعد، إلى النظام العالمي الحديث، أجهض هذه التجارب التي كانت تملك مقومات ذاتيـه للنجـاح، وكانت أداة الإجهاض عسكرية وسياسية خالصة، ويشرح جلال أمين ذلك: "**إن من المهـم التمييـز بين العقود الأربعة الأولى من القرن التاسع عشر وما تلاها. لقد شهدت هذه العقود الأربعة محاولات رائعة لتحقيق نهضة عربية مستقلة، تعتمد على الطاقات الاقتصادية والفكرية الذاتية. وتدل كل الدلائل على أن هذه المحاولات لو تركت وشأنها دون ضغط خارجي لكانت جديرة بأن تثير تقدما اقتصاديا لا يضحى معه بالسمات الخاصة للثقافة العربية والإسلامية، وبأن تؤدي إلى قيام الدولة العربية الواحدة، في الوقت نفسه**"[1].

والجدير بالذكر أن اليابان بدأت نهضتها في هـذه المرحلـة أيضا واستطاعت أن تنقل العلم الغربي، وأن تخلق قاعدة صناعية واسعة أدت بالتدريج إلى نهضـة اليابان إلى رأسمالية مزدهرة ذات طابع شرقي ياباني، وذلك نتيجـة للسياسـات الحكوميـة الفعالة، وربما نتيجة لعدم استعمارها وعدم ضمها بالقوة إلى النظام العالمي الحديث.

---

(1) جلال أمين ، المشرق العربي والغرب : بحث في دور المؤثرات الخارجية في تطور النظام الاقتصادي العربي ، ص 150 .

ومن الصعب تقييم الدور الذي أداه الاستعمار في التأثير على النمو الداخلي للدول العربية في الكتاب الحالي فهو موضوع مستقل في ذاته. لكن يكفي هنا أن نشير إلى أن الاستعمار أدخل العالم العربي من أقصاه إلى أقصاه ضمن المنظومة الدولية للنظام العالمي بشكل كامل مؤديا إلى عرقلة عملية التنمية الذاتية التي استمرت لفترة محدودة من الوقت. ويوضح سمير أمين هذا الدور المخرب للاستعمار بقوله: "في تاريخ تشكيلة العالم العربي المعاصر يمكن تمييز ثلاث فترات واضحة: الأولى موسومة بإدراك الخطر الأوروبي، وأحيانا بالمحاولة لتقليد أوروبا من أجل مقاومتها بشكل أفضل، وسيؤدي فشل هذه المحاولة إلى الاستعمار الذي تكتسب خلاله التشكيلات العربية طابعها المحيطي التبعي النهائي. أما الفترة الثالثة فهي فترة إعادة النظر في هذه التبعية وذلك ابتداء من الخمسينات[1]."

وربما تقدم هذه الأدلة التاريخية ما يكفي لانتقاد التحليل التاريخي لنظرية التقسيم الدولي للإنتاج لكنها قطعا لا تنقص من أهمية تحليل الواقع المعاصر لعلاقات دول العالم. فلا شك أن العالم اليوم وقد أصبح سوقا واحدة مفتوحة يمكن النظر إليه على أنه مقسم طبقيا على أساس نمط الإنتاج، بالإضافة إلى تقسيمات أخرى أيديلوجية، أو جغرافية... الخ. والدول التي تمثل الطبقة العليا (المركز) هي الدول التي تقوم على التصنيع الكثيف؛ والدول التي تشغل المكانة الطبقية الدنيا (دول التخوم أو المحيط) هي دول العالم الثالث. وتحرك هذه الدول طبقيا وتحسن مركزها بين الدول الأخرى يرتبط، كما توضح النظرية، بتغير نمطها الإنتاجي تغيرا جذريا.

---

(1) سمير أمين ، التطور اللامتكافىء ، ص،231 ..

وتبشرنا العولمة بإمكانية تحقق ذلك من خلال التجارة الخارجية والتصدير.

وفيما يتعلق بنظرية العلاقة بين الحضارات المعاصرة والتي طورها كل من فرانسيس فوكوياما ، وصاموئيل هانتنجتون فتوضح الأدلة المستمدة من خبرات المجتمع العربي التاريخية أن البلدان العربية والإسلامية تبنت موقف الإعجاب بالحضارة الغربية الحديثة ومنتجاتها المادية والإدارية منذ عصر التنظيمات العثمانية، حيث عملت الدولة العثمانية، كما عمل محمد علي باشا في مصر فيما بعد، على استقدام الخبراء العسكريين الغربيين (الفرنسيين والألمان، يشكل خاص)، وعلى إرسال البعثات إلى أوروبا الغربية، وبخاصة إلى فرنسا لتعلم العلوم الغربية، وصناعة المنتجات العسكرية، وتقنيات تنظيم الجيوش على أسس معاصرة.

وساعد نجاح الدولة العثمانية في ذلك على إطالة عمرها لقرن كامل على الأقل في وجه مطامع التوسع الروسي والبريطاني على حساب الأراضي العثمانية. كما مكن النجاح في هذه العلاقات مع الحضارة الغربية الحديثة محمد علي باشا من بناء إمبراطورية قوية عسكريا، ومزدهرة اقتصاديا بمقاييس ذلك العصر (العقود الأولى من القرن التاسع عشر).

والجدير بالملاحظة أن مصر في هذه الفترة كانت أكثر تقدما، وقوة من اليابان التي كانت ترزخ تحت وطأة الاستبداد الإقطاعي ، أو من كوريا الجنوبية التي كانت لا تزال تعاني من جور وتعسف الفئات الاقطاعية .

وفي المرحلة الحالية ـ مرحلة العولمة ـ تتبنى البلدان العربية موقفا إيجابيا من الحضارة الغربية الحديثة يتمثل في التعاون معها في المجالات التجارية، وفي مجالات العلوم، ونقل التكنولوجيا، والاتصالات الحديثة، والإنترنت، واقتصاد

المعرفة والمعلوماتية . لكن هناك حركات سياسية محدودة تتميز بالتطرف والعنف تهاجم الحضارة الغربية باستمرار، وتحرض على تبني موقف الرفض والإلغاء لهذه الحضارة مما يدخل أطيافا من الشك ، وعدم الثقة والتحفظ إلى مواقف الدول الغربية وسياساتها الخارجية. لكن هذه الحركات المتطرفة لا تمثل الموقف العربي الرسمي، كما لا تمثل الموقف العربي والإسلامي العام الذي يرفض هذا التطرف ويدينه، ويطرح بدلا عن ذلك من خلال العلاقات السياسية، والتجارية، ومن خلال التواصل الفكري في مؤتمرات وندوات (حوار الحضارات) التوجه المعتدل والإيجابي الذي يميز الحضارة العربية الإسلامية في جوهرها الأصيل فيما يتعلق بـ "الآخر" الحضاري.

فالحضارة العربية الإسلامية تعطي كما تأخذ ، فهي تعطي الحضارات الأخرى قيما مقدسة هي قيم العدالة الاجتماعية، المساواة، والتسامح، والاعتدال، وهي قيم الإسلام العظيم، وتأخذ المنتجات المادية الغربية، والتنظيمات الإدارية، وتقنيات اقتصاد السوق اللازمة لتطوير مجتمع جماهيري كبير الحجم، متعدد المطالب، والحاجات. وقد يكون أن الحضارة الغربية كانت الأسبق في العصور الحديثة لتطوير الآليات الاجتماعية لتدعيم ممارسة هذه القيم السامية في الدولة، وفي المؤسسات، وفي السلوك اليومي للأفراد. بينما بقيت الآليات الاجتماعية في الحضارات الأخرى (ومن ضمنها العربية) على حالها من القدم، وعدم الفاعلية بعد أن تغيرت الظروف واستجدت مطالب وحاجات لا تستطيع الآليات القديمة تلبيتها- كما سيتضح ببعض التفصيل في جزء آخر من هذا الكتاب .

ومع ذلك يسجل بافتخار بدايات النجاح العربية الإسلامية في تبني وتطوير

آليـات اجتماعيـة جماهيريـة تجسـد القـيم السـامية للمسـاواة، والعدالـة الاجتماعيـة، والتسامح تتمثل في الديمقراطية النيابية، ومنظمات حقوق الإنسان، والتعددية السياسـية، والتحول إلى اقتصاد السوق. وهو ما يلحظه كل من هـانتنجتون وفوكوياما وهـما يقفـان موقف المحلل العلمي من ديناميات الحضارة العربية الإسلامية المعاصرة، لكـنهما يـدينان في الوقت ذاته الحركات المتطرفـة التـي تناصـب الحضـارة الغربيـة العـداء الصرـيح، كـما تناصب مجتمعاتها التي تنشـأ فيهـا العـداء، والإرهـاب، سـواء أكانـت هـذه الحركـات في العالمين العربي والإسلامي، أو في مناطق أخرى في إفريقيا، وآسيا، وأمريكا اللاتينية.

ومهما يكن من أمر فإن الحضـارة العربيـة الإسـلامية ليسـت هـي المسـتهدفة في كتابات هـانتنجتون، أو فوكوياما... ليسـت هـي "الآخـر" المعـادي، أو المنـاقض للحضـارة الغربية. هذا الآخر المستهدف هو بشكل خاص الحضارة الاشتراكية، أو بالتحديـد الاتحـاد السوفيتي سابقا الذي ناصـب الغـرب العـداء الصرـيح، وشـكل عـلى مـدى بضـعة عقـود تهديدا ماديا حقيقيا للحضارة الغربية، إضافة إلى التهديد الأيـديولوجي. وكـان لسـقوطه، وانهياره المـدوي قبـل عقـدين أثـره في صـعود الرأسـمالية ـ وقـد تحقـق ذلـك ـ وازديـاد وأهميتها، وانتشارها في العالم .ويشمل "الآخر" المنـاقض للحضـارة الغربيـة أيضـا الحضـارة الصينية، والحضارة الإيرانية. ويتخـوف هـانتنجتون مـن قيـام تحـالف سـياسي ـ حضـاري صيني إيـراني ضـد الحضـارة الغربيـة المعـاصرة، وبخاصـة بعـد أزمـة تطـوير التكنولوجيـا النووية المتقدمة في إيران ، وصعود نجم الصين اقتصاديا ، ودخولها في منافسات حادة مع الاقتصادات الأوروبية ، والأمريكية ، واليابانية .

تأثيرات العولمة في الثقافة العربية

وفيما يتعلق بالثقافة العربية بشكل عام تتلخص تأثيرات العولمة الثقافية في مجالين رئيسين يركز عليهما هذا البحث، وهما:

1- تحديث الثقافة العربية وإحياء التراث العربي الإسلامي.

2- تحديث قيم وأخلاقيات العمل العربية.

وسيتم فيما يلي مناقشة وتحليل كل جانب من هذين الجانبين في ضوء تفاعلهما مع العولمة بشكل عام، والعولمة الثقافية بشكل خاص، إضافة إلى القوى والجهود المحلية والتي تأتي في مجملها انعكاسا للعولمة وعملياتها الكونية. وتتمثل أبرز تأثيرات العولمة على الثقافة العربية في اتجاهين واضحين: الأول يسير في اتجاه تحديث الثقافة العربية وتبني أساليب جديدة في التفكير وفي الحياة، والثاني يسلك اتجاه إحياء التراث للسلفيين وأساليبهم، وأهدافهم المعلنة والمستترة، كما يلتقون مع الحكومات في اعتماد آليات اقتصادية وتربوية متدرجة لتحديث المجتمع وزيادة ارتباطه بالعولمة ومنظماتها[1]. وسيتم فيما يلي تحليل العلاقات المتداخلة بين العولمة والثقافة والهوية في العالم العربي، ثم يتم تحليل أثر العولمة في تحديث قيم العمل العربية.

(1) محمد عابد الجابري، الخطاب العربي المعاصر، دراسة تحليلية نقدية، بيروت، دار الطليعة، 1988.

العولمة والثقافة والهوية في البلدان العربية

الثقافـة هـي طريقـة حيـاة الجماعـة، ونظرتهـا إلى الأمـور مـن حولهـا، وتتضـمن مجمل المعارف والعقائد، والأدوات والتكنولوجيا، والتفسيرات الحياتية التي تعطي معنـى للواقع، والآخرين، والعلاقات - كما اتضح سابقا. كما أنها توجه طريقـة العمل والإنتـاج والاستهلاك. ويكتسب الفرد الثقافة من خلال مؤسسات التنشئة الاجتماعية التي يخضـع لها منذ ولادته، ويشارك فيما بعد في تدعيم هذه الثقافة باتباعها والخضوع لهـا، وبـذلك يسهُم في استمراريتها عبر الأجيـال. كـما قـد يشـارك في تطويرهـا، أو تعـديلها، مـن خـلال الاكتشـافات والاختراعـات التـي يقـوم بهـا كفـرد، أو كعضـو في جماعـة. ويـؤدي ذلك إلى تجديد الثقافة من داخلها، بواسطة فئـات مـن أبنائهـا يطورون تفسـيرات، أو معـارف، وأدوات، وتصورات جديدة للواقع، والعلاقات والآخرين، تتحول من خلال الممارسة ودعـم الشرعية السياسية لها إلى ممارسات ومؤسسات، وتحل بالتدريج محل الثقافة القديمة.

كما قـد يتم تجديد الثقافة باستعارة عناصر جديدة من ثقافة أخرى (أكثر تقدمـا في غالبية الأحيان)، مما يؤدي إلى تغير في عناصر الثقافة المحلية لتتوافق مع هذه العناصر المكتسبة. ويصاحب التغير الثقافي سواء أكان من مصادر داخليـة أم خارجيـة انقسامات، وتوترات اجتماعية، وسياسية لا تلبث أن تزول بعد استقرار الثقافـة الجديـدة وسيطرتها، ونجاحها في التوافق مع مشكلات الواقع ومتطلباته.

وترتبط الثقافة بالهوية بمستوياتها المختلفة، الفردي والجماعي والوطني، فهي في كل مستوى منها انعكاس للثقافة السائدة وتدعيم لها في الوقت ذاتـه. وتعرف الهويـة بأنها مطابقة الشيء لنفسه، وعناصرها هي: الاختلاف عن الغير، والمطابقة

للنفس، وما يتميز به المجتمع أو الجماعة، والفرد عن غيرهم في مجالات القيم، والتقاليد، والسمات العامة. وجوهر أي هوية يتمثل في اللغة والدين، والقيم، والمهارات، والتراث وما يشتمل عليه من تقاليد، وتفسيرات، وقيم.

وترتبط الهوية بالوطن والأمة عند محمد عابد الجابري[1] الذي يتحدث عن مستويات للهوية: فردي وجمعوي، ووطني قومي. فعلى المستوى الفردي يمتلك الفرد هوية مهنية متميزة. وعلى المستوى الجمعوي تأخذ الهوية شكل القبلية، أو العشائرية، أو الطائفية، أو الطبقية، أو الحزبية، أو المهنية. وعلى المستوى الوطني تصبح الهوية تجريدا يميز المجموع عن الآخرين. ويرى الجابري أن الدولة هي التجسيد القانوني للهوية، بينما تمثل الأمة النسب الروحي للهوية والثقافة معا؛ ويمثل الوطن المرجعية الثقافية للهوية. ويتم توحيد هذه المستويات الثلاث – في رأي الجابري - بواسطة اللغة.

ويوضح إداورد سعيد، في كتابه المعروف (الثقافة والأمبريالية) الصادر عام 1993، أن الثقافة الأصلية لم تعد موجودة حاليا، ذلك أن الثقافات في حالة تفاعل دائم، أخذ وعطاء، تفوق وخضوع. وبالتالي فهو يقرر "إن الثقافة شيء هجين". وقد أدى الاستعمار خلال القرون الثلاثة الماضية دورا كبيرا في هذا التفاعل الثقافي، وارتبط ذلك بردود فعل وطنية على مستوى المجتمعات المحلية منها الحرب ضد

---

[1] محمد عابد الجابري، "العولمة والهوية الثقافية، عشر أطروحات" في كتاب (العرب والعولمة)، بحوث ومناقشات الندوة الفكرية التي نظمها مركز دراسات الوحدة العربية في بيروت، ط2، بيروت، مركز دراسات الوحدة العربية، 1998.

الغزاة من الخارج والذي يراه سعيد نوعا من "المقاومة الأولية" التي كانت تفشل على الأغلب بسبب عدم توازن القوى. ويؤدي ذلك إلى مرحلة ثانية من العلاقة بين الثقافات يسميها سعيد "المقاومة الثانوية" والتي تأخذ طابعا ايديلوجيا"(1). ويرى سعيد أن تميز الثقافات من حيث المعتقدات الدينية، واللغة، والتقاليد الراسخة، والبيئات الجغرافية، وهو ما يشار إليه بـ "الخصوصية الثقافية" يمكن أن يشكل مصادر للتعصب والجمود، والتميز. ويؤكد سعيد إن العلاقة بين الثقافات يجب أن تبتعد عن الطابع العدائي من خلال عدم التركيز على الخصوصيات الثقافية(2)، والتركيز بدلا عن ذلك على جوانب الالتقاء والاتفاق مع الثقافات الأخرى.

وفي العصر الراهن فإن عولمة الإعلام والشركات متعددة الجنسيات تعيد التأكيد من جديد على تفاعل وتمازج الثقافات في العالم مما يقلل من أهمية ودور الخصوصيات الثقافية. والثقافة بما أنها أحد مصادر الهوية تؤدي إلى تنوع في الهويات، وليس إلى هوية واحدة موحدة داخل نفس الجماعة. ويصدق ذلك على الهند، وعلى الولايات المتحدة الأمريكية، كما يصدق على المجتمع العربي أيضا. ذلك أن تفاعل الثقافة العربية مع الثقافات الأخرى في العالم يؤدي إلى تنوع في الهويات في المجتمع العربي. فالهوية الموحدة داخل نفس الجماعة - على حد رأي سعيد - خرافة؛ أما تنوع الهويات فهو الحقيقة الموضوعية.

(1) Edward W. Said, Culture and Imperialism, 9th ed., New York, Vintage Books, 1997 (1993), PP. 212 – 214.

(2) Edward W. Said, Culture and Imperialism, P. 334.

وينتقد إدوارد سعيد في كتاباته، وبخاصة في كتابه (القلم والسيف)[1] الصادر عام 1992م موقف العالم العربي والإسلامي من الحوار الثقافي (المثاقفة)، حيث لم يهتم العرب والمسلمون بتفهم الغرب كحضارة، وأسلوب حياة يرتبط بالتقدم. كما أن قيام فئات النخب والجماهير في العالم العربي نتيجة لفشلهم في دخول عصر ـ الحضارة الحديثة بمهاجمة الغرب بإلحاح واستمرار ونعت هذه الحضارة بأسوأ النعوت أدى إلى تكون صورة نمطية مؤدلجة عن الغرب في عقول العرب والمسلمين تعمل على إعاقة المثاقفة مع الغرب. كما أن الصور النمطية المشوهه عن العرب والمسلمين والتي بدأت مع الاستشراق(2)، وتعمقت حديثا بعد أحداث 11 سبتمبر (أيلول) 2001م في نيويورك ، تؤدي أيضا إلى إعاقة المثاقفة الحقيقية بين الغرب والعالم العربي والإسلامي.

تنوع الهويات الثقافية في المجتمع العربي

توضح الأدلة الامبيريقية إن موضوع الهوية في المجتمع العربي الإسلامي أكثر تعقيدا من هذه المستويات الثلاثة التي يتحدث عنها الجابري. فكما يوضح الجدول رقم (7) فإن هناك تنوعا واسعا في أنماط الهوية في هذا المجتمع، يرتبط كل نوع منها بنمط خاص للانتماء، أو العصبية. كما يرتبط كل منها بموقف متميز من الآخر المغاير داخل المجتمع سواء أكان هذا المغاير أيدلوجيا، أو طبقة، أو جماعة إثنية. وكذلك يرتبط كل منها بموقف متميز من العولمة يتأرجح بين الرفض

(1) Edward W. Said, The Pen and the Sword, 9th ed., Main, Courage Monroe, 1994.

(2) Edward W. Said, Orientalism, New York, Vintage Books, 1979 (1978).

والمعاداة، إلى التقبل والتأييد.

ويوضح الجدول إن الهويات العامة تنقسم إلى أنواع ثلاثة هـي: الهويـة العربيـة الإسلامية، والهوية القومية، والهوية القطريـة. ويتميـز نمـط الانتماء في النـوع الأول بأنه عقيدي- قومي وأحيانا أممي، أما الموقف من الآخر المغاير داخل المجتمع لدى أصحاب هذه الهوية فيتميز بأنه موقف التسامح بشكل عـام عـدا بعـض الفـروع المتطرفـة لهـذا النوع التي تشمل الجماعات الأصولية المتشددة التي ترفض المجتمع الـذي تعيش فيـه، وتكفر ما فيه من جماعات ومؤسسات شرعيـة ودسـتورية. ويتميـز الموقـف مـن العولمـة لدى أتباع هذا النمط من الهوية بأنه موقف التقبل الحذر بشكل عام، والـرفض والعـداء لدى جماعات محددة. أما الهوية العربية القومية فيتميز نمط الانتماء لـدى أتباعهـا بأنـه انتماء قومي، ويتميـز موقـف هـؤلاء الأتبـاع مـن الآخريـن داخـل المجتمـع بأنـه موقـف التسامح، أما الموقف من العولمة فهو موقف التقبل والتأييد. أما الهويـة القطريـة فيتميـز نمط الانتماء لدى أتباعها بأنه وطني- قطري، ويتميـز موقـف هـؤلاء الأتبـاع مـن الآخريـن داخل المجتمع بأنه موقف التسامح، أما الموقـف مـن العولمـة لـدى هـؤلاء الاتبـاع فهـو موقف التقبل والتأييد -كما يوضح الجدول رقم (7).

جدول رقم (7)

تنوع الهويات الثقافية في المجتمع العربي، والموقف من الآخر والموقف من العولمة

نمط الهوية	نمط الانتماء	الموقف من الآخر داخل المجتمع	الموقف من العولمة
1. الهويات العامة الهوية العربية الإسلامية	عقيدي- قومي	تسامح، تقبل حذر، رفض	تقبل حذر، رفض
الهوية العربية القومية	قومي	تسامح وتقبل	تقبل وتأييد
الهوية القطرية	وطني قطري	تسامح وتقبل	تقبل وتأييد
2. الهويات الفرعية **أ- الهويات الإيكولوجية** الهوية الحضرية	المواطنة- وطني	تسامح وتقبل	تقبل وتأييد
الهوية الريفية	عائلي - وطني	تحفظ	تقبل وتأييد
الهوية البدوية	قرابي- وطني	تحفظ	تحفظ
ب- الهويات الإثنية الهوية الطائفية	عقيدي- وطني	تحفظ	تقبل وتأييد
الهوية العرقية	ثقافي- وطني	تحفظ	تقبل وتأييد
الهوية القبلية العشائرية	قرابي- وطني	تحفظ	تحفظ
جـ- الهويات الطبقية هوية الطبقة الميسورة	المواطنة- وطني - وعالمي	تسامح وتقبل	تقبل وتأييد
هوية الطبقة الفقيرة	العائلة- وطني	تحفظ	تحفظ

إضافة إلى هذه الهويات العامة فهناك تنوعا كبيرا في أشكال الهويات الفرعية: الإيكولوجية، والإثنية، والطبقية. وتنقسم الهويات الإيكولوجية إلى ثلاثة أنواع متمايزة نسبيا، وهي: الحضرية، والريفية، والبدوية. وتتميز الهوية الحضرية بنمط انتماء وطني يقوم على علاقات المواطنة، وبموقف متسامح من الآخرين المغايرين داخل المجتمع، أما موقفها من العولمة فيتميز بالتقبل والتأييد. وتتميز

الهوية الريفية بنمط انتماء عائلي- وطني، وبموقف متحفظ من الآخرين المغايرين داخل المجتمع، أما موقفها من العولمة فيتميز بالتحفظ. وتتميز الهوية البدوية بنمط انتماء قرابي- وطني، ويتميز موقفها من الآخرين المغايرين داخل المجتمع بأنه متحفظ، أما موقفها من العولمة فيتميز أيضا بالتحفظ.

وتنقسم الهويات الإثنية إلى ثلاثة أنواع أساسية، وهي: الهوية الطائفية، والهوية العرقية، والهوية القبلية- العشائرية. وتتميز الهوية الطائفية بنمط انتماء عقيدي- وطني، بينما يتميز موقفها من الآخر المغاير داخل المجتمع بالتحفظ، أما موقفها من العولمة فيتميز بالتقبل والتأييد. أما الهوية العرقية فتتميز بنمط انتماء ثقافي- وطني، ويتميز موقفها من الآخر المغاير داخل المجتمع بالتحفظ، لكن موقفها من العولمة يتميز بالتقبل والتأييد. أما الهوية القبلية- العشائرية فتتميز بنمط انتماء قرابي- وطني، ويتميز موقفها من الآخر المغاير بالتحفظ، كذلك يتميز موقفها من العولمة بالتحفظ أيضا.

وتنقسم الهويات الطبقية إلى هويتين واضحتين هما: هوية الطبقة الميسورة، وهوية الطبقة الفقيرة. وتتميز هوية الطبقة الميسورة بنمط انتماء وطني يقوم على علاقات المواطنة، إضافة إلى الانتماء الواسع إلى العالم ككل، ويتميز موقفها من الآخر المغاير داخل المجتمع بالتسامح، كذلك يتميز موقفها من العولمة بالتقبل والتأييد. أما هوية الطبقة الفقيرة فتتميز بنمط انتماء عائلي- وطني يقوم أساسا على العصبية العائلية وإلى حد ما على الانتماء الوطني القطري. ويتميز موقفها من الآخر المغاير داخل المجتمع بالتحفظ،كذلك يتميز موقفها من العولمة بالتحفظ أيضا.

وتتأثر جميع هذه الأشكال والتفريعات من الهوية بالعولمة وأدواتها وبخاصة

الفضائيات ووسائل الإعلام الأخرى حيث تعمل الفضائيات ونظم الاتصال التي تؤطرها بربط الأفراد بشبكات اتصال وسلع ثقافية تعمل على تنميط إدراك وسلوك الأفراد والجماعات وفق متطلبات السوق.

الثقافة والهوية في دول الخليج العربي

تعتبر غالبية دول الخليج العربي حاليا من الدول الغنية في العالم من حيث قيمة متوسط دخل الفرد من الناتج المحلي الإجمالي، إذ يصل هذا المتوسط في قطر في عام 2009م إلى ما يقارب 80 ألف دولار أمريكي للفرد سنويا (وتذكر بعض مواقع الإنترنت الإحصائية إن هذا المتوسط يصل إلى 100 ألف دولار أمريكي عام 2008-2009 م)، وهو من أعلى متوسطات الدخل الفردي في العالم بعد دوقية لوكسمبورغ الأوروبية، والنرويج. وهو يزيد بمقدار الضعف على الأقل عن متوسط دخل الفرد في عدد من البلدان الصناعية تشمل اليابان، والولايات المتحدة الأمريكية، والصين، وغالبية البلدان الأوروبية. أما في الكويت والإمارات العربية المتحدة فيصل متوسط دخل الفرد السنوي في عام 2009 إلى 57 الف دولار و40 ألف دولار على التوالي. وهو يزيد قليلا عن متوسط دخل الفرد في أغلب البلدان الصناعية، وبخاصة ألمانيا، وبريطانيا، وفرنسا. ومتوسط دخل الفرد من الناتج المحلي الإجمالي من المؤشرات الإحصائية الأساسية المستخدمة في عدد من التقارير العالمية والعربية لقياس مستوى المعيشة والرفاهية التي يتمتع بها الفرد.

ويتأتي هذا المتوسط المرتفع لدخل الفرد نتيجة لصغر حجم السكان في هذه البلدان، كما يتأتى أيضا لتزايد فرص تصدير النفط إلى أسواق العالم الصناعي بعد

أن أنعشت العولمة هذه الأسواق خلال العقد الماضي بازدياد قدراتها الإنتاجية والتصديرية، مما أدى إلى تعاظم حاجة هذه الأسواق للنفط الخليجي. كما يعود أيضا لسياسات الدول الخليجية المرنة والعادلة التي تحقق التحسن في مستوى المعيشة لجميع المواطنين دون استثناء. وقد عملت الدولة في جميع المجتمعات الخليجية على تطوير مجتمع الرفاه الذي يقدم للإنسان الخليجي ما يحتاج إليه للتمتع برغد العيش وطيباته، وبخاصة خدمات التعليم الجيد، والرعاية الصحية المتقدمة، وخدمات الاتصال المتقدمة، والترويح المتنوع، وبيئة المدن المنظمة المشجرة النابضة بالحياة التي تدخل السعادة إلى النفوس، وتدعم شعور الفرد الخليجي بالكرامة، والانتماء والامتنان للدولة.

وبالرغم من امتلاك الإنسان الخليجي لتقنيات العولمة، وبخاصة مهارات الانترنت والاتصالات الاليكترونية، واكتسابه لقيمها العملية، والاستثمارية، فإن الإنسان الخليجي محافظ، متدين، متمسك بتراث الماضي في علاقاته الاجتماعية. وهو يسعى للحداثة من خلال العولمة، والاستثمار، والاتصال التقني، والتمتع بمباهج الاستهلاك الوفير، مع المحافظة على تراث الأجداد، والآباء. لكن قوى العولمة ومؤسساتها، وبخاصة الفضائيات، والإنترنت، والشركات متعددة الجنسيات، والانفتاح الاستثماري، تعمل جميعها على تدعيم منظومة جديدة من سمات الريادة الاستثمارية ، والمبادرة الفردية، والتنافس الإقليمي والعالمي. وكلها تطورات في مكونات الثقافة الخليجية، وفي مكونات الهوية لدى الإنسان الخليجي تتجاوز المكونات التقليدية المألوفة، وتبني عليها في الوقت ذاته.

تطور الثقافة الخليجية

تميزت الثقافة الخليجية التقليدية القديمة بارتباطها بالغوص وصيد اللؤلؤ، والتجارة مما كرس قيم الكد، والعمل الشاق الدؤوب، وتعاون الفريق. بالإضافة إلى امتلاك مهارات الرعي وتربية الماشية، والتنقل في الصحراء، وتربية الصقور والصيد، وهي مهارات كانت ترتبط بالبداوة ونمطها الإنتاجي الخاص، وكانت تكرس قيم القرابة، واحترام الضوابط القبيلة، والصبر على مشاق الحياة، وبخاصة البيئية منها. وأدت الطفرة النفطية الأولى التي بدأت في بداية السبعينات من القرن الماضي إلى دخول دول الخليج العربي مرحلة من التطور السريع تميزت بنشوء وتوسع المدن الحديثة مثل الكويت، وأبو ظبي، و دبي، والدوحة، والمنامة. وتزايد الانتقال للعيش فيها؛ وتزايد دور الدولة في الاقتصاد والمجتمع، ونمو كبير في كل من الدخل القومي، ومتوسط دخل الفرد السنوي من هذا الدخل، وشيوع قيم الاستهلاك الوفير، والتمتع بالمال السريع دون كد، أو صبر حقيقيين- كما كان يفعل الآباء والأجداد قديما. وقد وثق عالم الاجتماع الكويتي محمد غانم الرميحي هذه التغيرات الكبيرة في الكويت وبلدان الخليج العربي بشكل عام منذ بداية التسعينيات من القرن الماضي. فقد أدى الاقتصاد الحديث المرتبط بالنفط وتصديره إلى تغيرات واضحة في القيم والسلوك، وفي النظم الاجتماعية المختلفة نحو نمط حياة رغيد يقوم على السكن في المدن المترفة، والتمتع بالاستهلاك الوفير. وكان التغير واضحا أيضا في البنى الاجتماعية والسكانية، فتغيرت التركيبة الداخلية للسكان، كما أن النمو الاقتصادي السريع أوجد طبقات جديدة، وبخاصة الطبقة الوسطى، أو البرجوازية، التي تتكون أساسا من شرائح الموظفين في القطاعين العام والخاص، والطبقة العاملة، والفنية

والمهنية. وهي طبقات لم يكن من الممكن ظهورها في المجتمع الخليجي التقليدي بدون النفط والاقتصاد المرتبط به. كما نشأت مدن مزدهرة، واختفت قرى، أو اندمجت في هذه المدن المزدهرة[1]. وتسارعت وتيرة التحديث في المجتمع، وبدأ النظام القرابي بالتغير فظهرت الأسرة الممتدة، ثم الأسرة النواة، أو الزواجية- وهي الأسرة التي ينشؤها الفرد عند زواجه، وبخاصة في المدن الرئيسية وعواصم دول الخليج. وتسمح هذه الوحدات القرابية الحديثة للأفراد بدرجة واضحة من الاستقلالية عن الأقارب، كما تسمح بدرجة من المشاركة للزوجة والأبناء في شؤون حياتهم اليومية والأسرية. وهي ترتبط بالدولة أكثر من ارتباطها بالقبيلة، التي لم تفقد مع ذلك هيبتها وتأثيرها السابق وبخاصة خارج المدن الرئيسية، وفي المجالس، والمناسبات السياسية، وبخاصة الانتخابات. ومع ذلك فإن تمجيد الهوية الخليجية، والافتخار بها، والتمسك برموزها، السمة الغالبة على الجميع تقريبا. وقد صاحب المال الوفير المرتبط بالطفرة النفطية الأولى عددا من التأثيرات الملحوظة على شخصية الإنسان الخليجي تم توثيقها في بعض الأدبيات الاجتماعية، ومنها:

- الميل للاستهلاك الوفير، والاستهلاك الترفي وبخاصة في المدن.

- الاعتماد على الدولة ومؤسساتها، مقابل الاعتماد على العمل، والمبادرة الفردية.

- الاعتماد على العمالة الوافدة، مقابل الاعتماد على الذات، وتراجع قيم الكد، والعمل الشاق، واكتساب المهارات الإنتاجية.

---

(1) محمد غانم الرميحي، البترول والتغير الاجتماعي في الخليج العربي، بيروت، دار الجديد، 1995، ص ص92-93 .

- المصالح الشخصية مقابل المصالح العامة، والتحفظ في التعامل مع الآخرين من غير الأقارب .

وحتى البلدان العربية الأخرى غير النفطية فقد تسرب إليها جزء من أموال النفط في هذه الفترة على شكل مساعدات وقروض، وتحويلات مالية من عمالها المغتربين في دول الخليج العربي. وتأثرت قيم الأفراد في هذه البلدان بمثل هذه التأثيرات السلبية التي حملت الدولة في هذه البلدان العربية غير النفطية فوق ما تحتمل في إطار لا يرحم من التزايد السكاني السريع، وتزايد الحاجات الاستهلاكية للأفراد، والأسر. فعانت هذه الدول أيضا من إقبال سكانها، أو جزء كبير منهم، على الاستهلاك الوفير، الاستهلاك الترفي في بعض الأحيان، مع مطالبة الدولة باستمرار بضرورة توفير السلع والخدمات لمثل هذين النمطين من الاستهلاك ولو عن طريق الاقتراض، والاستيراد من الخارج . كما كانت هذه البلدان تعاني، ولا تزال من اعتماد سكانها على الدولة ومؤسساتها في توفير خدمات التعليم والرعاية الصحية، ودعم اسعار السلع الغذائية، والخدمات العامة المختلفة.

وبالرغم من هذا الانفتاح الاستهلاكي، والانتقال للعيش في المدن المترفة. وتعاظم قوى التحديث، وتراجع سيطرة القبيلة على الأفراد والأسر، فإن الفرد الخليجي ظل يتميز باحترام كبير للسلطة، وبخاصة سطلة الدولة ومؤسساتها، وانتماء قوى للدولة ورموزها السياسية، وتمجيد للهوية الوطنية وطقوسها الرمزية. لكن الفرد يتميز بالحذر وعدم الانفتاح مع الآخرين، وبخاصة المقيمين والوافدين. كما يتميز أيضا في علاقاته الأسرية باحترام واضح للأب وإحكامه، وكبار السن من الأقارب. أما فرص ظهور وتطور الفردية، وما يرتبط بها من استقلالية، ومبادرات فردية،

وروح ريادية، فتجد تدعيما لها في مؤسسات الدولة الحديثة، ووسائل الإعلام والاتصال، بالإضافة إلى مؤثرات السوق وحوافزه الاستثمارية.

انضمام بلدان الخليج العربي للعولمة

يوضح الجدول رقم (8) تواريخ انضمام دول الخليج العربي للعولمة حيث يتضح أن غالبية هذه الدول انضمت إلى العولمة مبكرا، مباشرة بعد إنشاء منظمة التجارة العالمية في عام 1995م. وهذه الدول هي الكويت، والبحرين، وقطر، والإمارات العربية المتحدة. بل إن بعض هذه الدول شاركت في إجتماعات مفاوضات الجات في جولة الأوروغواي متعددة الأطراف عام 1993-1994م ضمن مئة دولة من دول العالم؛ وهي الجولة التي تم فيها الاتفاق على بنود.

جدول رقم (8)

تاريخ انضمام دول الخليج العربي إلى منظمة التجارة العالمية حتى تاريخ 2010/6/1

الدولة	تاريخ الانضمام
الكويت	1/ كانون ثاني/ 1995 م
البحرين	1/كانون ثاني/ 1995 م
قطر	13/كانون ثاني/1995م
الإمارات العربية المتحدة	10/نيسان/ 1996م
عُمان	9/ تشرين ثاني/ 2000م
السعودية	11/كانون أول / 2005 م

— اتفاقية الجات GATT (الاتفاقية العامة للتعرفة والتجارة). لكن عُمان والسعودية تأخرتا في الانضمام للمنظمة، ويعود ذلك لقيام كل من عُمان والسعودية بإدخال تعديلات كبيرة على هيكل الاقتصاد لديهما بما يقلل من هيمنة القطاع العام،

- ويعطي دورا أكبر للقطاع الخاص، وهو ما تنص عليه عديد من بنود اتفاقية الجات.

وبانضمام دول الخليج العربي إلى منظمة التجارة العالمية أصبحت تتمتع بدور مهم في تقرير كل ما يتعلق بالتجارة الدولية، وفض المنازعات التجارية بين الدول على قدم المساواة مع الدول الأخرى في العالم. ذلك أن هذه المنظمة تتولى، كما تنص على ذلك بنود اتفاقية الجات (جولة الأورغواي 1993- 1994 م) المهام التالية على مستوى الدول الأعضاء وعلى مستوى العالم ككل[1]:

- الإشراف على تنفيذ الاتفاقيات الدولية المنظمة للعلاقات التجارية بين الدول الأعضاء بما في ذلك الاتفاقيات الجمعية.

- تنظيم المفاوضات التي تجري بين الدول الأعضاء مستقبلا حول بعض المسائل المعلقة المرتبطة بالتجارة العالمية، وبعض الأمور الأخرى المتفق عليها في اتفاقية الجات.

- الفصل في المنازعات التي تنشأ بين الدول الأعضاء حول تنفيذ الاتفاقيات التجارية الدولية، طبقا للتفاهم الذي تم التوصل إليه في هذا الشأن في جولة الأوروغواي.

- متابعة ومراقبة السياسات التجارية للدول الأعضاء وفق الآلية المتفق عليها في هذا

---

[1] 9/ 9/2009 www/wto /org/English/tratop.e/gatt .

راجع : مجد الدين خمش ، الدولة والتنمية في إطار العولمة ، عمان، دار مجدلاوي ، 2005 ؛ ص22 ؛وأيضا : مجد الدين خمش، " العولمة والمجتمع العربي"، مجلة العلوم الاجتماعية ، 2009

الصدد، بما يضمن انسجام هذه السياسات مع الضوابط، والقواعد، والالتزامات المتفق عليها في إطار المنظمة.

- التعاون مع صندوق النقد الدولي، والبنك الدولي للإنشاء والتعمير، والوكالات الملحقة به من أجل تأمين مريد من الاتساق في عملية صنع السياسات الاقتصادية على المستوى العالمي.

وقد أنشأت منظمة التجارة العالمية في 1995/1/1م، وشارك في إنشائها أكثر من 125 دولة من دول العالم، بعضها من دول الخليج العربي ـ كما أشير سابقا. وبعد ذلك فتح باب الانضمام لعضوية هذه المنظمة أمام الدول حيث أصبح عدد الدول الأعضاء فيها حتى تاريخ 2010/3/1م مئة واثنتين وخمسين دولة. أما بالنسبة للدول العربية فقد انضمت نصفها إلى منظمة التجارة العالمية حيث تمارس حقوق العضوية كاملة في هذه المنظمة والتي تشمل المشاركة في اجتماعات المنظمة، والمشاركة في مناقشة القضايا المعروضة للتصويت، إضافة إلى حق التصويت حيث يكون لكل دولة صوت واحد، ولا تتمتع أي دولة من الدول بحق الفيتو، أو النقض. وقد بدأت فلسطين إجراءات انضمامها للمنظمة مع مطلع عام 2000م مما سيوفر لها فك ارتباطها مع الاقتصاد الإسرائيلي، وربطه بدلا عن ذلك باقتصاديات العالم ككل. وهناك دول عربية أخرى تتمتع بصفة مراقب في المنظمة وهي: ليبيا، واليمن، والعراق، والجزائر، ولبنان، والسودان. حيث تشارك هذه الدول في اجتماعات منظمة التجارة العالمية، لكنها لا تشارك في مناقشة القضايا المعروضة، ولا تشارك في التصويت لأن ذلك مقصور على الدول الأعضاء فقط. وبحسب لوائح المنظمة العالمية فإن على هذه الدول أن تبدأ مفاوضات انضمامها

رسميا للمنظمة خلال 5 سنوات من تاريخ مشاركتها في المنظمة بصفة مراقب.

وكان لمؤسسات العولمة ومنتدياتها دور مهم في التحكم في تداعيات الأزمة المالية العالمية والتي بدأت في نهاية عام 2008م الماضي. فقد دعى شواب، رئيس المنتدى الاقتصادي العالمي في دافوس ـ وهو أحد منتديات العولمة النشطة والفعالة ـ وبمبادرة منه لعقد مؤتمر عالمي في 2009/1/18م حضره 2500 اقتصادي، بينهم 41 رئيس دولة وحكومة، تحت شعار (تشكيل عالم ما بعد الأزمة) لمناقشة انهيار أسواق رؤوس الأموال، والانكماش الاقتصادي العالمي، وإعادة الهيكلة العالمية الهادفة لحل المشكلات التجارية الدولية. وتوصل المشاركون إلى توافقات تربط أهداف هذا المؤتمر بأهداف العولمة العامة، وبخاصة إزالة الحواجز الجمركية وانفتاح الأسواق. ودعم الحكومات، ولا سيما مجموعة العشرين في جهودها لمواجهة الأزمة المالية العالمية. وعدم الأخذ بالحمائية التجارية (إلا لفترة محدودة)، وهو التيار الفكري الاقتصادي الذي برز بقوة مطالبا بمزيد من الضوابط السياسية الاقتصادية، ومزيد من تدخل الحكومات في الاقتصاد ـ كما اتضح فيما سبق.

ولم تتأثر البلدان العربية كثيرا بالأزمة المالية العالمية، وبخاصة البلدان العربية غير النفطية وشبه النفطية. أما البلدان العربية النفطية فكان تأثرها محدودا أيضا تمثل في تراجع التصدير لفترة محدودة، وفي خسارة بعض الاستثمارات المالية في البلدان الصناعية، وتراجع النشاط العقاري، وبخاصة في دبي، وتراجع قدرة الشركات العقارية على الوفاء بالتزاماتها المالية في نهاية عام 2009م، فيا عرف بأزمة ديون دبي. لكن الحكومة الاتحادية وحكومة دبي تعاونتا لمواجهة هذه الأزمة، وإيجاد الحلول المناسبة لها بالسرعة الممكنة، وقبل أن تؤثر هذه الأزمة على اقتصاد

دبي بشكل خاص. ويعود ذلك بشكل أساسي إلى أن انضمام هذه البلدان للعولمة لم يؤدِ إلى تخليها بشكل واضح عن آليات الضبط والرقابة الحكومية على الاقتصاد، وأسواق رأس المال.

ومع تزايد اندماج بلدان الخليج العربي في العولمة، منذ عام 1995م بدأت تشهد تحولات واسعة في مجالات الاتصالات، واستخدامات الإنترنت، والموبايل. وتسهم هذه التحولات جميعها في إيجاد بنية تحتية عالية الجودة تمكن الاقتصاد الخليجي من التفاعل مع أسواق العالم بكفاءة، وتمكن الحكومة الإليكترونية من أداء أعمالها بيسر وسهولة، وبخاصة في مجال السياسات والإجراءات. وتقلل الفجوة الرقمية بين فئات المجتمع من مواطنين ومقيمين، وتهيء بيئة تنافسية لرجال الأعمال لتبادل الخبرات، وإيجاد فرص عمل متجددة، وتدعم الإبداع والتميز، والتسابق للحصول على شهادات الآيزو العالمية. وقدمت العولمة لبلدان الخليج المزيد من الوفرة المالية وبخاصة مع قدوم الطفرة النفطية الثانية في بداية عام 2008م التي صاحبت الارتفاع الكبير في أسعار النفط، فقفز الناتج المحلي الإجمالي لقطر من 68 مليار دولار أمريكي عام 2006م، إلى 85 مليار دولار أمريكي في نهاية عام 2008م.

جدول رقم (9)

الدخل المالي للدولة والفرد في دول الخليج العربي 2002م (دولارات أمريكية)(*)

الدولة	متوسط دخل الفرد من الناتج المحلي الاجمالي (ألف دولار)	قيمة الناتج المحلي الاجمالي (مليار دولار)
قطر	18.5	14.5
الإمارات العربية المتحدة	17.9	46.5
الكويت	15.7	37.0
البحرين	15.0	8.0
السعودية	11.3	173.3
عمان	8.2 (تقدير)	15.0

(*) المصدر:

UNDP, Human Development Report, 2003, Table 12, pp. 197- 200 , New York, 2003.

جدول رقم (10)

الدخل المالي للدولة والفرد في دول الخليج العربي 2008م (دولارات أمريكية)(*)

الدولة	متوسط دخل الفرد من الناتج المحلي الإجمالي (ألف دولار)	قيمة الناتج المحلي الإجمالي (مليار دولار)
قطر	80	85.4
الكويت	57	149.1
الإمارات العربية المتحدة	40	184.6
البحرين	37	26.7
السعودية	20.7	5828
عمان	20.2	67.0

(*) المصدر: Google, Looklex Encyclopeadia - 2010/8/12 .

كما ارتفع نصيب الفرد من الناتج المحلي الإجمالي من 18.5 ألف دولار أمريكي عام 2006م، إلى ما يصل إلى 80 ألف دولار أمريكي عام 2008م. وهو

من المتوسطات الأعلى في العالم بعد متوسط دخل الفرد في دوقية لوكسمبورغ، ودولة النرويج - كما توضح عدة مواقع على شبكة الإنترنت، وإحصائيات البنك الدولي، وصندوق النقد الدولي، ويقدر عدد سكان قطر عام 2008م بما يصل إلى 833 ألف نسمة، نصفهم تقريبا يعيشون في مدينة الدوحة. واستفاد جميع السكان تقريبا من هذا النمو الهائل في قيمة الناتج المحلي الإجمالي، وقيمة متوسط دخل الفرد في تطوير مستوياتهم المعيشية بشكل لم يسبق له مثيل.

كما توضح الإحصائيات المنشورة حديثا إن السكان القطريين تحت خط الفقر لا يزيدون عن 0.6 بالمائة من السكان. كما يصل العمر المتوقع للإنسان القطري إلى 75 سنة: 77 نسمة للنساء، و 72 سنة للرجال، وهو من المستويات العالية مقارنة بالدول العربية الأخرى، مما يعكس الجهود الناجحة للدولة في توفير الرعاية الصحية والاجتماعية، وتطوير مستويات المعيشة للسكان جميعهم. ويستفيد المقيميون والوافدون أيضا من هذه الخدمات المتقدمة، بالإضافة إلى المواطنيين.

أما في دولة الإمارات العربية المتحدة فقد ارتفع الناتج المحلي الإجمالي فيها من 46.5 مليار دولار أمريكي في عام 2002م إلى 184.6 مليار دولار أمريكي في عام 2008م. كما توضح الإحصائيات العالمية المنشورة على الإنترنت وفق تقارير مطبوعة (أنظر أيضا: جدول رقم 9 وجدول رقم 10). واستفاد جميع السكان من هذا النمو الهائل في تطوير مستوياتهم الحياتية بعد أن ارتفع متوسط دخل الفرد السنوي من الناتج المحلي الإجمالي من 17.9 ألف دولار أمريكي عام 2002م إلى 40 الف دولار أمريكي عام 2008م. واستفاد جميع السكان من هذا النمو الهائل في الدخل المالي لتطوير مستوياتهم المعيشية بشكل كبير.

ومن الصعب الحديث عن سكان تحت خط الفقر في الإمارات العربية المتحدة ذلك أن الرفاه المالي والمعيشي يصل إلى كل أسرة إماراتية، وبخاصة إن عدد السكان لا يزال صغيرا نسبيا. ويصل العمر المتوقع للفرد في الإمارات إلى نفس مستويات دولة قطر (75سنة) أنظر جدول رقم (11).

وفي الكويت نما الناتج المحلي الإجمالي من 37.0 مليار دولار عام 2002م إلى 149.0 مليار دولار عام 2008م. وهو نمو مذهل أتيح بفضل فرص تصدير النفط إلى أسواق العالم الصناعي، وبفضل الارتفاع المذهل في أسعار النفط الذي رافق الطفرة النفطية الثانية في بداية عام 2008 م. كما ازدادت حصة الفرد الكويتي من الناتج المحلي الإجمالي من 15.7 ألف دولار أمريكي عام 2002م لتصل إلى 57 الف دولار أمريكي عام 2008م. مما حسن وبشكل كبير من مستويات المعيشة للأسر والأفراد الكويتيين. ويصل الرفاه المالي والمعيشي إلى كل الأسر الكويتيه التي أصبحت تتمتع برغد العيش في مجتمع الرفاه، مما انعكس على الأوضاع الصحية، والتعليمية، وبخاصة العمر المتوقع للفرد الكويتي الذي يناهز ذلك المرصود للفرد القطري والإماراتي.

وفي البحرين نما الناتج المحلي الاجمالي من 8 مليار دولار أمريكي عام 2002م إلى 26.7 مليار دولار عام 2008 م. ورافق ذلك نموا كبيرا في متوسط دخل الفرد السنوي من الناتج المحلي الإجمالي من 15 الف دولار أمريكي إلى 37 ألف دولار أمريكي، مما حسن أيضا وبكشل كبير من مستويات المعيشة للأسر والأفراد البحرينيين. ويصل الرفاه المالي والمعيشي إلى الأسر البحرينية جميعها حيث تتمتع برغد العيش في بيئات حضرية منظمة. كما وفرت الخدمات التعليمية والصحية الممولة من الدولة ما يحتاج إليه الأفراد لتطوير مهاراتهم الإنتاجية،

وتحسين فرصهم في الحياة. بحيث قارب متوسط العمر المتوقع للفرد البحريني ذلك المرصود للأفراد في بلدان الخليج الأخرى.

وفي السعودية نما الناتج المحلي الإجمالي بشكل هائل من 173 مليار دولار أمريكي عام 2002م إلى 582 مليار دولار امريكي عام 2008م. كما نما متوسط دخل الفرد من الناتج المحلي الإجمالي من 11 ألف دولار عام 2002م إلى 20 الف دولار عام 2008م بالرغم من الزيادة السريعة في أعداد السكان بحيث وصل عدد السكان عام 2006 م إلى 23 مليون نسمة، ويصل في عام 2009م الحالي إلى 28 مليون نسمة – كما يوضح الجدول رقم (11). وشهد المجتمع السعودي تحسنا ملحوظا في مستوى معيشة الأسر، وفي العمر المتوقع للفرد، ولكن ضعف القطاع الخاص يتطلب مزيدا من الجهود الحكومية لتطوير الخدمات العامة، وأيصالها إلى جميع مناطق المملكة.

جدول رقم (11)

إجمالي عدد السكان والعمر المتوقع عند الولادة، 2006 م [*]

العمر المتوقع عند الولادة (سنة)	المعدل السنوي لنمو السكان %	إجمالي عدد السكان (مليون)		في بلدان الخليج العربي
		2007	2006	
77.3	2.2	2.9	2.7	الكويت
75.0	1.4	1.1	0.8	قطر
76.3	2.5	4.4	4.1	الإمارات العربية
75.2	1.7	0.8	0.7	البحرين
75.0	2.0	2.7	2.5	عُمان
72.2	2.1	24.7	23.6	السعودية

(*) المصدر: برنامج الأمم المتحدة الإنمائي، وجامعة الدول العربية، تقرير التنمية الإنسانية العربية،2009م (تحديات أمن الإنسان في البلدان العربية)، بيروت، 2009م، جدول رقم 01، ص. ص 235 -238؛ وأيضا: UNDP, Human Development Report , 2009 New York. 2009 , Table L , PP. 191-194. .

أما في عُمان فقد نما الناتج المحلي الإجمالي من 15 مليار دولار أمريكي عام 2002 م ، إلى 67 مليار دولار أمريكي عام 2008 م . كما نما متوسط دخل الفرد من 802 ألف دولار أمريكي عام 2002 م ليصل إلى 20 ألف دولار أمريكي عام 2008م .ممـاأدى إلى تحسن ملموس في مستوى المعيشة في عمان .

جدول رقم (12)

نصيب الفرد من الناتج المحلي الإجمالي في عدد من البلدان الصناعية- 2008[1]

البلد	نصيب الفرد (الف دولار أمريكي)
لوكسمبورغ	113 ألف
النرويج	95 ألف
سنغافورة	48 ألف
الولايات المتحدة الأمريكية	46 ألف
المانيا	44 ألف
هونج كونج	42 ألف
اليابان	39 ألف
إيطاليا	38 ألف
إسرائيل	28 ألف
كوريا الجنوبية	24 ألف
روسيا الفدرالية	14 ألف

1) المصدر : إحصائيات منشورة من البنك الدولي، وصندوق النقد الدولي ، 2009 م ؛ وأيضا : الموقع www.indexmundi.com بتاريخ 2009/9/10 م .

ويتضح مدى ارتفاع هذه المداخيل المالية للأفراد الخليجيين عند مقارنتها بتلك الخاصة بالدول الصناعية، حيث توضح الإحصاءات المعروضة في الجدول رقم 12 أعلاه إن نصيب الفرد من الناتج المحلي الإجمالي في لوكسمبورغ عام 2008م هو الأعلى في العالم، يليه في ذلك متوسط نصيب الفرد في النرويج. لكن

متوسطات الدخل الفردي في دول صناعية أخرى تتشابه، أو تقل قليلا، عن تلك الخاصة بغالبية بلدان الخليج العربي (انظر جدول رقم 12).

واستفادت البلدان العربية شبه النفطية مثل الجزائر، ومصر من ارتباطها بالعولمة، وبخاصة بعد الطفرة النفطية الثانية التي صاحبت الارتفاع الكبير في أسعار النفط في بداية عام 2008م، بحيث نما الناتج المحلي الأجمالي في الجزائر من 53.3 مليار دولار أمريكي عام 2002م ليصل إلى 235.8 مليار دولار أمريكي عام 2008م. ونما متوسط دخل الفرد من الناتج المحلي الإجمالي من 5.3 ألف دولار سنويا عام 2002م ليصل إلى سبعة آلاف دولار في عام 2008م، ورافق ذلك تحسنا كبيرا في مستوى المعيشة لغالبية للأسر والأفراد.

وفي مصر نما الناتج المحلي الإجمالي من 98.7 مليار دولار عام 2002م ليصل إلى 442.6 مليار دولار عام 2008م. ونما متوسط نصيب الفرد المصري من الناتج المحلي الإجمالي من 3.6 الف دولار عام 2002م ليصل إلى 5.4 الف دولار عام 2008م. ورافق ذلك تحسنا ملحوظا في مستوى المعيشة لغالبية الأسر والأفراد لكن بعض العوامل السلبية مثل كبر حجم الأسر المصرية، والتزايد السكاني السريع، واكتظاظ المدن كان لها آثار سلبية على مستويات المعيشة لأعداد كبيرة من الأسر المصرية.

وشهدت الدول العربية غير النفطية، وبخاصة تونس والأردن نموا ملحوظا في قيمة الناتج المحلي الإجمالي، ومتوسط دخل الفرد من الناتج المحلي الإجمالي. ففي تونس نما الناتج المحلي الإجمالي من 19.5 مليار دولار امريكي عام 2002م إلى 82.9 مليار دولار أمريكي عام 2008م. كما نما متوسط دخل الفرد السنوي من

الناتج المحلي الإجمالي من 6 آلاف دولار سنويا عام 2002م ليصل إلى 7.9 ألف دولار سنويا عام 2008م، ورافق ذلك تحسنا في مستويات المعيشة للأسر والأفراد التونسيين.

وفي الأردن نما الناتج المحلي الإجمالي من 8.3 مليار دولار امريكي عام 2002م ليصل إلى 25 مليار دولار عام 2008م. ونما متوسط دخل الفرد السنوي من الناتج المحلي الإجمالي 3.9 الف دولار سنويا ليصل إلى 5 آلاف دولار سنويا. كما رافق ذلك تحسنا في مستوى المعيشة بالنسبة لغالبية الأسر والأفراد والأردنيين، وبخاصة أن مستويات التضخم بقيت ضمن معدلات ثابتة نسبيا بفضل رقابة الحكومة. كما دعمت شبكات الأمان الاجتماعي وصول عوائد النمو إلى الفئات الفقيرة في المجتمع.

وفي مراكش نما الناتج المحلي الإجمالي من 33.3 مليار دولار أمريكي عام 2002م إلى 137.3 مليار دولار عام 2008م. كما نما متوسط دخل الفرد السنوي من الناتج المحلي الإجمالي من 3.5 الف دولار امريكي سنويا عام 2002م ليصل إلى 4 آلاف دولار أمريكي عام 2008م. وكان لنمو عدد السكان، وإزدياد نسبة التضخم تأثيرات سلبية على نمو متوسط الدخل السنوي للأفراد، وعلى مستوى المعيشة بشكل عام. وتبذل الحكومة المغربية جهودا كبيرة لمواجهة مشكلات الفقر والبطالة، والتضخم السكاني.

جدول رقم (13)

الدخل المالي للدولة والفرد في بعض الدول العربية شبه النفطية، وغير النفطية 2002م، (دولارات أمريكية)(*)

الدولة	متوسط دخل الفرد من الناتج المحلي الإجمالي (ألف دولار)	قيمة الناتج المحلي الإجمالي (مليار دولار)
تونس	6.3	19.5
الجزائر	5.3	53.3
لبنان	4.3	16.5
الأردن	2.9	8.3
سوريا	2.7	17.5
مصر	2.6	98.7
مراكش	2.5	33.3
السودان	1.7	11.5
اليمن	0.898	8.5

(*)UNDP , Human Development Report , 2003, Table 12, pp. 197-207, New York, 2003 .

جدول رقم (14)

الدخل المالي للدولة وللفرد في بعض الدول العربية شبه النفطية، وغير النفطية، 2008م (دورلات امريكية)(*)

الدولة	متوسط دخل الفرد من الناتج المحلي الإجمالي (ألف دولار)	قيمة الناتج المحلي الإجمالي (مليار دولار)
تونس	7.900	82.9
الجزائر	7.000	235.8
مصر	5.400	442.6
الأردن	5.000	25.8
المغرب	4.000	137.3
فلسطين	2.900	12.0
اليمن	4.400	55.3
السودان	2.200	87.3

(*)-10/9/2009 ,Google, Lookelex Encyclopeadia.

وتأثرت السودان واليمن، وفلسطين بالاضطرابات السياسية، والتضخم السكاني الكبير، فلم تستفد هذه البلدان كثيرا من النمو المالي المتواضع في الناتج المحلي الإجمالي، الذي أدى إلى نمو متواضع أيضا في متوسط دخل الفرد السنوي من الناتج المحلي الإجمالي. كما أن مشكلات الفقر والبطالة لا تزال واضحة وملموسة، وهي مرشحة للتزايد بسبب الزيادة السكانية الكبيرة في هذه الدول، وبسبب القلاقل السياسية فيها.

مما سبق، يتضح من تحليلاتنا إن تأثر البلدان الخليجية، وتأثر البلدان العربية الأخرى، بمنتجات العولمة المادية وتقنياتها الإليكترونية، وبخاصة الفضائيات العربية وغير العربية، والإنترنت، والموبايل واضح وملموس. كما أن استفادة هذه الدول من فرص العولمة وتحدياتها واضحة وملموسة أيضا، تعكس نفسها بشكل خاص في نمو قيمة الناتج المحلي الإجمالي (ويرتبط ذلك بشكل خاص بتزايد فرص التصدير)، ونمو نصيب الفرد السنوي من هذا الناتج. كما يتضح أيضا إن تأثر الخليجيين، والعرب عموما بثقافة العولمة وتركيزها على الجودة والتميز، والتنافسية، وانفتاح الأسواق، وزيادة التصدير، وحرية الاستثمار كبير وملموس، وبخاصة بين الشباب الذين يتبنون عديدا من قيم العولمة، وبخاصة الميل للاستثمار، والعلم والتعلم المستمرين بما يتناسب ومتطلبات سوق العمل، والتنافسية، والانتماء لمؤسسة العمل، وقيم الجودة والتميز، والاستهلاك الوفير. لكن تراث الماضي القبلي، وبخاصة خارج المدن، وفي المجالس العامة، والمناسبات الوطنية، يفرض نفسه في دول الخليج العربي، ويعيد تذكير الإنسان الخليجي بضرورة الموازنة المستمرة بين قيم الأجداد، وقيم العولمة. وهي موازنة تنحى لمصلحة الأرتباط بالعولمة فهي تركز أيضاعلى

العمل والكد، والجودة والتميز، وتعاون الفريق تماما مثل قيم الأجداد الأصيلة، مع الوعد بالانفتاح على العالم والخروج من دائرة المحلية، والإقليمية في الاستثمار، والمكانة السياسية.

تحديث قيم وأخلاقيات العمل العربية

تحليل محتوى الثقافة المجتمعية العربية من القيم التي تتعلق بالعمل، يوضح مدى غنى هذه الثقافة بتلك القيم التي تحث على العمل وترغب فيه، كما تحض على إتقانه، وعلى تجويد الصنعة، والابتكار، وعدم الغش. وتوجد قيم أخرى تحض على المساواة، وتكافؤ الفرص، والعدالة، وإعطاء كل ذي حق حقه. وتتشابه جميع هذه القيم العربية والإسلامية الأصيلة مع قيم العولمة المعاصرة. غير أن هناك فجوة واسعة بين القيم كما هي معطاة في الثقافة المجتمعية العامة وبين الواقع اليومي المعاش في بيئة العمل وفي المجتمع بشكل عام في عديد من المجتمعات العربية، والذي يناقض هذه القيم ومضامينها بدل أن يلتزم بها في غالبية الأحيان- كما هو موضح في الجدول رقم (15). ويأتي جزء كبير من القيم من مصدر ديني، فهناك الكثير من الآيات القرآنية الكريمة والأحاديث النبوية الشريفة التي تحض عل العمل والإنتاج، وعدم الغش، وإعطاء كل ذي حق حقه. وهناك مصادر أخرى أساسية للقيم مثل الظروف الاقتصادية والاجتماعية للمجتمع، إضافة إلى القوى السياسية وتوجه النخب فيه. حيث تعمل هذه الظروف والقوى على تحديد أهداف مرحلية، أو طويلة المدى للمجتمع مثل التصنيع، أو زيادة التصدير، وانفتاح الأسواق، والإحلال محل الواردات، وخفض المديونية، فضلا عن جهود المؤسسات وبعض الفئات الاجتماعية

للالتزام بهذه القيم في برامجها، وسلوكها، وحياتها اليومية. وهي تحشد لتحقيق ذلك الدعم المالي المناسب لتطوير برامج وسياسات اجتماعية وإعلامية تقدم تفسيرات منطقية لهذه الأهداف، وتحاول تقريبها إلى قلوب الجماعات والأفراد مما يؤدي إلى استخدامها من قبلهم بحيث تصبح جزءا أساسيا في طريقة تفكيرهم وأنماط سلوكهم.

جدول رقم (15)

الفجوة بين قيم العمل كما هي معطاة في الثقافة المجتمعية العامة والسلوك الفعلي الملاحظ لدى عدد كبير من الأفراد والجماعات في الحياة اليومية[1]

قيم العمل	السلوك الفعلي الملاحظ لدى عدد كبير من الأفراد والجماعات في الحياة اليومية
قيمة العلم والتعلم	الحصول على الشهادة بأي طريقة
قيمة التصنيع	التشكيك وعدم المبالاة وتفضيل النشاط الريعي
قيمة التعليم المستمر	التواكل، والكسل، وعدم التخطيط للمستقبل
قيمة التدرب والتدريب	التواكل، والكسل، وعدم التخطيط للمستقبل
قيمة اتقان العمل، وتجويد السلعة	الفهلوة، والحذلقة اللفظية
قيمة عدم الغش	التزييف، والحذلقة اللفظية
قيمة الثواب في الآخرة	الترديد اللفظي عادة
قيمة إعطاء كل ذي حق حقه	الشطارة ، وتسخيف جهود الآخرين
قيمة العدالة الاجتماعية	الاستغلال، والظلم، والتحيز
قيمة المساواة، وتكافؤ الفرص	المعيار القرابي، والواسطة، والمحسوبية
قيمة الأمانة والإخلاص	الترديد اللفظي عادة

(1) راجع: مجد الدين خمش، الدولة والتنمية في إطار العولمة، ص ص: 173-175. وأيضا: مجد الدين خمش ، "الثقافة العربية وقيم العمل في إطار العولمة"، مجلة شؤون عربية، العدد 21، القاهرة، جامعة الدول العربية، 2004.

قيمة الانضباط وإطاعة القانون	الاستقواء على الإدارة والتحايل على القانون
قيمة احترام الوقت واستثماره	هدر الوقت
قيمة الاعتدال	البذخ الملحوظ أو الفقر
قيمة العمل المهني واليدوي	العزوف، والتحفظ
قيمة العمل ألخدماتي	العزوف، والتحفظ
قيمة إشباع الحاجات الحياتية للناس باعتدال	البذخ، والفقر، والحرمان
قيمة الاستمتاع بمباهج الحياة	البذخ، والفقر، والحرمان
قيمة تحقيق الربح باعتدال	الجشع
قيمة الادخار والاستثمار	هدر الموارد، والتوجهات الريعية
قيمة تنظيم الأسرة	الإنجاب الكثيف، وعدم المسؤولية نحو المجتمع
قيمة التنافس الشريف	اغتيال الشخصية
قيمة الكد والاجتهاد	الاتكالية على الدولة ومؤسساتها
قيمة الانتماء لمؤسسة العمل	الشللية، والمعيار القرابي
قيمة المشاركة والشورى	الفردية والتسلط
قيمة التخطيط	القدرية والاستسلام
قيمة التفكير السببي	التفكير الخرافي

ويلاحظ انتشار قيم سلبية في مضمونها، وقد لوحظ شيوعها مع حقبة الطفرة النفطية الأولى في منتصف السبعينيات من القرن الماضي، وتدفق الأموال السهلة إلى جميع المجتمعات العربية المنتجة للنفط وغير المنتجة له، والتي تمتعت خلال السبعينيات والثمانينيات من القرن الماضي بتسهيلات ائتمانية كبيرة تدفقت على إثرها الأموال على شكل هبات، ومساعدات، وقروض سهلة. وتشكلت في هذه الحقبة قيم الاتكالية على الدولة الأبوية، وقيم الكسب السريع من خلال المضاربات في مجالات الأراضي والعقارات، إضافة إلى قيم الفساد المالي والإداري الذي ارتبط بقيمة الكسب السريع دون جهد أو عناء. وقد بدأت غالبية الدول العربية حديثا بالتخلي عن

سياسات الرفاه الاجتماعي المكلفة، كما بدأت تنشط في محاربة الفساد الذي استفحل في العديد من الإدارات الحكومية والخاصة.

وبشكل عام يمكن القول إن الثقافة المجتمعية العربية غنية بالمعاني النبيلة وقيم العمل الأصلية، بيد أن المشكلة تكمن في عدم توافر مؤسسات اجتماعية قادرة على تحويل هذه القيم إلى برامج وسياسات يدرب عليها الأفراد بما يكفي لاستدماجهم من قبلها، بحيث تتحول إلى سلوك يومي - كما اتضح سابقا. فقيم العمل، مهما كانت نبيلة لا تستطيع وحدها أن تتحول إلى واقع يومي معاش بدون استدماجها من قبل الأفراد الذين يجعلون منها طاقة حية قادرة على تغيير الواقع وتحسين القدرات الإنتاجية للمجتمع. وفي هذه الحالة فقط يكون الأفراد قد تخلصوا من شخصياتهم التقليدية الارتباطية، وتحولوا إلى أفراد منجزين، يتمتعون بالشخصية الانجازية، التي تجد معنى حياتها من خلال اتقان العمل وتطويره.

فإنشاء وتطوير مؤسسات سياسية واجتماعية وتشريعات مناسبة وفعالة تتبنى قيم العمل المعطاة في الثقافة المجتمعية وتحولها إلى برامج وسياسات معاصرة يمكن أن يجسر هذه الفجوة الملحوظة بين المثال الثقافي والواقع المجتمعي. وذلك حين يتم إيصال القيم إلى الأفراد ليس لترديدها لفظيا فقط وإنما لاستيعاب مضامينها وارتباطها بأهداف المجتمع السياسية، ثم استدماجها من قبلهم بحيث تصبح جزءا أصيلا من شخصياتهم، تعطيهم الدافعية للبذل، والعطاء، والانجاز المستمر. إثر ذلك تتحول شخصياتهم من شخصيات تقليدية إلى شخصيات انجازيه حديثة تلتزم بهذه القيم التزاما عميقا، مما يؤدي إلى تجسير الفجوة الواسعة بين قيم العمل كما هي معطاة في الثقافة المجتمعية العامة، وبين الممارسة السلوكية لهذه القيم في الواقع الحياتي

اليومي للأفراد.

إن مثل هذه العملية، أي عملية تحويل قيم العمل إلى برامج وسياسات مؤسسية ثم تكريسها في عقول الأفراد، لا تتم بنجاح حاليا سواء في المدارس، أم الجامعات، أم في وسائل الإعلام الجماهيرية، والنقابات ومؤسسات المجتمع المدني الأخرى، الأمر الذي يؤدي إلى هدر الموارد باستمرار وهبوط الإنتاجية، وتراجع العدالة الاجتماعية. إضافة إلى استمرار تذمر الأفراد والجماعات من نقص الفرص وغياب العدالة، وعدم فاعلية الجهود التنموية التي تتطلب الإبداع، وتطوير الإنتاجية، والمشاركة الشعبية الواسعة، والمساواة وتكافؤ الفرص.

ويهمنا في هذا السياق أن نشير إلى أن تأثير العولمة على قيم العمل العربية تأثير ايجابي في مجمله، ذلك أن العولمة وهي تركز على تحرير الأسواق، وتنشيط التجارة، فإنها تؤكد أيضا على التنافس الذي يوجد آليات فعالة لضمان الجودة والنوعية للسلع والخدمات، وزيادة مهارات العمال وتحفيزهم، ورفع مستوى الإنتاجية كما ونوعا. أضف إلى ذلك إن العولمة أوجدت منظماتها الخاصة، ومقاييسها المميزة لضمان جودة السلع والخدمات، ونوعيتها. ولعل من أهم هذه المنظمات، منظمة التجارة العالمية، وصندوق النقد الدولي، ومنظمة المقاييس العالمية. وتعمل منظمة التجارة العالمية بشكل فعال على الحد من تشوهات الأسواق وتسهيل عملية اندماجها، وهي تلقي على الاقتصاديات العربية مسؤولية السعي الدؤوب لتحسين قدراتها الإنتاجية، وتوجيه مواردها بشكل أكثر كفاءة من ذي قبل. وتعمل اتفاقيات الجات، والالتزامات المتضمنة فيها، على تنظيم التجارة في السلع والخدمات، والجوانب المتصلة بحقوق الملكية الفكرية.

وهناك أيضا نظام الجودة العالمي ومقاييسه المعتمدة دوليا، وبخاصة مجموعة مقاييس الآيزو (ISO) وهي الآيزو 9000 المتعلقة بالجودة، والآيزو 9001 المتعلقة بإنشاء برامج جديدة خاصة بالمؤسسة والجودة والتصميم. وشهادات HACCP المتعلقة بحماية جودة الغذاء- كما اتضح سابقا. وقد حصلت عدة آلاف من المؤسسات والشركات العربية حتى الآن على شهادات الآيزو، مما يحسن من قدرتها التنافسية محليا وعالميا، كما أشير إليه سابقاً.

وتؤدي العولمة وعملياتها ومنظماتها الوسيطة إلى نشر قيم عمل ايجابية وتعميمها على مستوى العالم كله، وإلى إيجاد آليات فعالة لضمان الالتزام بهذه القيم بشكل مستمر ودائم – كما يوضح جدول رقم (16). التي يؤدي الالتزام بها إلى تحسن القدرات الإنتاجية للدولة ومؤسساتها، وإلى زيادة قدراتها التنافسية في الأسواق العالمية. كما تؤدي إلى نشر مفاهيم جديدة وتطوير مؤشرات إحصائية لقياسها مثل مفهوم الحاكمية الرشيدة، والشفافية، ومؤشرات العولمة.

جدول رقم (16)

بعض قيم العمل المتضمنة في العولمة وعملياتها

قيم العمل	آليات التعميم ومتابعة الالتزام بقيم العمل
اتقان العمل	منظمة التجارة العالمية- منتدى دافوس- جـولات منظمة التجارة العالمية
اتقان العمل	شهادات الآيزو – منتدى دافوس
تجويد السلعة	صندوق النقد الدولي – شهادات الآيزو
الرفاهية والاستهلاك	البنك الدولي – شهادات الآيزو
الطموح الفردي والانجاز	اتفاقية الجات والالتزامـات الـواردة فيهـا - منتدى دافوس- شهادات الآيزو

التحديث في الحياة	شهادات الآيزو- منتدى دافوس
التنافسية	اتفاقيات الجات - شهادات الآيزو
الانضباط وإطاعة القانون	اتفاقيات الجات - منظمة التجارة العالمية
الاعتماد على الذات في الصناعة والخدمات	منظمة التجارة العالمية - شهادات الآيزو
ضمان السلعة بعد البيع	شهادات الآيزو
صيانة السلعة بعد البيع	شهادات الآيزو
حقوق العملاء والزبائن	شهادات الآيزو
الاتصال السريع	الإنترنت - الفضائيات
تداول المعلومات والأفكار	منتدى دافوس - الإنترنت - الفضائيات - جولات منظمة التجارة العالمية

كما دخلت مجموعة من المفاهيم الجديدة إلى الثقافة العربية وأصبحت واسعة الإنتشار لما لها من دور في تدعيم قيم العمل الإيجابية، وتدعيم النمو الإقتصادي، وتشمل هذه المفاهيم كما يوضح نبيل حشاد[1] مؤشرات العولمة المختلفة، وهي:

- مؤشر العولمة.
- مؤشر الحرية الإقتصادية.
- مؤشر الحكم (الحكومة).
- مؤشر ممارسة الأعمال.
- مؤشرات الشفافية.
- مؤشرات التصنيف الإئتماني السيادي.
- مؤشرات التنمية البشرية.

(1) نبيل حشاد ، "العولمة ومستقبل الاقتصاد العربي"، فصل في كتاب مستقبل الاقتصاد العربي بين النفط والاستثمار، عمان مؤسسة شومان، 2008م. ص ص126-128.

ويشمل مؤشر العولمة الكلي أربعة متغيرات أساسية هي: التكامل الإقتصادي، والربط التقني، والعلاقات الشخصية، والتشكيلات السياسية. وهو ينقسم إلى مجموعات رئيسية هي:

- العولمة الاقتصادية، المعتمدة بدورها على جملة عوامل، كالانفتاح الإقتصادي، والصادرات والواردات، والتدفقات الرأسمالية، الداخلة والخارجة،...إلخ، ويُمنح هذا المؤشر نسبة 34% فقط. والعولمة الإجتماعية ويمنح مؤشرها نسبة 37%. والعولمة السياسية ويُمنح مؤشرها نسبة 28%.

وطبقا لمؤشر العولمة السابق، يمكن ترتيب الجدول التالي الذي يظهر مواقع بعض الدول في سياق العولمة، ومنها عدد من الدول العربية، حسب الترتيب العالمي للنسب.

جدول رقم (17)

مؤشرات العولمة وموقع الاقتصادات العربية حسب مقاييس هذه المؤشرات[1]

الترتيب	قيمة المؤشر	الترتيب	قيمة المؤشر
1. أمريكا	5.41	38. الأردن	2.78
2. السويد	4.99	45. مصر	2.63
3. كندا	4.95	61. عُمان	2.30
21. الإمارات	3.69	82. تونس	1.98
32. الكويت	3.03	83. الجزائر	1.97
34. البحرين	3.03	90. المغرب	1.87

وانتشر مفهوم الحكم الرشيد، أو الحوكمة وانتقل من مجال الإدارة الإقتصادية إلى مجالات الإدارة السياسية والاجتماعية بشكل عام. ويتم قياس هذا

(1) المصدر: نبيل حشاد ، "العولمة ومستقبل الإقتصاد العربي"، ص 127.

المفهوم كما يوضح حشاد من خلال ستة مؤشرات رئيسية وهـي: التصويت والمساءلة والمحاسبة، والاستقرار السياسي، وفعاليـة الحكومـة، وجـودة التنظيـم والرقابـة، ودور القانون، والتحكم في الفساد، ويتم بناء على هذه المؤشرات حساب درجات ومواقع الدول المختلفة على مؤشرات الحوكمة الكلي. كما انتشر مفهوم آخر مهم وهـو الشفافية وأصبح يستخدم عـلى نطـاق واسـع في الصحف ووسـائل الإعـلام، والتقـارير الحكوميـة والدولية. ويقيس هـذا المؤشر مـدى وجـود الشـفافية ومكافحـة الفسـاد. وهنـاك أيضـا مؤشرات التنمية البشرية التي بدأت تدخل في مفردات الخطاب الثقافي العربي، ويتضمن هذا المؤشر: الأداء الاقتصادي للدولة، ومتوسط دخل الفرد، ونسبة الفقر، ومؤشر تدفقات الاستثمار الأجنبي، إضافة إلى مؤشر خلق التكنولوجيا ونشرها.

وانتشار هذه المفاهيم الثقافية الحديثة، وتوجيه الدراسات لقياس مؤشراتها المختلفة يدعم التوجـه نحـو مزيد مـن العقلانيـة في الإدارة وفي عمليـة اتخـاذ القـرار في الدول بما يخدم زيادة معدلات التصدير، وزيادة النمو الاقتصادي السنوي نحو مزيد مـن التدعيم لقيم العمل الإيجابية ودورها في النمو الاقتصادي.

خاتمة الكتاب

اتضح من تحليلات وبيانات هذا الكتاب أن نصف الدول العربية قد انضمت إلى منظمة التجارة العالمية حتى تاريخ 2010/6/1 حيث تمارس هذه الدول حقوق العضوية الكاملة المشتملة على حق المشاركة في اجتماعات المنظمة، والمشاركة في اجتماعات الجات، والمشاركة في مناقشة القضايا المعروضة للتحكيم، إضافة إلى حق التصويت على هذه القضايا. وهناك دول عربية أخرى تتمتع حاليا بصفة مراقب فقط. ويتضح أن العولمة تواجه المجتمع العربي بعدد من التحديات (يطرحها البعض على أنها سلبيات)، التي يمكن أن يؤدي النجاح في مواجهتها إلى درجة مناسبة من الالتزام ببنود اتفاقيه الجات (جولة الأوروغواي 1993) مما يؤدي إلى الاستفادة القصوى من بنود هذه الاتفاقية لتطوير الإنتاجية محليا لزيادة القدرات التصديرية العربية بما يدعم الناتج القومي الإجمالي، ويحسن من مستوى معيشة الأفراد والأسر. وتشمل هذه التحديات: زيادة الإنتاجية، وتدعيم القدرة التنافسية للسلع والمنتجات العربية، وتدعيم المعلوماتية واكتساب المهارات التقنية الحديثة، والتحدي الثقافي والمعلوماتي..

ويركز الكتاب على تحليل تأثيرات العولمة على المجتمع العربي اقتصاديا واجتماعيا، حيث يتضح أن آثار العولمة على المجتمع العربي في هذين المجالين تتبدى في المظاهر التالية وهي:

1. ظهور مهن جديدة يمكن تسميتها بـ "مهن العولمة" ونشوء فئات اجتماعية جديدة تعمل في هذه المهن.

2. نشوء المناطق الصناعية المؤهلة في الأردن، ومصر.

3. نشوء اقتصاد المعرفة والمعلوماتية إلى جانب القطاعات الاقتصادية الأخرى.

4. تطوير مؤسسات العمل العربية لتصل إلى مواصفات شهادات الآيزو العالمية.

5. تدعيم منظمات المجتمع المدني العربية.

6. التغير في وظائف الدولة اقتصاديا واجتماعيا.

وهناك تأثيرات سلبية للعولمة على المجتمع العربي، منها: إضعاف قدرات مؤسسات الإنتاج العربي على المنافسة دوليا، وضعف حركة العمالة العربية دوليا، وفتح بعض الأسواق العربية أمام بعض السلع الإسرائيلية ، وضعف قدرات المنتج الثقافي العربي على حماية الهوية الثقافية العربية، وتأثر الطبقات الفقيرة سلبيا نتيجة تعديل الدولة العربية لوظائفها الاقتصادية.

أما ثقافيا فيتضح من الكتاب أن تأثيرات العولمة على الثقافة العربية تتبدى في المظهرين الأساسيين التاليين:

1- تحديث الثقافة العربية وإحياء التراث العربي الإسلامي.

2- تحديث قيم وأخلاقيات العمل العربية.

أما من حيث التأثيرات السلبية للعولمة على المجتمع العربي فيتضح أن بعض الأدبيات ترى أن العولمة تؤدي إلى إضعاف دور الدولة في المجتمعات العربية. ولكن غالبية المفكرين والمحللين يتفقون على أن ما يحصل فعلا هو تغير في وظائف الدولة وليس إضعافا لها. فنتيجة للعولمة وتركيزها على قوى السوق ،

وعلى إزالة الحواجز الجمركية أمام التجارة يتراجع دور الدولة العربية الاقتصادي لمصلحة القطاع الخاص. وتقوم الدولة بنفسها من خلال برامج الخصخصة، ومن خلال سن التشريعات الجديدة المشجعة للاستثمار بإعادة صياغة دورها الاقتصادي. أما الدور الاجتماعي للدولة فيتراجع مع تراجع دعمها للسلع الأساسية والمحروقات مما يؤثر على الطبقات الفقيرة التي تعتمد على هذه السلع في معيشتها. لكن الدولة بالمقابل تقوم بتدعيم شبكات الأمان الاجتماعي التي تعوض الفقراء عن تراجع دور الدولة في دعم بعض السلع والمحروقات . كما تقوم الدولة بتقبل المشاركة الثقافية على مواطنيها، والمنافسة ثقافيا من خلال سن التشريعات الكفيلة بإنشاء مدن إعلامية ومعلوماتية، ومحطات تلفزيونية فضائية أو أرضية مملوكة من القطاع الخاص، إضافة إلى تعميم خدمات الإنترنت. وتشارك هذه المؤسسات والقوى جميعها مع الدول العربية في السيادة الثقافية على المواطن العربي.

وقد أدت الأزمة المالية العالمية التي حدثت في نهاية عام 2008م إلى إعادة التركيز على دور الدولة في الاقتصاد. وكان لوجود دور رقابي للدولة على البنوك وعلى الاقتصاد بشكل عام في البلدان العربية أثره المهم في عدم تأثر البلدان العربية بهذه الأزمة المالية العالمية. كما أدت أزمة ديون دبي في نهاية عام 2008م الناتجة عن التوسع الشديد في المشاريع العمرانية العملاقة إلى إعادة التأكيد على دور الدولة الاتحادية، ومهام إمارة أبو ظبي ودبي في ممارسة التدخل المناسب في سياسة الشركات العقارية الاستثمارية في دبي.

وتعمل الدولة العربية على التخفيف من الآثار السلبية لارتباطاتها بالعولمة –كما أشير من قبل - بتنفيذ عدد من السياسات والبرامج أهمها:

1. تدعيم شبكات الأمان الاجتماعي مثل الضمان الاجتماعي، والتأمين الصحي، وصناديق المعونة الوطنية لتدعيم دخل الطبقات الشعبية بما يتوازن مع تراجع دعم الدولة للسلع الأساسية، والمحروقات نتيجة لتحرير التجارة وانفتاح الأسواق.

2. تشجيع الاستثمارات الخارجية من خلال التشريعات الجديدة والجهود السياسية والدبلوماسية، وتوجيه هذه الاستثمارات بما يزيد من القدرات التصديرية للدولة ، ويوفر فرص عمل لطالبيها بما يقلل من معدلات البطالة والفقر.

3. الاهتمام بالجوانب الاجتماعية لبرامج الخصخصة، إذ تقوم الدولة في العديد من البلدان العربية بالتفاوض مع المستثمرين المحليين أو الأجانب نيابة عن الموظفين والعمال قبل إتمام بيع أسهم المؤسسة، بما يضمن محافظة هؤلاء الموظفين والعمال على وظائفهم. وغالبا ما يتم إعادة تدريب الموظفين وهم على رأس عملهم بما يتناسب ومتطلبات المستثمرين الجدد، وحاجات السوق.

كشاف الأعلام

المصادر و المراجع

- ❖ إبراهيم العيسوي (1995)، الجات وأخواتها: النظام الجديد للتجارة العالمية ومستقبل التنمية العربية. بيروت: مركز دراسات الوحدة العربية.
- ❖ أحمد حجازي (1999)، "العولمة وتهميش الثقافة الوطنية: رؤية نقدية من العالم الثالث"، مجلة عالم الفكر،28 (2) :123-146. الكويت: المجلس الوطني للثقافة والفنون والآداب.
- ❖ أحمد يوسف احمد، ونيفين مسعد (محرران) (2006)، حال الأمة العربية، 2005، النظام العربي: تحدي البقاء والتغيير. بيروت: مركز دراسات الوحدة العربية.
- ❖ أفيريت هاجن (1988) ، اقتصاديات التنمية (مترجم) عمان، مركز الكتب الأردني .
- ❖ آن فلوريني (2005)، القوة الثالثة: المؤسسات العالمية عبر الحدود القومية، (مترجم) بيروت ، دار الساقي.
- ❖ أولريش بك (1999) ، ما هي العولمة؟ (مترجم) ، كولن: ألمانيا، بيروت، منشورات الجمل.
- ❖ باسم خريسان (2001) ، العولمة والتحدي الثقافي، بيروت: دار الفكر العربي.
- ❖ برنامج الأمم المتحدة الإنمائي وجامعة الدول العربية، تقرير التنمية الإنسانية

العربية(2009) ، (تحديات أمن الإنسان في البلدان العربية)، بيروت .

❖ البنك الدولي وصندوق النقد الدولي، إحصائيات منشورة ، 2009م.

❖ البنك الدولي (2003) ، العولمة والنمو والفقر: تقرير البنك الدولي عن بحوث السياسات (مترجم)، بيروت، المؤسسة العربية للدراسات والنشر .

❖ تركي الحمد (1999)، الثقافة العربية في عصر العولمة، لندن: دار الساقي.

❖ توماس فريدمان (2001) ، ليكساس وشجرة الزيتون (مترجم)، القاهرة، الدار الدولية للنشر والتوزيع .

❖ جامعة الدول العربية (2006)، التقرير الاقتصادي العربي الموحد 2005، القاهرة.

❖ جامعة الدول العربية (2006)، تقرير التنمية الإنسانية العربية الثالث، بإشراف الأمم المتحدة، القاهرة.

❖ جلال أمين (1979) ، المشرق العربي والغرب، بحث في دور المؤثرات الخارجية في تطور النظام الاقتصادي العربي والعلاقات الاقتصادية العربية، بيروت، مركز دراسات الوحدة العربية .

❖ جهينة سلطان العيسى(1980) ، "تأثير صناعة النفط على تحديث اتجاهات وقيم العمال: دراسة ميدانية "، مجلة دراسات الخليج والجزيرة العربية، الكويت، جامعة الكويت .

❖ جوليان فروند (1998) ، سوسيولوجيا ماكس فيبر، بيروت، معهد الانتماء العربي

❖ جوليوس نيريري (رئيس لجنة الجنوب) (1990) ، "تقرير لجنة الجنوب : تحديات أمام الجنوب "، بيروت، مركز دراسات الوحدة العربية .

❖ جون هارتلي (محرر) (2007)، الصناعات الإبداعية: كيف تنتج الثقافة في عالم التكنولوجيا والعولمة؟ (مترجم)، الكويت: المجلس الوطني للثقافة والفنون والآداب: عالم المعرفة.

❖ جي آر ماندل (2004)، العولمة والفقراء (مترجم)، بيروت: دار الحوار الثقافي.

❖ جيمس روزناو (1999)، ديناميكية العولمة: نحو صياغة علمية (مترجم)، القاهرة: مركز الأهرام للدراسات الإستراتيجية.

❖ حلمي ساري (2004)، ثقافة الإنترنت، عمان، دار مجدلاوي.

❖ حليم بركات (2004) ، الهوية: أزمة الحداثة والوعي التقليدي، بيروت، دار رياض الريس، 2004م.

❖ حمد الدعيج، وعماد السلامة (2007) ، "أثر العولمة في القيم من وجهة نظر طلبة الجامعة الأردنية وجامعة الكويت"، مجلة العلوم الاجتماعية، 35(3):13-40 الكويت: جامعة الكويت.

❖ حيدر إبراهيم (1999) ، العولمة وجدل الهوية الثقافية. مجلة عالم الفكر، المجلد 28(2): 95-122 الكويت: المجلس الوطني للثقافة والفنون والآداب.

❖ سمير اللقماني (2003) ، منظمة التجارة العالمية: آثارها السلبية والإيجابية على أعمالنا الحالية والمستقبلية في الدول الخليجية والعربية، ط1، الرياض.

273

❖ سمير أمين (1978) ، التراكم على الصعيد العالمي، نقد نظرية التخلف، ط2، (مترجم)، بيروت، دار ابن خلدون .

❖ سمير أمين (1974) ، التطور اللامتكافئ، دراسة في التشكيلات الاجتماعية للرأسمالية المحيطية، بيروت، دار الطليعة .

❖ سمير أمين (1992) ، إمبراطورية الفوضى، مترجم، بيروت، دار الفارابي .

❖ صاموئيل هانتنجتون (1998)، صدام الحضارات: إعادة صنع النظام العالمي (مترجم)، القاهرة: دار الكتب المصرية.

❖ طلال عتريس (2002) ، "الأمن القومي وسيادة الدولة في عصر العولمة"، في كتاب: العولمة وأثرها في المجتمع والدولة، مركز الإمارات للدراسات والبحوث الاستراتيجية، أبو ظبي.

❖ عبد الخالق عبد الله، (1986) ، "التبعية والتبعية الثقافية"، مجلة المستقبل العربي، السنة 8، العدد 83، بيروت، مركز دراسات الوحدة العربية، 1986.

❖ عبد الله عويدات محمود قظام، وريم مرايات (2007)، دور الشباب في مواجهة الإرهاب المحور التربوي، عمان، المجلس الأعلى للشباب.

❖ عبد الناصر رشاد، وعبد الغني عبود (1997)، التعليم والتنمية الشاملة: دراسة في النموذج الكوري، القاهرة، دار الفكر العربي.

❖ عبد الوهاب بكر(1986) ، "ملاحظات على الحياة الاقتصادية في ولاية مصر خلال القرنين الثامن عشر والتاسع عشر"، في عبد الجليل التميمي، الحياة الاقتصادية للولايات العربية ومصادر وثائقها في العهد العثماني، تونس، مركز

الدراسات والبحوث عن الولايات الإسلامية .

❖ عبدالإله بلقزيز (1998) "العولمة والهوية الثقافية: عولمة الثقافة أم ثقافة العولمة؟"، في مركز دراسات الوحدة العربية. بحوث ومناقشات الندوة الفكرية التي نظمها مركز دراسات الوحدة العربية. بيروت: مركز دراسات الوحدة العربية.

❖ علي حرب (2000)، حديث النهايات؛ فتوحات العولمة ومأزق الهوية، الدار البيضاء: المركز الثقافي العربي.

❖ علي محمد رحومة (2006)، علم الإجتماع الآلي، مقاربة في علم الإجتماع العربي والاتصال عبر الحاسوب، سلسلة عالم المعرفة، الكويت المجلس الوطني للثقافة والفنون والآداب.

❖ علي نجادات (2009)، "مستقبل الصحف الورقية الأردنية في مواجهة الصحف الإلكترونية في ظل ثورة المعلومات والمعرفة"، المجلة الأردنية للعلوم الاجتماعية، المجلد 2، العدد 2، الجامعة الأردنية.

❖ فرانسيس فوكوياما (1993) ، نهاية التاريخ وخاتم البشر (مترجم)، ط1، القاهرة، مركز الأهرام للترجمة والنشر.

❖ فهمي جدعان (2007) ، في الخلاص النهائي: مقال في عهود الإسلاميين والعلمانيين والليبراليين، عمان، دار الشروق للنشر والتوزيع.

❖ فهمي جدعان (2010) ، خارج السرب: بحث في النسوية الإسلامية الرافضة ومناخات الحرية، بيروت، الشبكة العربية للأبحاث والنشر .

❖ فؤاد مرسي (1990) ، الرأسمالية تجدد نفسها، الكويت، وزارة الثقافة والإرشاد القومي .

❖ مجد الدين خمش (2004) ، "الثقافة العربية وقيم العمل في إطار العولمة"، مجلة شؤون عربية، العدد 21، القاهرة، جامعة الدول العربية .

❖ مجد الدين خمش (2004)، الدولة والتنمية في إطار العولمة عمان: دار مجدلاوي للنشر.

❖ مجد الدين خمش (2005) ،" الثقافة العربية وتحديات العولمة " ، في مؤسسة عبد الحميد شومان: النهوض العربي ومواكبة العصر، عمان: مؤسسة عبد الحميد شومان.

❖ مجد الدين خمش (2009)، "العولمة والمجتمع العربي"، مجلة العلوم الإجتماعية، المجلد، 37 ، العدد 4 ، الكويت ، جامعة الكويت.

❖ مجلة انترنت العالم العربي (2002)، السنة 4 ، العدد9 ، بيروت.

❖ محمد أحمد بيومي (2004) ، علم الاجتماع الديني ومشكلات العالم الإسلامي الاسكندرية، دار المعرفة الجامعية، 2004م.

❖ محمد الأطرش (1998) ، "العرب والعولمة، ما العمل؟" في كتاب (العرب والعولمة)، ط2، بحوث ومناقشات الندوة الفكرية التي نظمها مركز دراسات الوحدة العربية في بيروت، مركز دراسات الوحدة العربية.

❖ محمد المجدوب (2002)، الجات ومصر والبلدان العربية من هافانا إلى مراكش، ط3، القاهرة، الدار المصرية – اللبنانية للنشر.

❖ محمد شومان (1999) ، "عولمة الإعلام ومستقبل النظام الإعلامي العربي"، مجلة عالم الفكر، المجلد 28(2): 147-184، الكويت: المجلس الوطني للثقافة والفنون والآداب.

❖ محمد عابد الجابري (1988) ، "العرب والهوية الثقافية: عشر أطروحات"، مجلة المستقبل العربي، السنة20، العدد228، بيروت: مركز دراسات الوحدة العربية.

❖ محمد عابد الجابري (1988)، الخطاب العربي المعاصر: دراسة تحليلية نقدية، بيروت: دار الطليعة.

❖ محمد غانم الرميحي(1995) ، البترول والتغير الإجتماعي في الخليج العربي، بيروت، دار الجديد، 1995.

❖ مركز دراسات الوحدة العربية (2000)، "ندوة القدرة التنافسية للمؤسسات الاقتصادية العربية"، مجلة المستقبل العربي، العدد254، بيروت: مركز دراسات الوحدة العربية.

❖ مصطفى حجازي (1998)، حصار الثقافة بين القنوات الفضائية والدعوات الأصولية، الدار البيضاء: المركز الثقافي العربي.

❖ مصطفى شيحة (2003)، الأسواق الدولية: المفاهيم والنظريات والسياسات، القاهرة.

❖ منذر الشرع (2002)، "عولمة الإقتصادات الوطنية، التحديات والفرص المتاحة"، مركز الإمارات للدراسات والبحوث الاستراتيجية ، العولمة وأثرها

في المجتمع والدولة، أبو ظبي.

❖ نبيل حشاد (2008)، "العولمة ومستقبل الاقتصاد العربي"، في كتاب: مستقبل الاقتصاد العربي بين النفط والاستثمار، عمان، مؤسسة شومان.

❖ نبيل علي (2008)، العقل العربي ومجتمع المعرفة: مظاهر الأزمة واقتراحات بالحلول، ج1، الكويت، سلسلة عالم المعرفة، المجلس الوطني للثقافة والفنون والآداب.

❖ نجاح كاظم (2002)، العرب وعصر العولمة، الدار البيضاء: المركز الثقافي العربي، وحدة أبحاث بوابة عجيب. كوم (2002).

❖ هشام شرابي (1972)، مقدمات لدراسة المجتمع العربي، بيروت، دار الطليعة.

❖ هشام شرابي(1993) ، النظام الأبوي وإشكالية تخلف المجتمع العربي، بيروت، مركز دراسات الوحدة العربية، 1993م.

❖ يوسف خطايبة (2009) ، "التوجهات المهنية عند الشباب الجامعي: دراسة ميدانية في الأردن"، المجلة الأردنية للعلوم الاجتماعية، المجلد 2، العدد 2، عمان، الجامعة الأردنية.

❖ يوسف صايغ(1985)، مقررات التنمية الاقتصادية العربية، ج3، بيروت، المؤسسة العربية للدراسات والنشر .

❖ سيمون كوزنتس (1966) ، النمو الاقتصادي الحديث (مترجم)، بيروت ، دار الآفاق الجديدة .

❖ Allex Inkeles, and David Smith, Becoming Modern, Individual Change in Six Developing Countries, Cambridge, Harvard University press, 1974.

❖ Applebaum, Richard, and Peter Drier (1999) , The Compus Anti – Sweat Shop Movement, The America Prospect, No. 46.

❖ Charles R.Frank, Jr, and kwang Suk Kim., and Larry F., (1975) The west ,Foreign Trade Regimes and Economic Development, South Korea, New York, Columbia University Press.

❖ Dos Santos Theodore (1963) , "The Structure of Dependence", American Economic Review, vol.Ix ,No. 2.

❖ Edward Said (1997), Culture and Imperialism, 9th ed., New York, Vintage Books.

❖ Edward W. Said (1997), Culture and Imperialism, 9th ed., New York, vintage Books.

❖ Edward W. Said, Orientahism(1978), New York, Vintage Books.

❖ Edward Said , The Pen and the Sword (1994) , 9th,ed., courage Pr. Monroe .

❖ International Monetary Fund (2003), Republic of Korea: selected Issues, IMF Country Report, No. 30180, March 2003, washington Dc.

❖ Gerald M. Meir, and Robert E. Baldwin(1963), Economic Development, Theory, History, and policy, New York, John Wiley.

❖ Google, loolex encyclopedia.

* H. Dodwell (1937), The Founder of Modern Egypt, A Study of Muhammed Ali, Cambridge University press, 1937.

* H.H Girth, and C.W.Mills (1976). From Max Weber : Essays in Sociology. Oxford: Oxford university press.

* Immanual Wallerstein (1974), The Modern World System, Capitalist Agriculture and the Origins of European World Economy in the Sixteenth Century, New York, Academic press.

* Jon Micklithwait, and Adrian Wooldridge (1999), A Future Perfect: the Challenge and Hidden Promises of Globalaization, New York: William Heiman Inc.

* Lawrence J. Lau (ed.)(1990), Models of Development: A Comparative Study of Economic Growth in South korea and Taiwan, San Francisco. ICS Press.

* M.Horsman, and A. Marshall. (1994). After the Nation State, London: Harper.

* Majduddin Khamesh(1984), Jordan and the World System: Development in the Middle East, Frankfurt, Verlage peter Lang.

* Max Weber (1947). The Protestant Ethic and the Spirit of Capitalism. Transl. by Talcott Parsons.

* Talcott Parsons(1973),"Comparative Studies and Evolutionary Change" in Ivan Vallier (ed.), Comparative Methods in Sociology, Berkley, University of California, press.

* Tony Michell, (1988), From Developing to a Newly

Industrial country: the Republic of Korea.

❖ UN (1947), Economic Development in Selected Countries: Plans, Progress, and Agencies, New York, UN.

❖ UNDP (2003), Human Development report, 2003, New York.

❖ UNDP (2009), Human Development Report,2009, New York.

❖ United Arab Emirates. (2003), ISO Certified Companiesin the UAE. Abu Dhabi.

❖ World Trade Organization. (1995), The Result of the Uruguay Round of Multilateral Trade Negotiations, The GATT: The Legal Text. Geneva.

❖ www.abram.org.eg

❖ www.Cia.gov

❖ www.Indexmundi.com.

❖ www.internrtworldstats.com/stats5.htm

❖ www.iso.com

❖ www.wto.org/english/tratop.e/gatt.

❖ www.wto.org/english_e/gatt

كتب للمؤلف

- Jordan and the World System: Development in the Middle East, West Germany, Frankfurt, Verlag Peter Lang (Partially Funded by the University of Jordan), 1984.

- الأسرة والأقارب ، عمان ، الجامعة الأردنية، عمادة البحث العلمي (من منشورات عمادة البحث العلمي)، 1994م. (ط1، 1986م).

- أزمة التنمية العربية: مفهوم التنمية التقليدي والعلاقة مع النظام العالمي، عمان، ط2، دار مجدلاوي، 1996م. (ط1، 1994م).

- المكتبة وأساليب البحث (محرر ومشارك في التأليف)، المفرق، جامعة آل البيت، (من منشورات جامعة آل البيت)، 1997م.

- علم الاجتماع: الموضوع والمنهج مع تركيز على المجتمع العربي، ط3، عمان، دار مجدلاوي، 2004م. (ط1، 1999م).

- الدولة والتنمية في إطار العولمة، عمان، دار مجدلاوي، 2005م.

- أزمة التنمية العربية: مفهوم التنمية التقليدي والعلاقة مع النظام العالمي، ط3، عمان، وزارة الثقافة (منشورات برنامج مكتبة الأسرة)، 2009م.

- العولمة وتأثيراتها في المجتمع العربي ، عمان، دار مجدلاوي ، 2010م.